**The
Radical
Luhmann**
래디컬 루만

래디컬 루만

지은이 한스-게오르크 묄러
옮긴이 유승무·최우영·박수호

펴낸이 강동권
펴낸곳 (주)이학사
편집장 임양희
기획·마케팅 강민용
편집 김다혜
디자인 박솔

1판 1쇄 발행 2025년 11월 5일

등록 1996년 2월 2일(신고번호 제1996-000015호)
주소 서울시 종로구 율곡로13가길 19-5(연건동 304) 우 03081
전화 02-720-4572 **팩스** 02-6919-1668
홈페이지 ehaksa.kr
이메일 ehaksa1996@gmail.com
인스타그램 @ehaksa_ **엑스** @ehaksa
페이스북 facebook.com/ehaksa

한국어판 ⓒ (주)이학사, 2025, Printed in Seoul, Korea.
ISBN 978-89-6147-484-9 93300

THE RADICAL LUHMANN by Hans-Georg Moeller
Copyright © 2012 Columbia University Press

All Rights Reserved.
Korean Translation Copyright © 2025 Ehaksa Inc.

This Korean edition is a complete translation of the U.S. edition, specially authorized by the original publisher, Columbia University Press.
Published by arrangement with Columbia University Press through Guy Hong Agency.

이 책의 한국어판 저작권은 기흥에이전시를 통해 Columbia University Press와 독점 계약한 (주)이학사에 있습니다. 저작권법에 의해 한국 내에서 보호를 받는 저작물이므로 무단 전재와 무단 복제를 금합니다.

* 책값은 뒤표지에 표시되어 있습니다.

The Radical Luhmann
래디컬 루만

한스-게오르크 묄러 지음
유승무·최우영·박수호 옮김

이학사

일러두기

1. 이 책은 Hans-Georg Moeller, *The Radical Luhmann* (Columbia University Press, 2012)을 우리말로 옮긴 것이다.
2. 원서의 본문에 나오는 이탤릭체는 고딕체로 표기했다. 단 이탤릭체 중 책은 『 』로, 괄호 안의 이탤릭체는 정서체로 표기했다. 지은이가 ( )로 병기한 것은 ( )로, 옮긴이가 병기한 한자나 원어는 괄호 없이 표기했다.
3. 지은이의 각주는 원서에 맞추어 숫자로 표기했고, 옮긴이의 각주는 *로 표기했다. 각주의 약어는 책 말미의 「약어」(241–245쪽)를 참조하기 바란다.
4. 각주 서지 사항의 책, 저널, 신문, 논문의 제목 중 영어가 아닌 것(독일어, 에스파냐어, 포르투갈어, 프랑스어, 라틴어 등)은 번역하여 [ ] 안에 넣었다.
5. 부호의 쓰임은 다음과 같다.

    『 』: 도서명

    「 」: 논문명

    ( ): 지은이의 부연 설명, 독일어 및 영어 병기

    [ ]: 인용문에서 지은이의 부연 설명, 본문에서 옮긴이의 부연 설명

    [*]: 인용문에서 옮긴이의 부연 설명

차례

서문 7

1부 서론 19

제1장 트로이목마: 루만의 감춰진(너무 감춰지지는 않은) 급진주의 21
제2장 루만은 왜 그토록 고약한 책을 썼는가? 32

2부 철학에서 이론으로 43

제3장 네 번째 공격: 인간주의에 대한 반박 45
제4장 필연성에서 우연성으로: 철학의 카니발화 68
제5장 플라톤에 대한 마지막 각주: 정신-신체 문제의 해결책 102
제6장 생태학적 진화: 사회 창조론에 대한 도전 130
제7장 포스트모던 실재론으로서 구성주의: 차이의 가르침 146
제8장 유토피아로서의 민주주의: 정치의 해체 165
제9장 결론: 희망도 두려움도 아니다 190

부록 니클라스 루만(1927-1998): 간략한 지적 전기 213
약어 241
옮긴이 보론 루만의 사회학으로 가는 길 247
옮긴이의 말 275
찾아보기 281

서문

놀랍게도 니클라스 루만(1927-1998)의 사회적 체계이론은 오늘날의 사회에서 사실들things이 어떻게 작동하는지를 이해하는 데 있어 가장 앞서 있고 적합하며 응용력 있는 모델을 제공하고 있다. 다음과 같은 하나의 구체적인 예를 들어보자. 그의 생이 마지막을 향해 가는 1997년에 출간된 「세계화인가 혹은 세계사회인가? 어떻게 현대사회를 이해할 것인가?」라는 소논문에서 그는 이러한 질문들에 대해 매우 계획적으로 대답했을 뿐만 아니라 2008-2009년의 거대한 금융위기를 초래한 경제적 전개 과정 economical developments을 놀라울 정도로 정확하게 묘사했다.[1]

루만이 그 위기를 **예견한** 것은 아니지만 그는 그 위기를 발생시킨 사회적 맥락을 설명하는 데 성공했다. 루만이 그러한 성공을 거둘 수 있었던 것은 그의 이론적 접근 방법이 행복과 연대라는 유토피아적 이상에 주로 관심을 가졌던 주류 정치이론과 급진

---

[1] Globalization을 보라. 금융위기에 대한 탁월한 체계이론적 분석은 Elena Esposito, *The Future of Futures*(Cheltenham: Edgar Elgar, forthcoming)이다.

적으로 결별했기 때문이다. 루만은 다음과 같이 선언한다. "우리는 단호하게 인간적 행복, 취향taste, 연대, 생활 조건의 유사성 등이 없는 사회를 받아들이는 법을 배워야 한다. 이러한 열망에 집착하여 시민사회나 공동체와 같은 낡은 이름을 새롭게 함으로써 그 목록을 되살리거나 보완하는 것은 무의미하다." 그는 사회이론가들에게 어떤 잠재적인 "관념적idealist" 및 도덕주의적 가식을 포기할 것을 다음과 같이 호소한다. "사회학자들이 근대성의 세속 사제들lay-priests 역할을 수행하도록 예정되어 있는 것은 아니다." 루만에 따르면 대다수의 사회사상 및 정치사상의 도덕주의적 경향이야말로 이론적 후진성에 뿌리를 두고 있다. 사회이론의 "세속 사제들"은 여전히 18-19세기의 위대한 대가들의 관점, 즉 계층화의 관점에서 사회를 생각하고 있다. 다시 말하면 억압 계층과 피억압 계층으로 나누어진 어떤 사회를 생각하는 것이다. 그는 다음과 같이 쓴다. "만약 우리가 계층화를 관찰한다면, 우리는 … 부정의, 착취 그리고 억압을 관찰하려 할 것이다. 그리고 우리는 개혁 방안들을 발견하고 싶어하거나 최소한 비판과 저항의 수사를 자극할 수 있는 규범적 틀과 도덕적 명령을 만들어내고자 할 것이다."[2] 루만은 그러한 이론적 태도로부터 급진적 결별을 주장한다. 이러한 그의 입장은 사회가 계층적 분화에서 기능적 분화로 변했다는 인식에 기초하고 있다. 그는 다음과 같이 선언한다. "다른 한편으로 만약 우리가 기능적 분화를 관찰한다면, 우리의 기술description*은 체계

---

2   Globalization, 69, 77, 74.

마다 다양한, 매우 구체적인 관점에서 높은 민감성과 자극성에 연동된 기능체계의 자율성과 그 고도의 무관심을 가리키게 될 것이다. 그래서 우리는 꼭대기top도, 중앙center도 없는 사회를, 진화하기는 하나 그 자체를 통제할 수는 없는 사회를 관찰하게 될 것이다."[3]

이렇듯 세속 사제들의 시각으로부터 급진적 이론가의 시각으로의 전환이야말로 내가 이 책에서 탐구하고자 하는 것이다. 다시 말하면 나는 루만의 이론에 대한 오해들, 즉 마이클 킹이 말했던 "루만의 이론의 급진성을 인식하고, 루만의 이론이 도입하고 있는 패러다임을 인식"하는 것에 실패한 오해들을 반박하고자 한다.[4] 먼저 1997년에 루만이 그가 죽은 뒤 오랜 시간이 지나 발생한 금융위기의 사회적 조건들을 어떻게 개괄했는지로 되돌아가보자.

기능적 분화에 기초한 세계사회 속에서 "'국제적인international' 것은 더이상 두 나라 (혹은 그 이상) 사이의 관계를 지시하는 것이

---

* 이하 이 책에 표현된 '기술(기술적, 기술하다)'이라는 용어는 따로 영어를 병기하지 않는 한 description(descriptive, describe)을 의미한다. '기술technique'이나 '기술적technical'의 경우 해당 원어를 병기한다.

3 Ibid., 74. 루만은 계속해서 다음과 같이 말한다. "불행은 더이상 착취와 억압이 아니라 무시이다. 이러한 사회는 그 자신의 환경과 관련하여 매우 독특한 구별을 한다. 예를 들면 생태학적 문제와 관련하여 쓸모 있는 자원과 쓸모없는 자원을 구별하고, 인간 개개인과 관련해서는 (포함된) 역인[제3장 역자 주 참조]과 (배제된) 신체를 구별한다."

4 Michael King, "The Construction and Demolition of the Luhmann Heresy", *Law and Critique* 12(2001): 1.

아니라 세계 체계의 정치적 문제와 경제적 문제를 지시하는 것이다." 급진적으로 탈지역화된 세계사회 속에서 "모든 내적인 경계는 하위체계들의 자기조직에 의존하며 더이상 역사적 '기원origin' 혹은 포괄 체계encompassing system의 본질이나 논리에 의존하지 않는다." 이는 다음과 같은 상황으로 귀결된다. "세계사회는 고도의 구조적 우연성, 더 잘 예상되지도 않고 예상할 수도 없는 변화들(어떤 사람들은 이를 '혼돈chaos'이라고 부른다) 그리고 무엇보다도 더 상호연결된interlinked 의존성과 상호 의존성을 가진 고도의 복잡성에 도달했다. 이는 인과적 구성(계산, 계획)이 더이상 중앙집중적 관점과 '객관적objective' 관점으로부터는 가능하지 않음을 의미한다."⁵

이처럼 혼돈스러울 정도로 복잡한 사회 내에서 "기능체계 내의 구조적 발달들이 서로서로 양립할 수 있도록 하는 준우주론적 보장quasi cosmological guarantee은 더이상 존재하지 않는다." 예를 들어 이것은 "고도로 효율적인 현대 의학이 인구통계학적 결과를 초래한다"는 것을 의미한다 — 즉 의학 "발달advances"이 청년층과 노인층 사이의 수적 불균형, 증가하는 건강 돌봄 비용과 같은 모든 종류의 사회적·경제적 문제를 야기하는 것이다. 이와 마찬가지로 "국제금융시장의 새로운 중심성, 그에 따른 생산, 노동, 무역의 주변화, 그리고 부동산과 1등급 채무자first rate debtors로부터 투기speculation 자체로의 경제적 안정성 이동이 실업으로 귀결되며, 정치인들로 하여금 (시장 없는?) 일자리를 '약속promise'하도록 유혹한다" —

---

5   Globalization, 67, 72, 75.

다시 말하면 경제의 가상화, 즉 실물 생산보다는 금융상품에 초점을 맞춘 경제로의 이동이 (어떤 사람에게는) 거대한 부를 창출해주지만 예를 들어 하부구조, 생산수단, 노동, 법체계, 정치와 경제 사이의 전통적인 연동은 약화시킨다. 이런 식으로 사회는 "예상치 못한 결과를 초래할 위험과 안정성security을 동시에 극대화하는 새로운 파생 상품을 가진 금융시장의 기발한 변동성"에 직면한다. 다시 말하면 다음과 같다. "경제 체계가 자신의 안정성의 기반을 소유 재산과 (국가 혹은 대기업과 같은) 믿을 만한 채무자로부터 투기 자체로 이동시켰다. 그래서 자신의 소유 재산을 유지하고자 하는 사람은 자신의 재산을 잃을 수도 있으며, 자신의 부를 유지하고 증가시키려는 사람은 자신의 투자를 매일매일 바꿔야만 할 것이다. 그는 새로운 파생 상품을 사용할 수 있거나 이를 대신해주는 수많은 펀드 중 일부를 믿어야 한다."[6] 루만의 관점에서 이러한 모든 것은 "착취exploitation"라는 전통적 어휘의 기반에서나 "탐욕greed"과 같은 도덕적 범주로는 설명될 수 없다.

경제의 금융 부문의 발달과 그러한 발달의 파국적 결과들 — 예를 들어 아일랜드의 교육체계 — 은 루만이 다음과 같이 말했을 때 그가 옳았음을 매우 명쾌하게 보여준다. "우리는 **포스트 이스투아르**posthistoire[*포스트 히스토리]의 단계에 있는 것이 아니라 반대로 결과를 예상할 수 없는 혼란스러운 진화의 단계에 놓여 있다."[7] 이러한 상황에서 지난 300-400년 동안 철학자들이 발전시켜온 정

---

6   Ibid., 76, 67.

치이론의 어휘들을 고수하는 것은 유망한 전략처럼 보이지 않는다. 루만은 다음과 같이 말한다. "사회의 개념을 둘러싼 미해결 문제들이 현재 이론적 발전을 가로막고 있는 것처럼 보인다. 좋은 사회 혹은 최소한 더 나은 사회라는 관념이 이론적 영역을 여전히 지배하고 있다. 이론에 관심을 갖는 사회학자들도 새로운 이론들을 추구하기보다는 별 소득 없는 오래된 미로를 계속 탐험하고 있다. 그러나 문제들 — 대중매체에 의해 구성된 문제들 — 에 대해 더 나은 해결책을 찾기보다는 먼저 '무엇이 문제인가'를 묻는 것이 유익할 것이다."[8]

그렇다면 무엇이 문제인가? 그리고 그 문제를 더 잘 관찰할 수 있도록 우리의 관점을 어떻게 전환할 것인가? 이하의 장들에서는 루만의 패러다임 전환, 즉 철학으로부터 이론 — 오늘날의 세계에 대한 새로운 시각을 열어주는 이론 — 으로의 패러다임 전환을 탐색할 것이다.

우선 나는 루만의 저술이 탄생한 바로 그 사회적 체계, 즉 20세기 마지막 10년간 독일 학문의 "무대scene"를 특징짓는 시도로부터 설명을 시작하고자 한다. 이 사회적 환경 속에서 루만은 "지배 없는 담론domination-free discourse(herrschaftsfreier Diskurs)"에 기반한 사회라는 하버마스의 지배적인 학설doctrine에 도전을 제기했음에도 불구하고 혹은 어쩌면 그 도전 때문에 성공할 수 있었다. 루만은 이

---

7   Ibid., 76.
8   Ibid., 77.

러한 규범적인 정치철학에 대한 급진적 대안을 제시했다. 루만은 자신의 이론을 적의 진영 내부로 들어가서 그 내부로부터 적들을 파괴시키는 전복적인 트로이목마로 간주했다. 나는 루만이 이러한 위협을 감추기 위해 사용한 전략들 중 하나가 종종 다소 난해한 글쓰기 스타일이었다고 주장한다. 하버마스와 당대 학계의 엘리트층을 형성하고 있던 학자들의 전문용어를 선택함으로써 루만은 그들의 트로이로 입장할 수 있었다.

이러한 예비 고찰을 거친 후에 나는 루만의 저작 속에서 철학에서 이론으로의 전환이라고 생각하는 다양한 측면을 살펴보려고 한다. 루만은 근대 서양철학의 인간중심주의적 유산과 결별하였다. 인문학의 다른 어떤 분야보다도 철학은 특히 정치철학과 사회철학 분야에서 인간을 "만물의 척도measure of all things"로 간주해왔다. 이러한 인간의 자만심vanity에 대한 루만의 "네 번째 공격fourth insult"은 사회이론에서 "인간human being"을 중심으로 보는 관념을 부정하는 작업들로 구성되어 있다. 루만은 우주론(코페르니쿠스), 생물학(다윈) 그리고 심리학(프로이트)에서 발생한 이전의 비인간중심주의적nonanthropocentric 전환을 계승했다. 아니나 다를까 루만의 이 공격은 역사적 전임자들historical predecessors의 경우와 마찬가지로 많은 사람에 의해 일종의 스캔들로 받아들여졌고 나아가 몇몇 이데올로기 진영에서 루만을 상종하지 못할 인간a persona non grata으로 간주하도록 만들었다.

제4장 「필연성에서 우연성으로」는 루만과 헤겔을 비교한다. 나의 관점에서 볼 때 헤겔은 루만에게 가장 중요한 철학적 영향

을 끼쳤다. 그러나 이 두 명의 위대한 체계 사상가systemic thinkers 사이의 관계는 다소 애매하다. 나는 루만이 헤겔 철학의 헤겔적 **지양**Aufhebung을 시도했다고 주장한다. 헤겔이 철학을 통해 종교를 지양하려고 시도했던 것처럼(종교를 좀더 높은 차원으로 고양시키고, 종교를 극복하고 그리고 종교를 보존한다는 세 가지 의미에서) 루만은 이론을 통해 철학을 지양하고자 했다. 헤겔에게 있어서 철학의 임무는 우연성을 필연성으로 전환하는 것이었다. 루만의 이론은 필연성을 우연성으로 전환하려는 목적을 가졌다.

제5장 「플라톤에 대한 마지막 각주」에서 나는 내가 생각하기에 루만의 이론 전환Luhmannian shift to theory 중에서 가장 분명한, 그러나 아직은 가장 간과된 성과 ― 전통 서양철학의 핵심 문제인 '정신-신체 이원론'에 대한 해결책 ― 를 개관할 것이다. 데카르트 이후 그리고 그에 대한 부정적인 반응 속에서 그의 강력한 이원론을 다루려는 시도들은 전형적으로 신체를 해방시키는 것과 같은 방식으로 신체와 정신을 화해시키는 데 목표를 두었다. 정신-신체 담론에 대한 선입견은 "그 틀 바깥outside the box"에서 생각할 능력의 부재와 이 이원론에 대한 보다 급진적인 대안을 제시할 능력의 부재로 귀결되었다. 루만은 지적인 것과 신체적인 것에 더하여 하나의 새로운 차원, 즉 소통이 있다는 것을 확실히 보여주었다. 이 제3의 차원으로 말미암아 루만은 각기 다른 체계 영역들 사이의 구조적 연동structural couplings에 관한 기능이론functional theory으로 전통적 실체 이원론traditional substance dualism을 대체할 수 있었다.

제6장에서 나는 사회이론에 대한 루만의 "메타 생물학적metabiological"접근 방식(하버마스가 만들어낸 용어 사용)을 논의할 것이다. 이는 주류 현대 사회 및 정치사상과의 또 다른 단절을 의미한다. 계몽주의 철학과 포스트 계몽주의 철학은 시민사회와 시민사회를 구성하는 것으로 간주된 개인들을 자율적인 행위체agency의 관점에서 보는 경향이 있었다. [이런 관점에서 보면] 자유의지, 합리성, 책임성 등은 인간으로 하여금 사회를 형성할 수 있게 하고 인간들이 "자초한 미숙성self-inflicted immaturity"으로부터 빠져나올 수 있게 한다. 이러한 방식으로 인간들은 자기 창조주들self-creators이 되었다. 그들은 그들 자신의 운명과 그들이 살아가는 사회의 궁극의 주인들이었다. 그러나 진화론적 관점에서 보면 그러한 자기 조종과 자기통제는 일종의 환상이다. 체계이론의 관점에서 보면 사회 세계도 자연처럼 매우 많은 복잡한 체계-환경 관계로 구성되어 있으며, 따라서 그 어떤 지적 디자이너나 자율적인 통제자의 개입 여지 혹은 개입의 필요성 등을 남겨두지 않는다.

　제7장 「포스트모던 실재론으로서 구성주의」에서 나는 루만이 자신을 "급진적 구성주의자radical constructivist"로 규정한 것에 대해 논한다. 나는 구성주의와 실재론이 본질적으로 — 루만의 경우에는 특히나 — 모순적이지 않다는 것을 지적한다. 루만의 구성주의는 인지적 구성주의이다. 다시 말해 인식론적이다. 인지적 구성은 실재의 발생emergence을 위한 "가능성의 조건condition of the possibility"이다. 인지적 구성은 실행되지 않는 것으로부터 실행되는 것을 구별하고 그럼으로써 실재적인 것the real을 실현시킨다. 이런 식으로 인지적 구성은 독일 관념론을 급진화하고 존재론과 인식론의 관계

를 역전시킨다. 루만에게 있어서 실재는 경험의 아프리오리한 조건이 아니다. 오히려 루만은 다음과 같이 주장한다. 인지적 기능들은 스스로를 "자기생산적으로autopoietically" 생산할 수 있으며, 따라서 실재를 구성할 수 있다 — 그리고 그들은 다양한 방법으로 그렇게 할 수 있다. 인지적 자기생산과 구성의 결과인 실재는 동일성identity이 아니라 차이difference에 기반을 두고 있으며 이러한 사실이 실재를 또한 실제적인 것으로 만든다.

제8장에서 루만의 민주주의 이해에 대한 나의 분석은 사회적 조종의 한계들을 보다 구체적인 방식으로 검토할 것이다. 루만은 민주적 참여란 관념을 의문시했다. 루만에 따르면 인민의 지배로서 민주주의 이념은 단지 유토피아적 공상이다. 그 이념은 오늘날의 사회에서 정치 기능을 의미 있게 기술하는 것에 실패했다. 루만은 사회가 어떻게 더 민주적으로 변화할 수 있고 궁극적으로 인민들이 어떻게 스스로를 통치하게 되는가를 성찰하기보다는 정치 체계가 정당성을 구성할 수 있게 하는 상징적 서사symbolic narrative 로서의 기능적 민주주의 개념을 제안했다. 매우 역설적으로 사회를 더 민주주의적으로 만들려는 시도는 민주적 정치의 기능적 작동functioning을 위험에 빠뜨릴 수도 있다. 따라서 루만의 정치적 급진주의는 이데올로기적 급진주의가 아니라 반反이데올로기적 급진주의다.

결론은 아마도 부적절한 질문 — 루만의 급진주의는 궁극적으로 우리를 어디로 끌고가는가? 혹은 사회에 대한 그리고 나아가 삶에 대한 루만의 태도는 어떻게 기술될 수 있는가? — 에 답하려고 시도한다. 나는 이러한 태도가 신중함, 아이러니 그리고 평정심의 고양으로 규정될 수 있다고 제안한다.

부록은 루만의 삶과 이론에 대한 간략한 개관을 포함하고 있다.

나는 나의 영어를 교정해주고, 많은 수정과 개선안을 제시해준 앤 기본스Anne R. Gibbons, 앤드류 화이트헤드Andrew Whitehead, 제이슨 독스테이더Jason Dockstader에게 매우 감사하게 생각한다. 나는 이 책의 초고에 대해 자세한 논평과 비판을 해준 브루스 클라크Bruce Clarke, 마이클 킹Michael King, 엘레나 에스포지토Elena Esposito에게 마음의 빚을 지고 있다. 나는 이 "급진적radical" 프로젝트를 맡겨준 콜롬비아대학교 출판부의 웬디 로크너Wendy Lochner에게 감사한다. 나는 아일랜드 칼리지코크대학교University College Cork의 예술·켈트연구·사회과학대학College of Arts, Celtic Studies and Social Science이 이 출판을 지원한 것에 대해 감사한다.

1부 서론

제1장
트로이목마:
루만의 감춰진(너무 감춰지지는 않은) 급진주의

만약 내가 생각하듯이 루만의 사회이론이 현재 이용 가능한 현대사회에 대한 최고의 기술과 분석이라면, 대부분의 사람 — 대중들뿐만 아니라 학자들 — 이 왜 이를 분명히 인식하지 못했는지, 그리고 왜 루만의 이름이 홉스, 맑스, 푸코, 하버마스보다 훨씬 덜 유명하고, 덜 알려졌는지를 묻는 것이 공평할 것이다.[1]

루만이 특히 북미에서 상대적으로 덜 알려진 가장 우선적이고 직접적인 이유는 내가 다음 장에서 기술하는 것, 즉 루만의 "졸

---

[1] 루만의 저작의 영어권 수용에 관해서는 Cary Wolfe, "Meaning as Event-Machine, or Systems theory and 'The Reconstruction of Deconstruction'", in *Emergence and Embodiment: New Essays on Second-Order Systems Theory*, ed. Bruce Clarke and Mark B. N. Hansen(Durham: Duke University Press, 2009)을 보라. 그러나 거기에는 루만의 이론이 미국, 영국, 캐나다에서 점점 더 널리 확산되고 있다는 지표가 있다. 예를 들어 미국에서는 포스트 인간주의 이론에서 매우 큰 영향력을 미치고 있다. 예를 들어 N. Katherine Hayles, *How We Became Posthuman*(Chicago: University of Chicago, 1999)과 최근의 Bruce Clarke, *Posthuman Metamorphosis: Narrative and Systems*(New York: Fordham University Press, 2008)와 Cary Wolfe, *What Is Posthumanism?*(Minneapolis: University of Minnesota Press, 2010)을 보라.

리게 만드는soporific" 스타일 속에서 잘 찾을 수 있다.² 루만의 텍스트가 일부 북미 독자에게 다소 불쾌감을 준 것은 우연의 일치이다 ― 결국 루만은 독일어로, 독일어권 독자를 대상으로 글을 썼기 때문이다 ― 하지만 그는 조국에서 자신의 난해한 저술이 가져오는 일정한 이점을 잘 알고 있었을 것이다. 이 스타일은 그가 속한 당시의 사회학적 담론과 잘 들어맞았다. 조국에서 그의 매우 전형적인 독일 대학 관용표현이 한편으로 그를 이해하지 못하는 사람들로부터 존경을 얻게 해주었고, 다른 한편으로 동료들에게 의심스럽지 않은 사람으로 보이게 했다. 나는 이러한 점이 그가 1968년 이후 독일 학계에서 철저히 배제될 위험을 감수하지 않고

2 루만의 이론에 대한 호의적 수용을 한층 더 방해하는 것은 아마도 이론 그 자체일 것이다. 루만을 읽고 이해하려는 고통스러운 노력을 실제로 행하는 북미 학자들이 그 과정을 거치기 전보다 그 과정을 거친 후에 훨씬 더 질겁하는 것은 그리 이상하지 않다. 북미 사회이론을 여전히 강하게 지배하고 있는 "자유주의 정통파liberal orthodoxy" 사이의 기본적 합의에 대한 루만의 근본적 반대와 해체는 너무 급진적이어서 그 속에서 자라나 여전히 성장하고 있는 많은 사람이 루만을 받아들이기 어려운 것이다. "시민사회civil society", "자유liberty", "자유freedom", "민주주의democracy", "정의justice"의 개념을 지탱하는 인간주의적 기본 개념에 대해 그 어떤 사회이론도 루만의 이론만큼 철저하게 부정적이지 않다. 미국과 캐나다의 사회이론에 미친 루만의 영향이 다소 제한적이었던 것은 이상하지 않다. 그래서 로드리고 조키시Rodrigo Jokisch도 "Why Did Luhmann's Social Systems Theory Find So Little Resonance in the United States of America?" in *Addressing Modernity: Social Systems Theory and U.S. Culture*, ed. Hannes Bergthaller and Carsten Schinko(Amsterdam: Rodopi, 2011)에서 루만의 미국에서의 비교적 미미한 성공에 대한 유사한 분석을 한다. 이 주제는 제3장에서 보다 자세하게 다룰 것이다.

는 말할 수 없었을 많은 것을 실제로 말할 수 있게 해주었다고 믿는다. 루만의 이론은 너무 많은 급진주의를 포함하고 있었기 때문에 루만은 추측할 수 없고 접근할 수 없는 언어라는 불편한 트로이목마 속에 그 급진주의를 숨길 필요가 있었다. 미국의 "자유주의 정통파"는 루만을 일축하거나 단순히 무시할 수도 있었지만 — 이는 그가 독일 대학의 교수였기 때문에 그에게 문제가 되지 않았다 — 그는 자신이 직면한 환경 속에서 (나치 재앙 이후) 이데올로기적으로 지나치게 신중한 학문 공동체에 너무 공개적으로 충격을 주지 않도록 주의해야 했다. 그러므로 나는 그가 자신의 이론의 잠재적으로 선동적인 측면들을 솔직하게 바라보기에는 (니체적 의미에서) 너무나 약한 사람들의 눈으로부터 그것들을 감추기 위해 자신의 모호함murkiness을 의식적으로 조장했을 것이라고 생각한다.

이 책의 목적은 무엇보다도 먼저 루만의 이론의 이러한 급진적 측면들을 전면에 내세우는 데 있다. 루만은 내가 표현하려는 쟁점들을 숨기는 데 어느 정도 성공적이었다고 말할 수 있다. 일반적으로 그의 이론의 수용은 그의 저작의 다소 덜 폭발적인 측면들에 초점을 맞추어왔다. 그는 보수적 이론가라는 꼬리표가 붙었지만 급진적이라고 불린 적은 거의 없었다. 이 책은 급진적이라는 꼬리표를 정당화하려는 시도이다.

매우 흥미롭게도 루만의 급진주의는 **그렇게 감춰져 있지는 않**다. 사실상 우리가 이러한 급진주의를 알아차리게 되면, 우리는 루만의 전체 저작에서 그러한 급진주의에 관한 분명한 언급들을 발견할 수 있다. 루만은 자신의 입지를 특징짓기 위해 급진적이란 단어를 종종 사용하곤 하였다. 이러한 언급들은 그의 난해한 문장 속에 감춰져 있지만, 우리가 조금만 주의를 기울인다면 훨씬 더 도드라지게 눈에 띌 것이다.

말년의 한 인터뷰에서 루만은 다음과 같이 말했다. "사회에 대해 철저하게 구성된 개념적 이론이, 협소하게 초점 맞춰진 비판 — 예를 들어 자본주의 비판 — 이 지금까지 상상할 수 있었던 것보다도 그 효과 면에서 훨씬 더 급진적이고 훨씬 더 불온할 것이란 사실이 나에게는 늘 명백했다."[3] 이 말은 주목할 만한 발언이다. 루만은 공개적으로 자신의 급진적 의도를 천명했을 뿐만 아니라, 자신의 이론이 맑스주의보다도 "훨씬 더 급진적이고 훨씬 더 불온한" — 즉 보다 혁명적인 — 것이 되도록 의도했다고 분명하게 말했다. 통상 보수적 사상가로 불리는 루만의 이렇듯 다소 놀랄 만한 자백은 동일한 책의 또 다른 인터뷰에서도 반복된다. 거기서 루만은 자신의 이론이 "트로이목마의 정치적 효과political effect of a Trojan horse"[4]를

---

[3] P, 200. 이 책은 카이-우베 헬만Kai-Uwe Hellmann이 편집했으며 이 인용문의 출처인 인터뷰도 그가 진행한 것이다. 인터뷰는 "Systemtheorie und Protestbewegungen. Ein Interview[체계이론과 저항운동: 인터뷰]"라는 제목으로 *Forschungsjournal Neue Soziale Bewegungen*[신사회운동 연구] 7, no. 2(1994): 53-69에 처음 게재되었다.

[4] P, 74. 이 인터뷰는 원래 독일의 좌파 신문 *Tageszeitung*[타게스자이퉁=일간신문] 1986년 10월 21일 자에 "Systemtheorie und Systemkritik, Ein Interview mit Heidi Renk und Marco Bruns[체계이론과 체계비판: 하이디 렌크 및 마르코 브룬스와의 인터뷰]"라는 제목으로 게재되었다.

지닌다고 생각한다. 이 이미지는 루만의 급진주의의 **비밀스럽고**secrecy **전복적인 의도**de(con)structive intent를 모두 보여준다. 루만은 자신의 저술 속에 숨겨진, 사회이론 자체 및 사회에 관한 지배적인 자기 기술self-descriptions을 파괴하고 대체할 수 있는 특정 내용들을 사회이론 속으로 몰래 들여오려는 자신의 시도를 공개적으로 시인한다. 이는 매우 강렬한 주장으로, 나는 이후 페이지들에서 이를 자세히 탐구하고 분명하게 밝힐 것이다.

2부「철학에서 이론으로」에서 나는 루만이 전통적인 구유럽적old-European 이론의 유산으로부터 급진적으로 이탈하게 된 다양한 방식을 추적할 것이다. 이러한 이탈은 "철학philosophy"이라는 단어가 루만이 의도했던 것 — 즉 슈퍼 이론supertheory — 에 적합하지 않을 정도로 여러 가지 면에서 너무나 급진적이었다. 루만에게 있어 철학은 포스트 헤겔 시대인 오늘날 사회의 확실한 자기 기술이라 할 수 있는 것을 표현할 능력을 잃어버렸다. 루만에게는 철학의 개념들·기본적 어휘들·근본적 문제들조차 한물간 구식이 되었다. 루만은 전체 기획을 무엇인가 새로운 것 — 급진적 이론 — 으로 지양하기sublate를 원했다.[5]

루만의 가장 도발적인 자기 지칭self-designations 가운데 하나는 "급진적 반인간주의자radical antihumanist"였다. 물론 이 표현은 악마

---

[5] 나는 여기서 "sublate"라는 단어를 헤겔적인 지양 개념의 통상적 영어 번역으로 사용한다. 그러므로 이 용어는 "보다 높은 차원으로 고양하고to lift to a higher level", "부정하고 극복하며to negate and overcome", "보존하고 유지하는to preserve and maintain" 삼중의 의미를 함축하고 있다.

적인 비인간적inhumane 가치, 방법 혹은 정치적 프로그램에 동조하는 지칭이 아니라 사회와 세계 일반에 대한 기술을 근본적으로 "탈인간화하려는de-anthropologize" 시도를 의미한다. 이는 철저하게 인간주의적이었던 서양철학 전통과 결정적으로 단절한 것이다. 하이데거와 같은 현대 철학자들에게조차 인간은 여전히 존재Being의 관리인caretakers으로 간주되었으며, 고도로 기술적인technical 분석철학과 심리철학조차 인간의 언어와 의식에 대한 분석에 근본적으로 관심을 두고 있었다. 이처럼 플라톤에서부터 20세기에 이르기까지 도전받지 않은 서양철학의 인간중심주의적 도그마에 따라 철학은 항상 윤리적 숙고와 선언을 포함하고 있었다. 세계는 알 수 있다고 생각되는 것과 관련해서뿐만 아니라 실천할 수 있다고 전망되는 것과 관련해서도 항상 인간중심주의적 방식으로 고찰되었다. 그러므로 인간중심주의적 철학은 일반적으로 — 개인으로서든 집합적 행위자로서든 — 어떻게 행위해야 하는가에 관한 선언을 수반한다. 루만의 "급진적 반인간주의"는 비인간중심주의적 방식으로 실재를 재기술하는 것에 한정되어 있는 것은 아니다. 루만의 급진적 반인간주의는 인간적 행위체human agency의 기각도 포함하고 있다. 철학과 달리 이론은 더이상 실천할 수 있는 것을 개괄하려는 것이 아니라 오히려 "실천 가능성doability" 개념이나 "행위action" 개념이 왜 문제시되어야 하는지를 설명한다. 급진적 반인간주의 이론은 — 우주론, 생물학 그리고 심리학에서 이미 폐기된 — 인간중심주의가 왜 이제는 사회이론에서도 폐기되어야 하는지를 설명하려고 한다. 일단 이러한 폐기가 이루어지면, 인간주의적 유형의 전통적인 철학 연구의 여지는 훨씬 줄어들 것이다.

루만의 이론과 전통적 철학 사이의 차이를 설명하는 하나의 방법은 루만을 철학사의 가장 위대한 체계 사상가인 헤겔과 비교하는 방법이다. 루만은 헤겔과 같은 저자들의 기념비적인 열망을 공유하지만, 루만의 이론은 그 자신의 고유한 한계에 대한 아이러니한 성찰을 수반한다. 전통적으로 체계 철학은 단순한 도그마가 아닌 진정한 진리를 확립하는 데 관심을 가져왔다. 진리인 것처럼 묘사된 것도 진리인 것으로 증명되어야만 했다. 예를 들어 데카르트의 경우 모든 것은 진리가 아니라 진리의 **확실성**certainty에 달려 있다. 헤겔의 저작 속에서 데카르트적 확실성 관념은 진리인 것 혹은 실재적인 것의 **필연성**necessity에 대한 성찰로 대체된다. 이런 식으로 체계 철학은 체계 자체보다 더 근본적인 무엇인가에 그 전제와 결론을 정박시키고 있는 일종의 내적 기제를 공통적으로 포함하는데, 이것은 통상 "토대주의foundationalism"라고 불린다. 그러나 루만이 철학에서 이론으로 전회한 것은 그러한 정박 전략을 배격하려 하는 것이다. 전통적 체계 철학과는 반대로 체계이론은 반토대주의적이다. 체계이론은 자신의 필연성을 증명하려고 하는 것이 아니라 자신의 고유한 우연성을 설명하려고 한다. 이런 식으로 "진지한serious" 철학과 달리 이론은 스스로에 대한 아이러니한 태도를 암시하는데, 그 태도는 진흙 속에 빠진 자신을 스스로 자기 머리카락을 잡아당겨 빼낸다는 **뮌히하우젠**Münchhausen 효과를 인정하는 것이다.

루만의 이론의 또 다른 급진적인 측면은 매우 오래된 정신-신체 문제라는 고르디우스의 매듭Gordian knot을 알렉산더식으로 풀어낸 해결책이라 부를 수 있는 것이다. 루만은 신체적인 것과 영적인 것the physical and the spiritual의 재통합을 향한 포스트 플라톤적, 포스트 기독교적, 포스트 데카르트적 노스텔지어의 결과로서 이러한 두 관념을 재통합하려 하기보다는 왜 이러한 전통적 이원론이 결코 충분히 다원적이지 않은지를 설명한다. 루만은 정신-신체 이원론에 의해 실재의 또 다른 하나의 심급인 소통이 시야에서 사라져왔음을 발견했다. 이런 식으로 루만은 데카르트적 분열을 치유하려는 철학적 흐름을 따르기보다는 최소한 하나 이상의 분화를 추가했다. 매우 흥미롭게도 이원론에서 삼원론 혹은 다원론으로의 전회는 정신과 신체 사이의 관계라는 전통적인 기계적 문제에 대한 하나의 해결책, 즉 두 가지 각각으로 하여금 서로서로 영향을 미치도록 허용하는 해결책을 제공한다. 작동적으로 폐쇄적인 체계라는 루만의 이론은 또한 동시에 중대하거나 복잡한 체계에 대한 이차-질서 사이버네틱 이론이기도 한데, 그 체계는 체계-환경 관계에 놓여 있기 때문에 상호 반향, 상호 동요, 상호 자극에 열려 있다. 루만이 신체적·정신적 체계의 작동적 폐쇄operational closure를 포함한 체계의 "작동적 폐쇄"를 강조했음에도 이러한 폐쇄가 상호 영향에 대한 체계의 **개방성**의 조건이 된다는 사실은 때때로 경시되어왔다. 다시 말하면 작동적 폐쇄는 인지적 개방성을 **낳는다**. 루만은 다음과 같이 분명하게 말한다. "자기 준거적 폐쇄체계란 개념은 그 체계의 **환경 개방성** openness to the environment과 모순되

지 않는다."⁶

　서로에 대한 체계들 사이의 개방성은 각자의 환경에 대한 체계 자신의 개방성을 조건으로 요구한다 ― 왜냐하면 어떤 한 체계의 환경에는 다른 체계들이 포함되기 때문이다. 그러므로 루만의 이론은 또한 급진적 **생태주의**ecologism에 해당한다. 체계이론은 체계-환경이론이며 그래서 일종의 생태 이론이다. 다윈주의 전통에서는 그리고 포스트 다윈주의 생물학자인 움베르토 마투라나Humbert Maturana와 프란시스코 바렐라Francisco Varela에 따르면 생태계 이론은 곧 진화 이론이다. 생물학에서 탄생한 생태학적 진화 이론을 사회학으로 전환함으로써 루만은 전통적인 '창조론적creationist' 관점, 즉 사회에 대한 주류적 이해를 세속화된 형식으로 여전히 지배하고 있는 관점에 도전한다. 진화론적 생태학이 대부분의 자연과학자에게 더이상 창피한scandalous 것으로 인식되고 있지 않은 반면에, 그것이 사회과학이나 "**인문학**humanities"의 인간중심주의적 분야에 적용될 때는 매우 도발적일 수 있다. 사회에 대한 루만의 급진적인 생태학적 접근은 사회발전이나 역사를 조종할 수 있는 가능성을 최소화한다. 어떤 생물학적 종a species이 ― 체계들과 그 환경들 사이에서 동시에 작동하는 고도로 복잡한 공진화 과정 속에 자신이 복잡하게 연루되어 있기 때문에 ― 스스로의 미래를 생물학적으로 통제하거나 적절히 기획할 수 없는 것과 마찬가지로 루만은 사회적 체계들(특히 인간적 행위자들)도 사회발전

6　SS, 37. 원본에서 강조.

을 통제할 수 없다고 주장한다. 루만의 생태학적 진화 이론은 생태계가 중심center을 가지고 있지 않듯이 사회도 중심을 가지고 있지 않음을 의미한다. 그러므로 사회는 결코 성스럽거나 세속적인 근거에 의한 창조론적 개입에 열려 있었던 적이 없다(그리고 앞으로도 없을 것이다).

창조론적 관점과 반대되는 생태학적 진화 이론은 루만이 스스로 말하는 급진적 구성주의로 쉽게 이어진다. 생물학적 진화가 생명의 구성주의적 자연 발생self-generation인 것처럼 사회도 소통을 통한 사회적 실재 구성의 결과이다. 그러므로 구성주의와 상대주의는 적대적이지 않다. 오히려 그 둘은 마치 루만의 사회적 체계 이론의 경우처럼 서로를 필연적으로 수반할 수 있다. 사회적 실재는 우연적인 자기생산적autopoietic 혹은 자연 발생적 과정의 결과이지만, 이것이 사회적 실재의 범위를 축소시키는 것은 아니다. 전통적 사회이론가들은 정의, 자유, 인간의 존엄성 등과 같은 사회적 가치를 "단순한mere" 사회적 구성물이라고 주장하는 것이 그러한 가치들을 존재론적으로 평가절하하는 것이라고 말할지도 모른다. 그러나 루만에게 있어서 사회적 구성주의를 포함한 구성주의는 인식론일 뿐 아니라 ─ 즉 인식이 어떻게 작동하는지를 설명할 뿐만 아니라 ─ 존재론이기도 하다. 즉 그것은 실재가 어떻게 생산되는지를 설명해준다. 그러므로 급진적 구성주의의 관점에서 볼 때, 사회적 구성물들의 실재는 초월적transcendent 혹은 선험적transcendental 환상으로 불릴 수 있는 상상적 실재보다 훨씬 더 믿을 만한solid 것으로 생각될 수 있다. 이런 식으로 루만의 급진적 구성주의는 우연적이고 다원적인 것을 완전히 실재적인 것으로 그리고 어떤 식으로든 존재론적으로 결함이 없는 것으로 인정하고 긍정하는 포스트모던적 존재론을 수반한다.

내가 루만의 이론 내부의 가장 급진적이고 폭발적인 측면이라고 생각한 것에 대한 이러한 개관에 이어, 나는 루만의 이론의 기본적인 주장에서 이어지는 도발적인 "해체deconstruction"에 관해 보다 구체적인 논의로 전환할 것이다. 나는 루만이 어떻게 현대의 중심적인 (또 다른 포스트모던 용어를 사용하면) "서사narrative", 즉 민주주의 담론을 비판적으로 해부했는지를 살펴볼 것이다. 이 담론은 단지 하나의 담론 이상인 것처럼 여전히 일반적으로 신봉되고 있다. 이 담론은 우리 사회에 관한 기본적 열망과 사회의 기반에 관한 실체적substantial 기술로 여겨지고 있다. 루만은 오늘날 "시민 종교civil religion"의 핵심에 있는 이 관념에 딴지를 건다. 사회는 정치적으로나 사회적으로 유의미하게 민주적인 것이 아니라, 민주주의의 유토피아적 수사를 의미론적 눈가리개로 사용하여 자신이 하는 일을 **원활하게**, 즉 잠재적으로 짜증나는 대안들을 관찰하지 않고도 — 최소한 사회적 체계이론이라는 트로이목마가 도착하기 전까지는 — 진행할 수 있도록 한다.

제2장
루만은 왜 그토록 고약한 책을 썼는가?

아마존닷컴에 나의 책 『루만 설명서 Luhmann Explained』의 한 독자가 다음과 같이 썼다. "니클라스 루만은 탈코트 파슨스의 제자로, 파슨스로부터 불가능할 정도로 애매하고 난해한 문장을 쓰는 것만 분명히 배웠다. 나는 루만을 읽는 것이 매우 졸리다는 것을 알았다. 그래서 나는 아마도 이 책[『루만 설명서』]이 참신할 정도로 명쾌하고 통찰력 있는 책일 것이라고 생각했다. 아마도 만약 내가 깨어 있을 수만 있다면 나는 루만에게서 많은 것을 배울 수 있을 것이라고 생각했다. 하지만 안타깝게도 그렇지 않은 것으로 보인다." 그 소감문은 다음과 같은 다소 실천적인 제언을 덧붙이면서 끝난다. "만약 당신의 십대 자녀가 나쁜 짓을 한다면 외출금지 같은 벌을 주지 말고 니클라스 루만의 사회학적 이론에 관한 글을 쓰게 하세요."[1]

나는 이 독자의 견해에 공감한다. 약 20년 동안 루만의 책들

---

[1] 이 소감문은 허버트 진티스 Herbert Gintis가 썼다. www.amazon.com/Lumann-Explained-Souls-Systems-Ideas/dp/0812695984/ref=ntt_at_ep_dpi_3을 보라.

을 읽은 후, 루만의 이론이 매우 강력한 호소력을 가지고 있음에도 불구하고 왜 그는 자신의 이론을 합리적으로 향유할 수 있는 방식으로 표현하려고 하지 않았는지를 나 자신에게 지속적으로 질문했다. 때때로 특히 루만의 후기 저작들에서 자칫 극도로 건조하고, 불필요하게 난해하고, 형편없이 구조화되어 있고, 매우 반복적이고, 매우 길고, 미학적으로 불쾌할 수 있는 텍스트들을 루만의 아이러니와 유머가 차단하기도[그래서 결국은 텍스트에 활기를 불어넣기도] 한다. 그 아이러니와 유머는 참신하지만, 그의 대부분의 책과 많은 논문이 일반적으로 "극도로 졸리게 만드는" 읽을거리가 되지 않게 하기에는 충분하지 않았다. 나도 루만의 책이 때때로 나를 잠들게 했다는 것을 주저 없이 시인한다.

나는 루만이 왜 그렇게 고약한 저술가였는지에 대해 — 내 견해로는 적어도 그의 이론의 명석함에 비해 — 몇 가지 설명을 생각해낼 수 있었다. 그 이유들 모두가 변명이 아니라 설명임을 나는 강조하고자 한다.

루만의 고약한 글쓰기의 본질적인 이유는 그가 실제로 텍스트를 생산해내는 독특한 방법 때문이다. 이미 출판된 루만의 작품은 방대하다. 그의 책은 엄청나게 많을 뿐만 아니라 대개 매우 길어서 500쪽을 넘는 경우도 많다. 루만의 다산성은 바로 방법론적인 이유 때문이다. 루만은 글쓰기로 그의 시간 대부분을 보냈을 뿐 아니라[2] 그가 평생 수집한 거대한 메모 상자(Zettelkasten)를 사

---

[2] 루만은 자신의 글쓰기 습관에 대해 질문을 받았을 때 다음과 같이 말했

용함으로써 일종의 생산 기법을 발전시켰다. 그는 그가 읽은 문헌에 대한 아이디어, 생각, 인용문, 참고 문헌 등을 간략히 메모해두었다. 그런 다음 그는 이러한 메모들을 한 메모에서 다른 메모로의 "연결links"을 포함하는, 자신이 개발한 숫자 질서 체계에 따라 배열했다. 루만은 메모들을 통해서 다양한 방법으로 자신의 길을 쫓아갈 수 있었다. 그는 실제 텍스트를 쓰는 것보다 메모 상자들을 정리하고 구성하는 데 더 많은 시간을 보냈다. 그의 책들과 논문들은 그 메모 상자로부터 도출된 것일 뿐이다. 루만은 다음과 같이 말했다. "나는 우선 내가 쓰려고 하는 것에 대한 계획을 세우고, 그런 다음 메모 상자에서 내가 사용할 수 있는 것을 꺼낸다."[3]

루만이 자인했듯이 이러한 글쓰기 방식의 한 가지 결과는 명확한 서사 전개가 부족하다는 것이었다. 루만은 다음과 같이 말했다. "나는 메모 상자 속의 어떤 숫자로부터 다른 숫자로 이동할 수 있다. 따라서 거기에는 어떤 선형성이 존재할 수 없고, 오직 어

다. "나는 특별히 할일이 없을 때는 온종일 글을 씁니다. 아침 8시 30분부터 정오까지. 그후에 개를 데리고 가볍게 산책을 하고요. 그런 뒤 오후에 약간 더 글 쓰는 시간을 가집니다. 2시부터 4시까지. 그다음 다시 개를 위한 시간을 보내고 … 그리고 보통 저녁에 11시경까지 글을 씁니다. … 나는 결코 억지로 무언가를 하지 않는다는 것을 말해야겠네요. 나는 언제나 쉽게 할 수 있는 일을 합니다. 나는 어떻게 해야 할지 바로 알 수 있을 때만 글을 씁니다. 잠시 막히면 그 일을 옆으로 제쳐두고 다른 일을 합니다." 인터뷰어가 "다른 일"이 무엇인지를 물었을 때, 루만은 다음과 같이 대답했다. "그래요. 나는 다른 책을 씁니다. 나는 항상 몇 가지 책을 동시에 집필합니다."(SC, 29)

[3] Ibid., 27.

디에서든 시작할 수 있는 거미줄 같은spider-like 체계만 있을 뿐이다." 그리고 그는 다음과 같이 덧붙였다. "내가 생각하기에 이 기술technique이야말로 내가 왜 선형적 방식으로 생각하지 않는지, 그리고 책을 쓸 때 내가 왜 적절하게 장을 배치하는 데 어려움을 겪는지를 설명해준다. 왜냐하면 어떤 장도 다른 장의 어디에서나 다시 나타나야 하기 때문이다."[4]

루만의 텍스트들의 비선형성으로 인해 그것들은 독자 친화적이지 않다. 다른 한편 그의 저술 전반에 걸쳐 동일한 내용이 반복적으로 등장한다. 매우 특수한 주제에 관한 소논문들조차 루만의 일반이론에 대한 구절을 전형적으로 포함하고 있어 신출내기 독자들은 이해하기 어렵다. 대부분의 저작에서 루만은 자신의 이론적 틀framework에 대한 정보의 장황한 반복과 함께 특정 문제에 대한 일군의 새로운 주장들an assemblage of new remarks을 독자들에게 제시한다. 루만이 독자들은 자신의 책 어디에서든 시작할 수 있다고 진술한 것은 맞는 말이지만, 우리가 실제로 어디에서든 **시작**할 수 없는 것 또한 사실이다.[5] 그의 책들에 관한 한 처음부터 시작하거나 점진적으로 나아가는beginning or gradual 입문이라는 것이 존재하지 않는다 — 전체적인 이론적 프로젝트에 관해서는 더더욱 그렇

---

[4] Ibid., 26, 28.
[5] 입문서로 추천할 만한 영어로 된 루만의 책 한 권이 곧 출간될 것이다. 루만의 사후에 출간된 이 책은 『체계이론 입문Introduction to Systems Theory』(Einführung in die Systemtheorie, Heidelberg: Carl-Auer-Systeme, 2002)이라고 제목이 붙여진 루만의 강의 시리즈 녹취록의 영어 번역이다.

다. 그러므로 독자들이 알려지지 않았고 설명되지 않았던 전문용어들에 직면하고, 또 관념들, 주장들, 주제들 사이의 다소 혼란스러운 전환에도 직면한다는 점을 고려하면, 루만 읽기는 처음부터 좌절감을 불러일으킨다. 우리가 루만이 자신의 독특한idiosyncratic 이론적 전문용어(고도로 다양한 수많은 근거로부터 부분적으로 차용된 것이기 때문에 언뜻 보기에는 일관되지 않은 것처럼 보인다)를 어떻게 사용하고 있는지를 이해할 수 있기까지는 많은 연습이 필요하다. 그리고 우리가 이 전문용어에 대한 기본적인 이해를 얻었다 하더라도 우리의 첫 좌절 경험은 또 다른 경험, 즉 루만의 종종 지나치게 긴 저술에서 지루한 반복과 중단을 겪는 경험으로 대체될 뿐이다.

쉽게 접근할 수 없는 루만의 스타일의 특성에 기여한 두 번째 요소는 이른바 **그가 계승한 지적 유산**이다. 루만은 명시적으로 "슈퍼 이론"을 구축하는 데 목표를 두었다.[6] 그러므로 그는 18-19세기 독일 관념론의 거대이론 체계의 야심, 특히 두 명의 거장인 칸트와 헤겔의 야심과 연결되고 싶어했다. 이 두 명의 철학자는 루만의 저술에서 종종 언급될 뿐만 아니라, 그가 새롭고 이론적인 개념적 전문용어a new theoretical conceptual terminology를 사용함으로써 기본적으로 **모든 것**anything에 대한 분석에 적용되기 위해서 충분히 기술적technical이고 추상적이어야 했던 새로운 과학적 체계를 발전시키려 했다는 점에서 그 두 철학자를 따랐다는 것은 분명하다.

---

[6] SS, 4.

한편으로 이는 신조어이거나 통상적인 의미 밖에서 사용되는 중요 표현들과 단어들이라는 의미에서 독특한 어휘의 창조를 의미했다. 다른 한편으로 그것은 또한 앞서 언급한 아마존닷컴의 독자가 비판했던 애매함, 즉 핵심 전문용어에 대한 구체적인 정의definition의 부족으로 귀결되었다.

나의 대학 첫 학기에 헤겔을 소개했던 강사 중 한 명은 종종 헤겔적 개념의 몰이해unintelligibility에 대한 학생들의 불평에 대해 응답해주어야만 했다. 학생들은 종종 자신들이 이러한 단어들의 의미를 어떻게 정신적으로 표상해야(vorstellen) 할지 모르겠다 — 헤겔이 그의 개념적 방식으로 진술했을 때 구체적으로 무엇을 생각해야 할지 모르겠다 — 고 말했다. 강사는 헤겔의 의도가 그의 독자들이 어떤 구체적인 정신적 표상을 갖지 못하도록 하는 것이었다고 설명하곤 했다. 개념이나 관념은 순수하게 개념적이어야 한다 — 예를 들어 우리가 숫자 3이 언급되었을 때, 더이상 3개의 손가락이나 3개의 사과를 상상하는 것이 아니라 구체적인 이미지에 의존하지 않고 그러한 3이란 개념을 이해할 때 수학적으로 생각하기 시작하는 것처럼 말이다. 비록 루만이 관념론자가 아님에도 불구하고 종종 그의 슈퍼 이론의 용어는 부득이하게 구체적인 정의에서 벗어난다. "구별distinction" 혹은 "관찰observation" 같은 개념들은 지극히 형식적이다. 그러한 개념들은 거의 무한대의 구체적인 (사회적) 현상의 분석에 적용될 수 있지만, **구체적으로 정의될 수는 없다** — 오직 **형식적으로만** (그리고 이 경우에도 똑같이 형식적인 용어를 사용하여) 정의될 수 있다.

루만은 헤겔과 칸트 같은 철학자들로부터 자신의 개념적 용어들의 형식성을 상속받았을 뿐만 아니라 기념비적인 그들의 접근 방법도 상속받았다. 이러한 사상가들 때문에 하나의 과학적인 슈퍼 이론이 "대형화supersized"되어야만 했다. 그들 중 누구도 간결성을 미덕이라고 생각하지 않았다. 진지하게 받아들여지기 위해서 그들 시대의 과학적 철학 체계는 방대해야 했다. "정신현상학phenomenology of the sprit"이나 "순수이성비판critique of pure reason"과 같은 프로젝트는 너무나 포괄적이어서 수백 페이지로 구성되지 않을 수 없었다. (예컨대 칸트의 『미래의 모든 형이상학을 위한 프롤레고메나』처럼) 더 짧고 더 "대중적인popular" 논고를 쓸 수도 있었지만, 그 체계 자체는 엄청난 분량을 통해 깊은 인상을 남겨야 했다. 나는 루만이 스스로를 칸트와 헤겔 같은 (또는 사회이론에서는 맑스나 베버 같은) "슈퍼 이론가들"의 유산을 계승해나가는 사람으로 생각했기 때문에 그 역시 도서관에서 그들의 작품만큼 첫눈에 강렬한 인상을 주는 작품을 만들기를 열망했다고 생각한다.

전통적인 슈퍼 이론가들의 체계는 단순히 양만이 아니라 난해함도 중압감을 준다. (자연과학, 사회과학 그리고 인문학을 포함한 모든 학문 분야를 포괄하는 독일어 용어 **학문[과학]**Wissenschaft의 의미에서) 과학은 "쉽게 이해되기straightforward"보다는 난해해야 했다. 이는 다시 독일 철학계의 한 일화로 설명할 수 있다. 나의 친구이자 전 독일철학 교수였던 귄터 볼파르트Günter Wohlfart는 1960년대 말부터 1970년대 초까지 아도르노와 하버마스의 지도하에 프랑크푸르트에서 자신의 박사학위를 취득하였다. 귄터는 언젠가 초청 강사의 발표를 놓쳤고, 나중에 거기 있었던 다른 학생에게 좋은 것이 있었는지 물었다. 그 학생은 열정적으로 그리고 매우 진지하게 다음과 같이 말했다. "정말 멋졌어요 — 한마디도 못 알아들었어요!" 철학적이고 과학적이며 이론적인 책의 위대함은 독일의 과학 및 교육체계 내에서는 다른 어떤 지표들보다도 그것에의 접근 불가능성inaccessibility에 의해 측정된다. 사람들이 철학적이거나 이론적인 책을 이해하기 위해 투자하는 시간과 정신적 노력이 그 저작 자체의 질의 영향을 받는 것으로 여겨졌다. 책이 이해하기 어려울수록 저자의 통찰력이 더 깊다고 여겨졌다.

루만은 아마도 학문적 문헌, 특히 철학적·이론적 문헌에 대한 독일(또한 유럽 전체)의 태도와 북아메리카의 태도 사이의 차이에 대해 잘 알고 있었을 것이다. 이러한 이유에서 루만은 비록 의심할 여지 없이 당당함에도 불구하고 다소 미안한 듯이 그리고 어쩌면 다소 자만스럽게 『사회적 체계들』의 영어판(미국의 스탠포드대학교 출판부에서 출간되었다) 서문을 다음과 같이 말하면서 시작한다. "이 책은 결코 쉬운 책이 아니다. 이 책은 체계이론의 맛을 보지 못한 채 죽고 싶지 않음에도 불구하고 빠르고 쉽게 읽기를 좋아하는 사람들에게는 적합하지 않다."[7] 북미에서 학계에 있는 사람들을 포함한 저술가들과 강사들은 보통 청중에게 자신을 이해시키기 위해 노력한다고 여겨진다. 이것이 평판이 좋은 것으로 간주된다. 그러나 독일에서 적어도 칸트와 헤겔의 시대 이래로 학문적 청

---

7   Ibid., xxxvii.

중은 대중적populist 요구를 충족시키려는 어떠한 시도도 하지 않음으로써 그의(혹은 오늘날에는 또한 그녀의) 능력을 보여주는 교수의 비타협적인 지적 경직성을 높이 평가한다. 사실상 학계의 맥락에서는 마치 루만이 『사회적 체계들』 서문에서 했던 것처럼 연사들과 저술가들이 청중에게 자신들의 말을 들을 자격이 있음을 스스로 증명하기를 요구할 수 있다.

루만의 호소력 없고, 나의 관점에서는 종종 세련되지 않은 글쓰기 스타일의 세 번째 이유는 두 번째 이유, 즉 루만이 속해 있는 독일의 학문적 담론 및 지적 유산과 밀접하게 관련되어 있다. 다시 말하면 루만(혹은 차라리 그의 저술)은 당대 독일 학계의 지적 엘리트와 너무 밀접하게 얽혀 있어서 이런 어려움을 겪었다. 다른 위대한 철학자들이나 이론가들은 운 좋게도 독일어권 학계로부터 어느 정도 거리를 두고 있었기 때문에 오랫동안 독일어권 학계를 괴롭혀왔던 고약한 글쓰기란 질병에 훨씬 덜(전혀는 아니지만) 감염되었다. 나는 맑스, 니체 그리고 비트겐슈타인 등이 그러한 저자들이라고 생각한다. 이런 사람들과는 달리 루만은 자신의 이론적 숙적인 위르겐 하버마스와 마찬가지로 학문적으로 가식적이고 졸리게 만드는 저자들이 포진한 환경에서 자신의 텍스트를 썼다.

1960년대 말 널리 퍼진 문화혁명이 독일에서는 매우 특수한 형태를 띠었다. 그것은 매우 이론적인 사건이었다 — 나는 예를 들어 훨씬 더 실제적인 문제가 걸려 있었던 미국(민권운동, 징병 반대 등)이나 이탈리아(노동자들의 파업)보다 더 그랬다고 생각한다. 독일에서 혁명은 주로 학문적 성격을 띠었고, 좌파 학문 혁명가들이 사용한 언어는 그들이 뒤엎으려는 전통적 엘리트들의 언어만큼이나 기이할 정도로 엘리트적이었다. 독일의 "진보적progressive" 학자들은 분명 전형적인 전위avant-garde는 아니었다. 하버마스와 같은 좌파 이론가와 루만 사이의 이데올로기적이고 이론적인 큰 차이에도 불구하고 양 진영 사이의 대화가 실제적으로 **가능한** 이유들 중 하나는 아마도 그들이 (아도르노의 유명한 표현을 빌리면) **전문용어**jargon를 공유했기 때문이다. 바로 그 전문용어가 내가 아는 한 오늘날까지 독일 학계를 통합시켜왔고, 그리고 동시에 나머지 세계로부터 독일을 고립시키는 데 기여해왔다. 루만이 다소라도 그러한 전통에서 벗어날 수 있었다면 좋았겠지만 "불행하게도 그러한 일은 일어나지 않았다."

2부 철학에서 이론으로

제3장
네 번째 공격:
인간주의에 대한 반박

자신의 마지막 대작인 『사회의 사회』의 첫 장에서 니클라스 루만은 자신의 이론이 "급진적으로 반인간주의적인, 급진적으로 반지역적인 그리고 급진적으로 구성주의적인 사회 개념으로의 전환"을 시도한 것으로 이해되기를 바란다는 점을 매우 계획적이고 비타협적이며 단호한 방식으로 솔직하게 선언했다. 그는 "사회가 구체적인 인간들과 그들 사이의 관계들로 구성되어 있다"[1]라는 통상적 가정을 단호하게 부정했다. 루만이 이처럼 자신의 반인간주의적 의도를 내장한 급진주의를 명시적이고 숨기지 않는 수사학적 방식으로 선언한 것은 최소한 그의 초기 저작에 비추어 볼 때 매우 이례적이다. 그는 적어도 자신의 마지막 대작 — 아마도 자신의 치명적인 병을 알고 있었기 때문에 그 저작이야말로 자신의 이론을 일반적이고 요약적인 방식으로 제시할 수 있는 마지막 기회라고 간주했음에 틀림없다 — 에서는 자신의 전매특허인 모호함, 숨겨진 아이러니 그리고 비꼬기 등에서 벗어나기를 원했고, 오해

---

[1] GG, 35, 24. 별도의 표시가 없으면, 모든 [영어] 번역은 내가 한 것이다.

받지 않도록 가능한 한 직접적인 방식으로 자기 입장을 정하려 했던 것처럼 보인다.

루만의 반인간주의는 그를 상식 및 주류 정치사상과 직접적으로 모순되는 위치에 놓이게 하며 그래서 그의 사회적 체계이론을 특히 미국에서 "전파하기" 어렵게 만들었다. 다른 어떤 지역보다도 미국의 담론, 즉 학문적 담론만이 아니라 정치적 담론은 — 그리고 심지어는 대중매체의 공중 담론조차 — 18세기 "구유럽적" 계몽주의 전통의 의미론에 여전히 크게 의존하고 있기 때문이다. 나에게는 때때로 미국혁명이 아직 진정으로 종결되지 않은 것처럼 보인다. 이탈리아 사회학자 다닐로 졸로도 이와 비슷한 관찰을 했다. 졸로는 오늘날의 민주주의에 대한 "실재적인realist" 이론을 주창했고, 존 롤즈John Rawls와 같은 다수의 영미권 저자가 대표하는 "구유럽적" 전통의 고전 민주주의에 대한 "성과 없는 (그리고 불가피하게 도덕주의적인) 윤리-정치적 처방전prescription의 부활"과 명백히 거리를 두었다. 졸로는 그러한 처방전들이 "정치적 이상ideals의 측면에서 18세기 철물점 주인의 지적 지평보다 확장되지 않았던 유럽의 원시 자본주의proto-Capitalism의 청교도적 개인주의를 들먹이는 것보다 실제로는 조금도 나을 것이 없다"[2]고 꼭 집어서 말했다.

나는 졸로의 지적이 가장 자주 인용되는 미국혁명 사상의 대

---

2   Danilo Zolo, *Democracy and Complexity: A Realist Approach* (Oxford: Blackwell, 1992), ix.

표적 어구인 독립선언문의 유명한 다음의 말을 단순히 관찰하는 것만으로도 잘 설명될 수 있다고 생각한다. "우리는 다음과 같은 것을 자명한 진리라고 생각한다. 즉 모든 사람은 평등하게 태어났고, 창조주로부터 천부적이고 양도할 수 없는 권리를 부여받았으며, 그 권리 중에는 생명과 자유와 행복의 추구가 있다. 이 권리를 확보하기 위해 사람들 사이에서 정부가 조직되었으며, 이 정부의 정당한 권력은 인민의 동의로부터 유래한다."[3] 이 어구들은 계몽주의의 낙관적인 정치적 인간주의를 계획적으로 표현하고 있다. 이것들은 신성한 창조에 근거하여 "유럽의 원시 자본주의의 청교도적 개인주의"라는 사회문화적 맥락 속에서 "자명한self-evident" 것으로 인식되었던 특별한 권리, 자질, 목표를 인간 일반에게 부여하고, 이를 사회적·정치적 의제의 중심에 놓는다. 이러한 반신반인의 권리, 자질, 목표는 미국에서뿐만 아니라 보다 일반적으로 서양 세계에서 공적·사적으로 여전히 널리 숭배되고 있으며, 완전히 실현되지는 않았지만 여전히 어떤 문명사회를 알리는 가장 중요한 이상으로 신봉되고 있다. 그러나 루만의 시각에서 볼 때 독립선언문의 인용문 중 그 어떤 것도 오늘날 사회(그리고 내 생각에 특별히 북미 사회)가 실제로 어떻게 작동하는지를 설명하는 데 아무런 이론적 가치도 갖지 않는다.

　　나는 "루만 라이트Luhmann lite[*루만 간략화]"를 제시하고, 인간

---

[3]　*Thomas Jefferson on Democracy*, ed. Saul K. Padover(New York: Penguin, 1946), 13에서 인용.

주의 자체를 넘어서면서도 어떤 방식으로든 인간주의적 가치를 보존하려는 "약한 포스트 인간주의weak posthumanism"의 대표로 루만을 이해하는 것은 아무런 의미가 없다고 생각한다. 그는 스스로를 다르게 명명했고, 자신을 급진적 **반**인간주의자antihumanist로 간주했는데, 이러한 급진주의는 많은 독자, 특히 시민사회 개념에 끔찍이 집착하는 북미와 같은 문화에 살고 있는 독자들의 마음에 들지 않을 것이라고 예상된다.

루만은 사회적 체계이론을 맥루한의 개념인 "인간의 확장extensions of man"을 다루는 이론으로 생각하지 않았다. 그는 기술혁명의 여파 속에서 인간됨to be human의 의미를 새롭게 이해하려는 데 목표를 두지 않았다. 루만이 사회가 어떻게든 그 자체로 인간적 한계를 넘어섰다고 생각하지 않는 한 그는 (맥루한 및 그 추종자들과는 달리) "강한 포스트휴머니스트"[4]로 간주될 수 있다. 오히려 루만은 인간 중심적이고 주체 중심주의적인 관점에서 사회를 인식하는 것의 가치가 제한되어왔다고 생각한다. 루만은 기술 시대의 **인간됨**being human의 변이들modifications을 논의하지 않았다. 오히려 그는 기술 변동과 동행하는 **사회 변이들**social modifications을 논의하였다. 루만은 사회에 대한 인간주의적 자기 기술이 처음부터 근본적으로 결함이 있다고 생각하기 때문에 자신을 급진적 반인간주의자로 규정한다. 세계는 결코 인간적이었던 적이 없으며, 따라서 인간에서 포스트

---

[4] 루만과 포스트 인간주의에 관해서는 Cary Wolfe, *What Is Posthumanism?* (Minneapolis: University of Minnesota Press, 2010), 249–263을 보라.

휴먼 세계로의 전환은 결코 일어난 적이 없었다.

　루만에 따르면 우리는 포스트모던 세계에 살고 있지 않다. 근대는 기능적 분화의 시대로서 여전히 진행형이다. 이론적으로 말하면 최근의 기술 변동은 사회의 외부에 존재한다. 인간의 신체와 정신처럼 기술technology은 사회의 구성 부분이 아니라 사회의 환경에 속한다.[5] 인간도 컴퓨터도 소통하지 않고 소통만이 소통한다. 물론 이러한 주장은 최근의 기술 발달의 심대한 사회적 영향(이는 예를 들어 캐서린 헤일즈와 도나 해러웨이가 성공적으로 추적해왔다)을 부정하는 것이 아니라, 그 영향들을 사회에 미치는 외적 영향으로 엄격하게 간주하려는 것이다. 루만에 따르면 사회는 결코 인간적인 것이 아니다 — "인간human being"이란 관념은 늘 이론적으로 문제가 있었고, 이러한 인간주의적 관점에 입각한 사회학은 항상 오도되어왔다.

　『현대성의 철학적 담론』 가운데 루만에 관한 비판적 — 그리고 중요한 — 논문에서 위르겐 하버마스는 루만의 이론을 "메타생물학적"이라고 불렀다. 하버마스는 이 개념을 다음과 같은 방식으로 규정했다. "'형이상학'이란 표현이 우연히 생겨났을지 모르지만 우리는 '우리에게 보이는' 물리적 외형the 'for us' of physical appearances에서 출발하여 그 이면에 무엇이 있는지를 묻는 사고의 의미를 형이상학에 부여할 수 있다. 그렇다면 우리는 유기적 생명 '자체for itself'에서 출발하여 그것을 초월하는 사고 — 초超복잡 환경에 직

5　예를 들어 RM, 3-4를 보라.

면한 자기 관련 체계self-relating systems의 자기 유지라는 사이버네틱적으로 기술된 기본적인 현상 — 를 '메타 생물학적'이라 부를 수 있다."[6]

오늘날 체계이론은 일반적으로 체계 "자체", 즉 자기 산출적self-generating 및 자기 재생산적self-reproducing(즉 자기생산적) 실체들entities에 관심이 있다. 이러한 실체들은 자신의 환경으로부터 스스로를 구별함으로써 환경 속에서 그들 자신을 구성한다. 하버마스가 올바르게 지적하고 있듯이 그러한 자기생산적 체계의 범례는 (세포, 면역체계와 같은) 생물학적 체계이다. "자체"로 작동하는 자기생산적 체계는 그 체계의 재생산을 구성하는 작동들로 구성되어 있다. 생물학적 체계는 자신의 내적 생물학적 과정들로 구성된다. 이와 마찬가지로 심리적 체계(즉 정신)는 (생각과 느낌 같은) 내적 심리학적 작동들로 구성된다. 뇌는 생물학적 체계이며, 정신은 심리

---

[6] Jürgen Habermas, "Excursus on Luhmann's Appropriation of the Philosophy of the Subject through Systems Theory", in *The Philosophical Discourse of Modernity: Twelve Lectures*, translated by Frederick G. Lawrence(Cambridge, Mass.: MIT Press, 1987). 이 인용문은 372쪽에 있다. 내 초고에 대한 한 논평자는 루만이 리처드 도킨스Richard Dawkins나 에드워드 윌슨E. O. Wilson과 같은 학자들의 생물학적 결정론을 공유하고 있다는 잘못된 인상을 피하기 위해서 이 말을 "메타 바이오틱metabiotic"이라는 개념으로 바꾸는 것이 더 적절할 것 같다고 제안했다. 나는 루만이 생물학적 결정론자도 아니고 사회진화론자도 아니라는 논평자의 의견에 전적으로 동의한다. 그러나 최소한 내가 읽기에 그다음 인용문에서 하버마스가 그러한 점을 제시하는 것은 아니다. 하버마스는 단지 루만의 이론이 기계론적 사회이론을 따르는 것이 아니라 더 유기적이고 생태적인 관점으로 사회를 바라본다고 지적할 뿐이다.

적 체계이다. 뇌파는 후속 뇌파로 지속되는 것이지 결코 생각으로 지속되는 것이 아니다. 이와 마찬가지로 생각은 후속 생각으로 지속되는 것이지 뇌파로 지속되는 것이 아니다. 뇌와 정신은 체계상으로 분리되어 있다. 그들은 서로의 작동에 침입할 수 없다. 그들은 서로를 위한 환경일 뿐이다. 이와 마찬가지로 소통도 생각이나 뇌파로 지속될 수 없다. 정신도 뇌도 말을 할 수는 없다. 우리는 이러한 세 가지 경험적으로 확연히 다른 체계 영역을 혼동하는 언어적 습관을 발전시켜왔다.[7]

만약 우리가 뇌가 어떻게 작동하는지 이해하기를 원한다면, 우리는 생각과 사회현상이 아니라 생리학적·생물학적 과정들을 기술해야 한다. 왜냐하면 생각과 사회현상은 환경적 요소들로서 이러한 과정들에 영향을 주지만 그것들과는 작동적으로 분리되어 있기 때문이다. 이와 마찬가지로 만약 정신이 어떻게 작동하는지 기술하기를 원한다면, 우리는 심리학적 과정에 초점을 맞추어야 한다. 만약 사회를 기술하기를 원한다면, 우리는 소통 과정에 주목해야 한다. 인간의 뇌파를 뇌보다는 인간적인 것에 강조점을 두고 말하는 것은 과학적으로 무용하다. 만약 과학적으로 정밀해지기를 원한다면, 우리는 인간의 뇌파가 인간적 활동이 아니라 뇌 활동의 현상이라고 말해야 한다. 이와 마찬가지로 우리는 느낌이 심리적 활동의 현상이라고 말해야 하고, 소통(예를 들어 이것과 같은 기록 문서)이 소통적 혹은 사회적 활동의 현상들이라고 말해야 한

---

7   이 주제에 대한 보다 상세한 논의는 제5장을 보라.

다. 사회적 체계이론은 마치 신체가 생물학적 체계의 복합체 complex assemblies이듯이 사회는 소통 체계의 복합체로 간주된다는 의미에서 "메타 생물학적"이다. 두 가지 복합체 모두에서 강조점은 체계의 작동적 자기 본위 for-selfness에 놓여 있다. 인간이 "뇌 활동을 하고", 생각하고, 소통한다고 말하는 것은 잘못은 아니지만 정확하지는 않다. 이러한 세 가지 활동 중 그 어떤 것도 배타적으로 혹은 본질적으로 인간적인 활동은 아니다.

    루만은 인간은 소통할 수 없고 오직 소통만이 소통할 수 있다는 유명한 (혹은 악명 높은) 주장을 했다. "우리가 사회라 부르는 소통 체계 내에서 인간이 소통할 수 있다고 가정하는 것은 관습적인 것이다. 영리한 분석가들조차 이러한 관습에 속아왔다. 인간이 소통할 수 있다는 진술이 거짓이라는 것과 그 진술이 하나의 관습으로만 그리고 소통 내에서만 기능한다는 것을 알아차리는 것은 비교적 쉽다. 소통은 소통을 계속해야 하는 사람들에게 반드시 자신의 작동을 표현해야 하기 때문에 관습을 피하기 어렵다. 인간들은 소통할 수 없다. 그들의 뇌조차 소통할 수 없다. 그들의 의식적인 정신조차 소통할 수 없다. 오직 소통만이 소통할 수 있다."[8] 내가 보기에 "메타 생물학적으로" 의미를 가진 이 진술은 인간은 뇌파를 생산할 수 없고 오직 뇌만이 뇌파를 생산할 수 있다는 진술과 유사하다. 그것[진술]은 인간의 존재를 부정하는 것이 아니라 인간이 뇌 기능에 대한 통제력을 가질 수 없는 것처럼 사회적 기

---

[8] Mind, 371.

능에 대한 통제력을 가질 수 없음을 말할 뿐이다. 다시 말하면 그것은 사회적 메커니즘에 대한 더 적절한 개념과 더 나은 이론을 가능하게 하기 위해 사회학을 뇌 생리학만큼 덜 (혹은 더) 인간주의적인 것으로 만드는 데 목적이 있다.

인간으로서 우리는 생물학적 신체와 정신을 가지고 있으며 소통 속에서 역인persons*으로 표현된다. 그러나 이렇듯 작동적으로 분화된 세 가지 영역을 성공적으로 결합할 수 있는 뚜렷한 체계상의 단위는 없다. 사회는 생물학적 은유로 표현하면 내부적으로 소통 기관들이 출현하고 그것들을 생물학적·심리적 체계와 공생 관계 속에서 유지할 수 있는 체계이다. 기능적으로 분화된 사회 속에서 이러한 소통 관련 기관들이 각기 다른 사회적 기능체계들이다. 사회학은 이러한 기능체계들이 어떻게 기능하고, 무슨 구조를 만들어가며, 어떤 코드를 적용하고 있고, 다른 기능체계들과 어떻게 연동되어 있는지 등을 관찰하고 기술할 수 있다. 사회 내에서 인간은 너무나 편리한 전통적 개념일 뿐이며, 여전히 애매하고 혼란스러운 소통 도구일 뿐이다. 과학에서 인간에 관한 생물학적 연구를 수행하는 사람을 인간주의자가 아니라 생물학자라고 부르듯이 우리는 사회를 연구하는 사람도 인간주의자가 아니라 사회학자라는 것을 인정한다. 결국 루만의 급진적 반인간주의는 이렇듯

---

*   persons는 페르조나persona, 인격, 인물 등으로 번역되어왔는데, 우리는 사회적 역할이나 가면을 중심으로 규정되는 인간의 정체성이라는 의미의 번역어로 '역인役人'을 선택한다.

완벽히 통상적인 학문적 자기 지칭의 이론적 확인에 불과하다.

루만이 사회학을 "탈인간화dis-humanization"하는 이러한 개괄적인 설명은 사회 내부의 지배적인 인간주의적 자기 기술을 분석할 때 광범위한 영향을 미친다. 여기에서 나는 루만이 인간주의적 사회이론을 완벽하게 벗어나서 우리 사회가 어떻게 작동하는지에 대한 통상적인 인간주의적 관념을 해체하려는 데 목표를 두고 있었음을 훨씬 더 분명하게 보여주는 그의 이론의 한 측면을 간략하게 살펴보고자 한다. 그 측면은 루만의 정치에 대한 개념이다.[9]

대중적 담론과 사회이론 모두에 관한 지배적인 의미론은 인간들이 사회에 어떻게든 개입할 수 있고, 어떤 경우에는 조종할 수 있다고 가정하고 있다. 어쨌든 이러한 역할을 수행할 것이라고 가정된 하나의 특수한 사회적 체계가 정치체계이다. 정부는 — ("통치하다to govern"라는 동사의 고대 그리스어의 어원으로 거슬러 올라가면) 마치 선장이 배를 조종하듯이 — 사회를 조종하는 것으로 이해되었다. 그러나 루만은 다음과 같이 주장한다. "비록 모든 조종이 사회 내부에서 일어나고 있고 그래서 사회의 자기생산을 항상 실행하고 있지만(즉 소통하지만), 단어의 엄격한 의미에서 볼 때 전체 체계의 심급에서 사회의 자기 조종은 없다." 기능적 분화와 작동적 폐쇄의 조건하에서 전체로서 사회를 조종할 수 있는 그 어떤 제도, 조직, 체계, 집단도 사회 내부에는 없다. 체계들은 그들 스스로를 조종하며, 엄격히 말하면 정치체계는 단지 그 자신만을 조종할

---

9   이 주제에 대한 보다 자세한 논의는 제8장을 보라.

수 있을 뿐이다. 정치체계가 다른 체계들을 "자극하거나irritate" "동요시킬perturb" 수는 있지만, 정치체계가 다른 체계에 직접적인 인과적 권력을 행사하지는 못한다. 루만은 단호하게 다음과 같이 말한다. "조종은 항상 체계들의 자기 조종이다."[10]

다양한 자기 조종 체계로 구성된 사회 내부에는 그 어떤 중심적 조종 기구도 없으며, 그러한 자기 조종 체계들은 특별한 위계적 질서를 가지고 있지도 않다. 칸트에서 하버마스에 이르기까지 서양 계몽주의의 전통에 서 있는 수많은 "주류" 이론가는 정치와 정치제도를 인민이나 인간people or human beings이 사회를 통제, 조종, 지도할 수 있는 수단인 것처럼 가정해왔다. 이러한 전통은 플라톤의 『국가』로까지 거슬러 올라간다. 플라톤에 따르면 마치 정신이 신체를 통제한다고 가정하듯이 철인왕들이 자신들의 탁월한 지혜와 이해력에 입각하여 사회를 통제할 수 있는 것으로 가정한다. 이미 플라톤에게서부터 인간의 합리성이나 이성을 활용하여 정치적으로 조종할 수 있는 통일된 신체로서의 사회라는 삼중적[지배자-이성, 군인-기개, 생산자-욕망] 개념이 나타났다. 이 삼중적 전제는 오늘날까지 사회사상과 정치사상에 매우 큰 영향을 미쳐왔다. 루만의 이론은 그러한 전제의 세 가지 측면 중 어느 것도 공유하고 있지 않다.

첫째, 루만은 사회가 통일성unity*에 기반하고 있다는 사실을 부정했다. 오히려 루만은 사회가 구별과 차이, 즉 사회적 체계

[10] Limits, 49-50, 48.

들 사이의 내적 차이 그리고 사회와 그 비사회적 환경 사이의 차이에 기반하고 있음을 발견했다. 둘째, 다양성과 차이에 대한 이러한 초점에 따라 루만은 일반적인 (인간적) 합리성 개념을 부정했다. 그 대신에 그는 합리성이 항상 체계의 우연적 산물이거나 구성물이며 거기에는 보편적 이성과 같은 것이 존재하지 않는다고 주장한다. 루만은 날카롭게, 도발적으로 그리고 비꼬듯이 다음과 같이 말한다. "어떠한 구별-논리적 합리성 개념도 통일성과 권위의 입장으로 되돌아갈 수 없을 것이다. 이성 — 결코 다시는 안 돼!"[11] 여기에서 루만은 1970년대와 1980년대의 좌파 저항운동의 저 유명한 구호, 즉 "전쟁 — 결코 다시는 안 돼!(Nie wieder krieg!)"라는 구호뿐만 아니라 이성을 모든 사회악의 보편적 치료제라고 하는 (이 운동의 지적 대변인으로 종종 인식되는) 하버마스의 주장을 넌지시 언급한다. 루만은 이성적 정치에 기초하여 새롭고 평화로우며 평등한 사회를 건설하려는 이데올로기적 희망들을 조롱한다.

셋째, 루만은 사회의 한 체계, 즉 정치체계가 사회 전체를 지도하는 기능을 떠맡을 수 있다는 관념을 공격한다. 그것은 정치체계나 정치제도들이 사회 내에서 사회를 어느 정도 대표한다는 것을 의미한다. 정치적 통치 기구는 사회 내에서 특권적 위치를 차지하여 사회 또는 더 전통적으로는 인민이 스스로를 통치할 수 있게

---

* 통일성은 체계의 작동을 통해 환경과의 경계가 형성된 것을 외부의 관찰자가 관찰할 때, 체계와 환경의 동시적 묶음을 드러내는 개념이다. 따라서 이러한 통일성은 체계의 동일성과는 구별된다.

11 OM, 35.

해준다는 것이다. 루만은 그러한 가능성을 다음과 같이 단호하게 부정한다. "기능적으로 분화된 사회에서는 … 사회 속에서 그 사회를 독보적으로 대표할 수 있는 것은 없다. 따라서 정치체계도 체계와 환경의 차이에 기반한 특정한 정치적 구성에 의해 그 자신만을 조종할 수 있을 뿐이다."[12]

루만은 정치체계가 다른 체계들을 조종할 수 없다는 것을 보여주는 간단한 사례를 다음과 같이 제시하고 있다. "가족처럼 상대적으로 단순한 체계들조차 그 자체의 자기 조종이 작동하지 않는다면 해결할 수 없는 문제들을 정치에 제기할 것이다. 만약 가족이 자신의 차이들을 충분히 최소화할 수 없다면 … 정치는 훨씬 더 그렇게 하지 못할 것이다. 정치는 그 자신의 프로그램들을 행정적으로 보완하고, 여성 쉼터에 재정을 지원하고, 이혼을 훨씬 더 쉽게 혹은 더 어렵게 만들고, 이혼의 재정적 부담을 분산시켜 이혼이나 잘못된 결혼을 억제할 수 있다 ─ 요컨대 정치를 할 수 있다do politics. 가족 자체는 이런 식으로 조종될 수 없다."[13]

정치는 가족을 조종할 수 없다. 이것은 전통적인 이론가들조차 동의할 수 있는 주장일지 모르지만, 루만의 주장은 훨씬 더 일반적이며 국가와 가족 사이의 관계를 예외적인 사례로 보지 않는다. 루만은 선거운동에서 정치인들이(사회주의국가와 공산주의국가는 말할 것도 없고) 항상 조종할 수 있다고 약속하는 것, 즉 (자본주

12　Limits, 47.
13　Ibid, 48.

의)경제를 사회가 정치라는 수단으로 조종할 수 있다는 관념에 특히 반대했다. 대부분의 정치인은 만약 자신들이 선출되면 정치가 경제에 도움이 되도록 만들 수 있다고 믿거나 최소한 그렇게 **주장한다**. 그러나 루만은 다음과 같이 주장한다. "어떠한 정책도 경제 전체, 경제의 일부, 심지어 단일 기업조차 쇄신할 수 없다. 왜냐하면 이를 위해서는 돈이 필요하고 결과적으로 경제가 필요하기 때문이다."[14] (자본주의)경제는 작동적으로 폐쇄되어 있고 스스로를 조종한다. 정치가 경제를 자극할 수는 있지만, 즉 정치적 결정에 따른 약간의 경제적 반향을 일으킬 수는 있지만 정치가 경제를 조종할 수는 없다.

(자본주의)경제의 자기 조종은 정치에 의해 계획될 수 없다. 이것은 사회주의 실험과 공산주의 실험에서 참true이었다는 역사적 사실에 의해 충분히 입증되어왔다. 자본주의 실험에서도 마찬가지라는 것은 아직 통상적인 믿음이 아니다. 여기에서 지배적인 의미론은 여전히 경제적 조종 능력을 경제 체계가 아니라 정치체계의 대통령과 재무부 장관에게 돌리는 경우가 많다. 경제 체계가 고려될 때조차 전통적인 인간주의적 의미론은 기능주의적 시각을 수용하지 않고, 경제적 조종을 앨런 그린스펀Alan Greenspan[미국 연방준비제도이사회 의장], 빅 CEO들, 주식 중개인들과 같은 개별 인간에게 돌린다. 루만은 다음과 같이 주장한다. "경제 체계는 계획될 수 없지만 진화한다. 계획을 세울 수는 있지만 그것은 진화에 따

[14] Ibid., 42.

라 체계가 반응하는 역사적 상태에 영향을 미칠 뿐이다." 루만은 다음과 같이 결론짓는다. "경제는 화폐를 매개로 한 자기 준거적 처리와 자신의 작동적 폐쇄에 기반하여 정치적으로 통제될 수 없는 고유의 역동성을 만들어내며, 경제조차 사실상 사후에만 이에 반응할 수 있다."[15]

사회 내에는 그 어떤 중심적인 조종 기구central steering agency가 없다는 루만의 주장은 경제에 관한 앞의 논의에서 본 것처럼 사회 과정에 대한 직접적인 정치적 (혹은 과학적) 간섭의 가능성을 배제한다. 정치인들뿐만 아니라 경제인들도 외부에서 경제의 과정을 설정할 수 없다. 만약 내가 루만을 올바르게 이해했다면, 그의 주장은 자유시장 정치의 효율성에 관해 광범위하게 퍼진 믿음에 대한 존 그레이John Gray의 비판과 궤를 같이한다. 그레이(런던정경대학 교수)는 현대의 자유시장 정치 신조와, 오늘날의 시각에서 볼 때 다소 기괴하게 들리는, 사회적·경제적 진보를 공학화하는 과학적 계획을 제시한 19세기 프랑스 실증주의자들(그레이는 생시몽과 콩트를 언급한다)의 견해를 비교한다. 그레이는 국제통화기금(IMF)과 같은 기구들이 수행하는 자유시장 정치free market politics가 경제적 실재에 대해 과학적·정치적 의제들을 강제하려 한다고 주장한다. 그레이에 따르면 이것은 러시아와 아르헨티나의 결정적인 경제적 파국을 방지하지 못했다(그리고 아마도 외부적 측면에서 그 파국에 기여하기도 했다). 그레이는 아르헨티나 사례를 다음과 같이 요약한다.

---

15   Kapitalismus, 193-194.

"IMF 실험의 여파로 아르헨티나는 역발전reverse development의 대표적 사례가 되었다. 한때 아르헨티나에 있었던 대규모 중산층은 파괴되었다. 고도로 발전된 시장경제가 일종의 교환경제a barter economy로 대체되었다. 인구의 4분의 1 이상이 실업에 직면했다. 기아가 만연했다." 그리고 그레이는 다음과 같이 결론지었다. "생시몽과 콩트 같은 실험적 인물들을 IMF의 진부한 관료들과 연결하는 것이 의외로 보이겠지만, IMF가 집착하는 근대화 이념은 일종의 실증주의의 유산이다. 전 세계 구석구석에 자유시장을 설치하려고 애를 쓰는 사회공학자들은 자신들을 과학적 합리주의자로 간주하지만, 그들은 실제로는 잊혀진 사교cult의 사도들이다."[16]

사회 내부에서든 사회 외부에서든 정부와 같은 중앙 기구를 통해서든 IMF와 같은 다른 기구를 통해서든 만약 인간이 사회를 조종할 수 없다면, 인간으로서 우리는 무기력한 상황 — 우리가 **인간의 자만심에 대한 네 번째 공격**fourth insult to human vanity에 직면하는 상황 — 에 놓인 것처럼 보인다. 프로이트는 인간의 나르시시즘에 가해진 세 가지 공격을 제시했다. 첫째는 지구가 우주의 중심이 아니라는 코페르니쿠스의 증명(우주론적 공격), 둘째는 인간이 창조의 정점에 있지 않다는 다윈의 발견(생물학적 공격) 그리고 마지막은 리비도 같은 충동과 무의식적 힘 앞에서 에고ego가 무력하다는 자신의 발견(심리학적 공격)이다.[17] 이제 루만은 이 목록에 또 다른

---

16 John Gray, *Al Qaeda and What It Means to Be Modern*(New York: New Press, 2003), 47, 43.

공격 — **사회학적 공격**sociological insult이라고 부를 수 있는 공격 — 을 추가했다. 만약 루만의 분석이 옳다면, 인간 사회는 스스로를 조종할 수 없다. 우리가 마치 우주, 자신의 신체 혹은 정신을 통제할 수 없는 것처럼 우리는 우리가 살고 있는 사회 세계를 우리의 이상, 희망 혹은 의도대로 만들어낼 수 없는 것이다.

그렇다면 우리는 이러한 사회학적 공격에 어떻게 대응하는가? 루만의 대답은 유토피아를 만드는 것이다.[18] 이러한 유토피아는 "자유주의적 자유시장 질서, 사회주의적 복지 정의, 사회적 시장경제 그리고 복지국가"이다.[19] 다시 말해 "정치적 유토피아는 사회의 통제 불가능성이 정치체계 안으로 복제된 형태이다."[20] 여기에서 나는 사람들이 어떻게 네 번째 공격에 대응하는지를 설명하기 위해서 루만이 사용한 하나의 풍자적인 비유를 간략하게 언급하려고 한다. 루만은 (자본주의)경제에 영향을 미칠 수 있는 척하는 정치인들의 행동과 공약을 호피Hopi 인디언들의 기우제 춤과 비교하고, 둘 모두에게 똑같이 중요한 기능, 즉 "상황이 저절로 변할 때까지 단순히 기다리는 것이 아니라 무엇인가를 하고 있다는 인상을 확산시키는"[21] 기능을 부여한다. 대개 정치는 기능적 분화의 조건

---

17 Sigmund Freud, *Darstellungen der Psychoanalyse*[정신분석 설명](Frankfurt/Main: Fischer, 1969), 130-138.
18 Kapitalismus, 194.
19 Chirurg. 또한 Parteien, 44를 보라. Parteien에서 루만은 시민사회 개념을 "공감적 유토피아sympathetic utopia"라고 부른다.
20 Kapitalismus, 197.
21 PG, 113.

속에서 다른 체계들을 조종할 수 있는 것처럼 위장할 때 상징적으로 기능한다.

우리는 G8 정상회의와 북미 원주민 의례의 비교에 초점을 맞추고 있는 진술의 급진주의를 과소평가하지 않아야 한다. 경험적으로 말하면 두 가지 모두는 아주 무용하며, 날씨와 경제에 예측 불가의 영향을 미친다. 그러나 두 가지 모두는 중요한 사회적 기능을 수행한다. 그것들은 "무엇인가가 행해진다"라는 느낌의 위안을 제공할 뿐만 아니라 아마도 더 중요하게 커다란 사회적 의미를 가진다. 기우제 춤은 분명히 북미 원주민의 종교 생활에서 중요한 이벤트였다. 오늘날 G8 정상회의는 커다란 국제정치적 위세를 가진 이벤트이다. 아마도 누군가가 기우제 춤을 통솔함으로써 북미 원주민 공동체 내에서 높은 사회적 지위를 얻을 수 있는 것처럼 G8 정상회의에서 연설자가 되는 것은 누군가의 정치적 이력을 인상적으로 치장하는 데 큰 도움이 될 것이다. 기우제 춤과 정상회의는 모두 그들 각각의 사회적 환경에서 각종 "동요perturbations"를 야기한다. 그것들은 필연적으로 인디언 가족의 저녁 식사 자리 대화와 CNN의 황금시간대 뉴스 보도의 주제가 된다. 그러므로 기우제 춤과 G8 정상회의는 기상학자들이나 경제학자들에게보다 인류학자들과 사회학자들에게 더 흥미롭다. 루만의 관점에서는 G8 정상회의뿐만 아니라 기우제 춤도 쓸모없다고 비판받지 않는다는 점을 덧붙여야 한다. 왜 인류학자나 사회학자는 이러한 절차들을 비합리적이라고 하며 포기하라고 제안할까(하버마스적 입장은 아마 그렇게 할 것이다)? 그것들은 날씨나 경제를 조종할 수 없음에도 불구하고 둘 다 각각의 환경 내에서 중요한 사회적 이벤트이다.

루만은 (기우제 춤에 비유하는) 정치의 기능에 대한 자신의 이해가 여전히 지배적인 인간주의적 이론들과 급진적으로 결별한다는 점을 인정한다. 루만은 정치체계에 대한 자신의 분석이 자신의 이론과 "정치에 대한 고전적 인식, 특히 민주주의의 인식"[22] 사이의 "극적인 모순dramatic contraditions"으로 귀결된다고 분명하게 진술했다. 인간은 사회를 조종할 수 없으며, 인간의 인간적이고 합리적인 자기 통치를 잘 보여주는 것으로 가정되어온 정치체계는 엄밀하게 말하면 (자본주의)경제의 통제 불가능성에 직면한 준종교적 유토피아라는 그의 결론은 인간주의적인 사회적 자기 기술에 대한 급진적 비판으로 이해되어야 한다. 그러나 그 비판은 기존 사회구조 자체에 대한 비판을 의미하는 것이 아니다 — 물론 그것은 옹호를 의미하는 것도 아니다.

루만은 G8 정상회의나 기우제 춤이 전적으로 비합리적이고 그래서 폐지되어야 한다고 말하지 않는다. 루만은 그것들의 기능을 순전히 기능주의적 관점에서 생각하였으며 인간주의적 관점에서 그것들의 기능을 이해하는 것을 비판하였다. 현재의 상태에 안

---

[22] Ibid., 135. 기술적으로technically 말하면 민주주의는 주권의 역설에 기초하고 있다. "민주주의는 인민이 스스로 통치한다는 것을 의미한다. 그리고 [그들은] 누구를 [통치하는가]? 물론 인민이다."(PG, 353) 역설적인 방식으로 인민은 스스로에게 명령을 내리는 동시에 스스로에게 복종한다. 이러한 자기 기술은 루만에게 신학적 개념을 떠올리게 하지만, 정치의 기능에 대한 적절한 분석으로는 받아들여질 수 없다. 조종의 의미론과 유사하게 인민의 의미론은 주로 상징적 권력으로 보인다.

주하는 이런 태도 때문에 루만은 보수적이라는 비판을 많이 받았다.²³ 그러나 나는 루만을 다른 방식으로 읽는다. 이 장의 서두와 루만 자신의 자기 지칭을 다시 연결해볼 때 나는 루만이 예를 들어 오늘날 서양 사회이론의 맥락에서 급진 좌파로 부를 수 있는 것을 대표하고 있는 마이클 하트Michael Hardt와 안토니오 네그리Antonio Negri*와 같은 현재의 많은 포스트 맑스주의자보다도 ― 비록 덜 "비판적"이지만 ― 훨씬 급진적이라고 주장한다. 급진 좌파 사상가들을 덜 급진적으로 만드는 것은 그들이 종종 자신들이 반대하는 "우파" 사상가나 자유주의 사상가와 인간주의적 양식을 공유하고 있기 때문이다. 예를 들어 하트와 네그리는 루만보다도 민주주의에 대해 훨씬 더 인간주의적 전망을 가지고 있을 뿐만 아니라 훨씬 더 계몽주의적인 전통에 뿌리를 박고 있다. 비록 그들이 더이상 "인민"이나 "대중"과 같은 낡은 개념들을 사용하지 않고 그 대신 (그들의 경우) "다중multitude"이라는 포스트모더니즘적 변형을 사용하더라도, 그들은 현재의 세계보다 더 민주적이고 더 평등하며 더 정의로운 진보된 사회에 이론적으로 기여하기를 여전히 꿈꾸고 있으며 궁극적으로는 새로운 공산주의가 실현되기를 희망하고 있다. 그러한 접근은 자유주의적 정치이론의 맥락에서 볼 때는 당연히 급진적인 것으로 명명될 것이다. 그러나 결국 공산주의

---

23 이러한 비판에 대한 요약으로는 Michael King and Chris Thornhill, *Niklas Luhmann's Theory of Poloitics and Law*(New York: Palgrave Macmillan, 2003), 204를 보라.

* 네그리는 2023년 12월 16일 사망하였다.

는 19세기와 20세기의 일반적인 정치적 관념 및 이상에서 급진적으로 벗어나는 이데올로기가 결코 아니다. 공산주의는 단지 서양 계몽주의적 정치 스펙트럼 내의 보다 "근본주의적" 형태들 가운데 하나일 뿐이다. 비록 하트와 네그리 같은 사상가들이 19-20세기의 사상을 수정하여 그것을 21세기에도 응용할 수 있게 만들려고 했지만, 정치사상의 기본 전제는 여전히 동일하다. 즉 정치사상은 인민들이 더 나은, 곧 더 자유롭고 강력하며 정의로운 삶을 사는 것을 방해하는 억압의 사회구조를 탐구한다는 것이다. 이러한 의미에서 하트와 네그리 같은 학자들은 근대 서양 정치이론의 주류 전통 내에서 급진파를 대표한다.

인간의 자만심에 대한 루만의 도발적인 "사회학적 공격"은 기성 정치체계뿐만 아니라 저항운동, 행동주의 그리고 스스로를 이러한 기성의 것establishment 혹은 "그 체계the system"에 반대하는 것으로 간주하는 이론들에도 향한다. 사실상 루만의 관점Luhmannian perspective에서 볼 때 기존 정당들과 소위 NGO들, 공화주의자와 그린피스, 그리고 G8 정상회의와 그 반대 시위들까지도 모두 정치체계를 구성하고 있으며 인간들이 사회를 정치적으로 조종할 수 있고 조종해야 한다는 신념을 공유하고 있다. 그들은 정치적 조종의 수단과 목적에 이견을 가질 뿐이다. 그들은 자신들의 권력의 위상과 관련하여 차이를 보일 뿐이다. 정부나 야당 어느 쪽도 (의회 내에서나 거리에서나 상관없이) "조종의 한계limit of steering"를 수용하지 않는다.[24] 루만의 분석은 겉으로는 급진적 실천적 해결책으로 보이지 않을지도 모르지만, 일반적인 정치적 행동주의와 시위보다 훨씬 더 근본적인 패러다임 전환의 가능성을 제안한다. 근대의 정치적·사회적 이론이 규정하고 있는 전통적인 문제들에 대해 실천적 해결책을 단순히 제시하는 것만으로는 급진적이라고 불릴 수 없다. 질문이 정확하게 동일하다면 그 대답이 어떻게 급진적으로 차이가 나겠는가?

사회에 관한 루만의 분석은 주류 근대 정치이론의 수많은 근본적 전제에서 벗어나 있다. 그의 이론의 창조적 잠재성은 다른 무엇보다도 내가 이 책에서 탐구하는 것이다. 과거에 우주론적 공격, 생물학적 공격 그리고 심리학적 공격이 그렇게 했듯이 루만의 사회학적 공격은 이론이 특정한 지적 궤적을 뒤에 남긴 채 앞으로 나아갈 수 있도록 하는 것처럼 보인다. 세계를 보는 이러한 새로운 방법이 어디로 이어질지는 알 수 없지만 덜 지루한 것을 시도하기 위해서라도 그것은 탐구할 만한 가치가 있을 것이다.[25] 사회적 체계이론은 새로운 희망, 새로운 약속 혹은 새로운 유토피아를 조직하는 데 관심을 두지 않지만, 수행되지 않는 희망, 지켜지지 않는 약속, 빛나는 미래에 대한 동화적 전망을 내버려두는 것도 두려워하지 않는다. 사회적 체계이론은 사회이론 속에 비인간주의적 패러다임 전환 — 매우 심오하고 (명백히) 전적으로 우연적인 방식으로 사회를 "동요시킬" 패러다임 전환 — 을 과감하게 도입하려 한다.

---

24 Limits를 보라.
25 특히 분석적 다양성의 윤리와 관련된 현대철학의 진부함에 대해서는 Bernard Williams, *Morality: An Introduction to Ethics* (Cambridge: Cambridge University Press, 1993), xvii를 보라.

단순한 비판은 패러다임 전환만큼 사회의 지배적인 자기 기술에 도전하지 못한다. 비판이론은 전형적으로 특정한 이상들이 아직도 충분히 실현되지 않았다고 매도하고 또 다른 시도들을 요구한다. 이렇게 볼 때 어떤 면에서는 비판이론이야말로 아직도 미완인 계몽주의의 기획을 완수하려는 보수적 기획에 봉사한다. 반면에 사회적 체계이론은 비판이론으로부터의 비판적 이탈이란 점에서 "메타 비판적metacritical"이다.[26] 루만은 코페르니쿠스, 다윈 그리고 프로이트와 비슷한 방식으로 "상식적인" 자기 기술들을 산산이 부수어서 이전에는 상상하지 못했던 세계를 바라보는 가능성이 나타날 수 있도록 한다.

26　"메타 비판적"이라는 용어에 대해서는 www.guenter-wohlfart.de 사이트에서 Günter Wohlfart, "Metacritique of Practical Reason"을 보라.

제4장
필연성에서 우연성으로:
철학의 카니발화

철학 및 철학사와 루만의 관계는 매우 애매하다. 루만은 "공식적으로는officially" 사회학자(사회학과 교수)이고 항상 스스로를 사회학자로 간주한다. 그러나 루만은 1989년 독일에서 가장 명예로운 철학상인 헤겔상을 받았을 뿐만 아니라 자신의 저작 속에서는 사회학의 기초를 놓은 창시자들의 저작에 대한 언급만큼이나 자주 플라톤과 칸트를 언급하고 있다. 위르겐 하버마스는 다음과 같이 정확하게 말하고 있다. "루만이 관계하고자 한 것은 콩트에서 파슨스에 이르는 사회학의 사회이론적 전통이라기보다는 칸트에서 후설에 이르는 의식 철학과 관련된 문제의식의 역사history of problems이다."[1]

『사회의 사회』에서 루만은 다음과 같이 말한다. "만약 우리가 현대사회 속에서 그리고 현대사회에 의해서 이루어지는 자기 기술의 가능성을 판단하려 한다면, 우리는 무엇보다도 먼저 이러한 자

---

[1] Jürgen Habermas, *The Philosophical Discourse of Modernity: Twelve Lectures*, trans. Frederick Lawrence (Cambridge, Mass: MIT Press, 1987), 377; [영어] 번역 수정.

기 기술이 더이상 지혜의 가르침의 형식을 띤 채 구어로 전달되지 않을 뿐만 아니라 매우 고상한 궁극적 사상을 철학의 형식으로 표현하지도 않는다는 사실을 고려하지 않을 수 없다. 현대사회의 자기 기술은 오히려 대중매체의 특수한 규칙을 따른다. 매일 아침 그리고 매일 저녁 수많은 뉴스web of news가 피할 수 없게 지상으로 내려와서 무엇이 있었고 무엇을 알아야 하는지를 결정한다."²

이것은 풍자적, 혹은 오히려 "카니발적[전복적]" 진술이다. 왜냐하면 미하일 바흐친의 말을 빌리면 그 진술은 성스러움을 속됨과, 높은 것을 낮은 것과, 그리고 현명함을 어리석음과 하나로 통합하기 때문이다.³ 전통적으로 현자들, 사제들 그리고 지혜를 가진 사람들은 사회를 사회에 알려야 할 책임, 즉 세계를 설명해줄 책임이 있었다. 그후 철학자들이 이 기능을 떠맡았다. 그러나 오늘날에는 대중매체가 이 기능을 넘겨받았다. 대부분의 사람은 무엇이 중요한지를 듣기 위해 현자나 철학 교수와 상담하지 않는다. 대부분의 사람은 단지 TV(혹은 시대가 너무 빨리 변해왔기 때문에 컴퓨터)를 켠다. 철학은 통상 지혜에 대한 사랑이었다. 헤겔에 따르면 철학은 그 이상의 것, 즉 "실제적 지식actual knowing"이나 과학(Wissenschaft)이 되어야 했다.⁴ 헤겔은 이러한 전환을 "고양elevation(Erhebung)"으

---

2   GG, 1097.
3   Mikhail M. Bakhtin, *Literatur und Karneval*[문학과 카니발](Frankfurt/Main: Fischer, 1990), 49를 보라.
4   G. W. F. Hegel, *Phenomenology of Spirit*, trans. A. V. Miller(Oxford: Oxford University Press, 1977), 2. ("지식의 창조the creation of knowledge"와 같은 어떤 것을 의

로 이해했다. 하지만 상승 이후 몰락이 왔다고 우리는 루만과 함께 결론을 내려야 한다. 철학은 곧 "실제 지식"의 주요 전달자인 대중매체에 의해 대체되었다.

사실상 대중매체는 사회의 자기 기술의 가장 중요한 근거이기는 하지만 유일한 근거source인 것은 아니다. 수사학적 이유 때문에 위에서 인용된 진술은 과장되어 있다. 결국 루만의 전체 이론은 사회 속에서의 그리고 사회의 또 다른 자기 기술이라고 할 수 있다. 이런 식으로 대중매체뿐만 아니라 루만 자신도 "헤겔의 왕좌Hegel's throne"의 찬탈자가 될 것이다.[5]

헤겔은 루만의 저작 속에서 가장 많이 언급된 철학자일 뿐만 아니라 루만과 핵심 개념, 즉 "체계" 개념을 공유하고 있다. 헤겔은 칸트의 선험적 방법론을 추종하였으며, 진정한 과학으로 간주할 수 없는 정보의 단순한 집적을 (과학적) 체계와 구별하였다. 정보의 단순한 집적은 단지 사실의 수집 혹은 모음일 뿐이다. 그렇기 때문에 그것은 과학적이라고 주장할 수 없다. 지식은 그것이 체계화될 때 그리고 하나의 정합적 전체a coherent whole로 통합될 때 비로소 과학적인 것이 된다. 정보의 단순한 집적과 과학적 체계 사이의 가장 결

미하는) 독일어 용어 학문Wissenschaft은 자연과학, 사회과학, 인문학 등을 포함하는 전체적인 학술 분과를 포괄한다. 이 용어에 대한 보다 자세한 논의는 이 장의 후반부를 보라.

5   Geoffrey Winthrop-Young, "Silicon Sociology, or, Two Kings on Hegel's Throne? Kittler, Luhmann, and the Posthuman Merger of German Media Theory", *Yale Journal of Criticism* 13, no. 2 (2000): 391-420을 보라.

정적인 차이는 전자는 우연적인 반면에 후자는 필연적이란 것이다. 체온에 대한 통계학적 데이터의 모음과 같은 정보의 수집은 포괄적인 개념적 틀 내에서 이해되지 않는 한 단지 무작위적인 숫자의 수집일 뿐이다. 의학적 개념과 원리가 적용될 때 그 데이터는 서로서로 연결될 수 있으며 예를 들어 열병에 관한 과학적 기술을 구성할 수 있다. 보다 넓은 개념적 맥락 속에서 볼 때 체온 데이터는 구체적인 의료사醫療史의 일부가 됨으로써 "필연적인necessary" 것이 된다. 체온은 환자의 건강의 필연적인 측면이 된다. 헤겔의 경우 철학, 과학, 체계 그리고 필연성 등의 개념들은 서로에게 설명적이다mutually explanatory. 진정한 철학은 과학적이 되어야 하고, 과학은 그 정의상 체계적이고, 체계적인 것은 필연적인 것이다. 즉 "진리는 체계로서만 실제적이다the True is actual only as system."[6]

　헤겔이 관심을 가졌던, 그에게 있어서 유일하게 진정한 학문이었던 과학은 "의식의 경험에 관한 과학science of the experience of consciousness", 즉 정신현상학이었다. 헤겔에게 있어서 과학은 그 궁극적 의미에서 의식의 자기 이해의 과정이었다. 과학을 통해 의식은 그 자신의 필연성을 (헤겔이 말하는 이 용어의 의미에서) 이해한다. 의식은 체계적 형식 속에서 자기 자신을, 자신의 역사를, 자신의 구조를 그리고 자신의 현상 형태를 이해하고 나아가 그 자신의 필연성을 파악하게 된다. 과학은 자기 외부의 대상에 관한 정보에 우선

---

[6]　나는 나와 사적으로 소통하며 헤겔이 칸트에게 진 빚을 자세히 설명해준 귄터 볼파르트에게 감사한다. Hegel, *Phenomenology*, 1, 14.

적으로 관심을 갖는 것이 아니라, 오히려 인지를 인지하는 것이다. 과학은 자기 성찰적이다. 진정한 과학은 그 자신에 대한 이성의 계몽이고 그러한 점에서 헤겔은 다시 한번 칸트적 전통을 계승하는 셈이다. 루만의 용어로 말하면 헤겔에게 철학은 정신의 체계적인, 그래서 과학적인 자기 기술로 구성되어 있으며 바로 그러한 정신의 자기 기술을 통해 정신은 자신의 필연성과 실재를 (이 용어의 이중적 의미에서) 실현시킨다. 정신만이 이런 방식으로 자기 성찰적일 수 있는 능력을 가진다. 의식이나 생각이 (겉으로 보기에) 비영적인nonspiritual 것에 관심을 가지는 한 그것은 소외된 상태가 된다(그리고 이것은 철학적 과학의 주체적 전회subjective turn를 필요로 한다). 정신은 자기 안에서 그리고 자신을 통해서 스스로를 완전히 실현시킨다. 가장 높은 형태의 인지는 인지의 자기 인지이다. 이러한 인지의 형태 속에서 과학적이고 체계적인 철학이 존재한다. 그것이 궁극적 자기 기술이다. 헤겔에게 있어 자기 기술을 위한 모든 시도는 (이러한) 그의 철학적 체계로 귀결되어야 했다.

만약 나의 이해가 올바르다면, 그리고 헤겔에게 있어서 철학이 궁극적 (혹은 절대적) 자기 기술 — 물론 자기 자신에 대해서가 아니라 일반적으로 — 이었다면 우리는 루만의 프로젝트를 (바흐친의 용어로) "카니발화carnivalization" 혹은 (헤겔의 용어로) **지양**Aufhebung으로 간주할 수 있을 것이다. 나는 루만이 어떻게 헤겔의 접근 방법을 아이러니하게 비틀어서 전통적 철학을 "해체했는지" 밝혀 보고자 한다. 이러한 작업을 하기 위해 나는 헤겔에 관한 나의 읽기를 다음과 같이 요약한다.

헤겔에 있어서 철학은 궁극적으로 다음과 같은 자기 기술이다.

영적Spiritual[정신적]. 문법적으로 애매한 제목인 『정신현상학』이 보여주는 것처럼 철학은 정신에 **의해서**by 수행될 뿐만 아니라 정신에 **대해서**about도 수행된다. 철학은 정신이 자기 자신과 관계를 맺는 것이다. 정신은 의식적 인지로서 자신을 드러낸다. 정신은 실질적으로 말해 물질적인 것이 아니라 관념적인 것이다. 정신은 의식 속에서 자신을 실현한다.

과학적. 철학은 과학이나 지식의 가장 근본적이고 가장 높은 형식이다. 철학만이 "진리the True"(대문자 T)[7]에 관심을 갖는다. 수학과 역사를 전형적인 예로 들 수 있는 모든 과학은 그 대상이 인지 방식과 일치하지 않는 소외 상태에 있다. 그러한 과학들이 도달하는 모든 진리the truths는 외적이고 부분적인 것으로 남는다. 철학적 과학만이 진리를 온전히 파악할 수 있다. 그것만이 "정신의 진리의 전 영역"[8]을 이해할 수 있다.

체계적. 철학은 유일하게 진실한 체계적 과학이며, 그러므로 엄밀히 말해 유일하게 참된 과학이다. 철학적 체계만이 자기

---

7 밀러가 번역한 『정신현상학』에서 "True"의 철자를 보라.
8 Ibid., 23-27, 56.

자신을 자신 안에 완전히 포함한다. 그 원리는 공리적인 것에 머물지 않고 체계적인 전체에 완전히 통합된다. 완전한 체계는 선형적이고 위계적인 논증의 사슬이 아니라 모든 측면이 동등하게 기초를 이루는, 정합적이고 순환적인 전체이다.

필연적. 철학만이 완전히 과학적인 체계이고, 그러므로 철학만이 완전한 필연성을 확립한다. 철학은 그렇지 않을 수도 있는 고립된 사실들을 단순히 나열하는 데 관심이 있는 것이 아니라 맥락적 필연성에 대한 체계적 이해에 관심을 갖는다.

헤겔처럼 루만도 자기 기술과 체계에 관심을 가졌다. 그러나 모든 오해를 피하기 위해 [그들의] 명백한 차이를 다음과 같이 단도직입적으로 표현할 수 있다. 헤겔은 자신의 철학이 체계의 형태를 띠었다고 믿었던 반면에, 루만의 체계이론은 체계에 **대한** 이론이지 체계 그 자체는 아니다(비록 그것이 오늘날의 사회적 체계, 즉 과학 체계 내부에서 명백히 등장하지만 말이다). 루만이 체계라 부른 실체들, 즉 사회적 체계들, 생물학적 체계들, 심리적 체계들 등은 헤겔적 의미의 체계가 **아니다**not. 헤겔에게는 엄격히 말하면 단 하나의 실제적 체계, 즉 자기 자신의 철학만 존재한다. 루만의 경우 체계들은 경험적으로 주어진 것이며, 세포, 경제 그리고 인민의 정신 등과 같은 다양한 것을 포함하고 있다. 헤겔은 칸트적 의미의 체계 개념을 (정보의 단순한 집적과 반대되는) 이상적인 (그리고 유일하게 진실한) 과학의 형식으로 이해한 반면에, 루만에게 있어서 (자기생산적) 체계들은 자기 산출적이고 자기 재생산적인 작동 과정이었다. "체계" 용어에 대한 헤겔과 루만의 용법은 공통점이 거의 없다.

그러나 만약 우리가 헤겔의 체계를 루만의 이론 개념과 비교한다면, 유사성들도 드러난다. 헤겔이 엄격하고 일관된 철학적 체계를 구성하는 데 목표를 두었다면, 루만은 일반적이고 포괄적인 사회이론을 만들어내려는 목적을 가졌다. 루만은 종종 자신을 이론가로 간주한다고 말해왔으며, 『사회적 체계들』(독일어판)은 '일반이론의 개요Outline of a General Theory'를 그 부제로 달고 있다. 루만은 이론이 정확하게 무엇인지를 특별히 규정하지는 않았지만, 이론은 자명해질 것이라고 가정하고 있었다. 루만은 하나의 이론으로서 자신의 이론을 말한 구절 가운데 하나에서 효과적인 메타포를 사용한다. 『체계이론 입문』의 끝부분에서 루만은 "이론 건축theory architecture"과 "디자인 문제problems of design"를 언급하고 있다.[9] 이론은 개념적 건축물로 이해되거나, 그의 같은 쪽의 설명에 따르면 일관된 사용 맥락 내의 개념들로 이해된다. 칸트는 선험적 방법론에서 정확히 동일한 메타포를 사용하고 있으며, "순수이성의 건축architecture of pure reason"과 "체계의 예술art of systems"에 대해 이야기한다.[10] 루만의 이론은 칸트와 헤겔의 체계를 계승한 것이라고 해

---

9 EI, 341.
10 앞의 각주 7과 칸트의 『순수이성비판』, A 832/B 860을 보라. 또한 OM, 116에 실린 그의 「현대사회의 근대성Modernity in Contemporary Society」이라는 논문의 각주 19에 있는 내용, 즉 "칸트나 헤겔에게서 발견되는 과도하고 능가할 수 없는 이론 구조에 대한 인식"에 대한 루만의 안목 있는 평

도 과언이 아닐 것이다. 루만은 설문조사를 하고 자료를 수집함으로써 사회학적인 "정보의 집적aggregate of information"을 늘리는 데 도움을 주는 "정상과학normal science" 사회학자가 되려는 의도가 없었다. 오히려 루만은 사회학 내부의 이론적 위기에 응전하여 사회에 관한 새로운 일반이론을 만들기를 원했다.[11]

만약 우리가 루만의 이론 개념과 헤겔의 체계 개념을 비교한다면, 우리는 다음과 같은 최소한 네 가지 유사성을 도출할 수 있다.

1. 체계와 이론은 모두 **개념적 구축물**begrifflich durchkonstruiert[12]을 뜻하는데, 이는 "개념적"이면서 "철저하게 구성되어"야 한다는 것이다. 이론과 체계는 사실이 아니라 관념에 기초하여 일관되고 포괄적인 네트워크, 즉 일관성 있는 전체를 구성해야 한다.

2. 체계와 이론 모두 보편적으로 적용될 수 있음을 의미한다. 체계와 이론은 단순한 "있는 그대로의 진실naked truths(nackte Wahrheiten)"(예를 들어 카이사르의 생일과 같이 전통적 역사서가 다루는 사실에 대해 헤겔이 사용한 표현)[13]에 관심을 가지지 않지만, 어떠한 사건이든지 자신들 각자의 개념적 틀 내부에서 그

가를 보라.
11 GG, 11과 이 책의 부록을 보라.
12 P, 200.
13 Hegel, *Phenomenology*, 23.

사건의 의미를 파악할 수 있다. 헤겔은 카이사르의 생일에는 관심이 없었지만 자신의 철학적 장치philosophical apparatus의 관점에서 카이사르라는 존재의 중요성을 파악할 수 있었다. 이와 마찬가지로 루만의 이론은 매우 포괄적이어서 축구 경기의 역학과 같은 일상적인 것이 사회적 체계이론의 관점에서 해석될 수 있다고 여겨졌다.[14]

3. 체계와 이론은 모두 자신들의 주제에 대한 적절한 이해, 혹은 최소한 이전 철학자들이나 사회학자들의 이해보다 더 적절한 이해에 관심이 있다. 헤겔에게 있어서 철학적 체계는 유일하게 적절한 과학의 형식이었다. 그는 자신의 철학적 전임자들을 잘못되었다고 비난하지는 않았지만, 그들을 개념적 정밀성이 부족한 것으로 간주하였다. 헤겔은 새로운 사실을 발견하거나 다른 사람을 반박하는 데 관심을 가지지 않았다. 그는 자신의 임무를 예수 그리스도의 방식으로 생각했다. 즉 예수의 체계도 초기 예언자들의 거짓을 입증하려는 것이 아니라 표현의 차원을 실제적으로 상향시켜서 보다 적절한 방식으로 동일한 진리를 제시하려는 것이었다.[15] 루만은 헤겔보다는 덜 종교적이었고, 그래서 적절성을 위한 노력에 있어서도 상대적으로 야심이 적었다. 그러나 루만은 자신의 이론이 적절성의

---

14 Fussball.
15 예를 들어 헤겔의 『정신현상학』 2를 보라.

측면에서 자신의 경쟁자들 모두를 능가할 수 있기를 바랐다. 그는 (예를 들어 맑스와 하버마스에 덧붙여) 규범적 사회이론의 또 다른 버전을 제시하려 한 것이 아니었으며, 사회에 어떠한 도움이나 충고도 주지 않는다고 자신을 비난한 사람들이 그들의 정치적 의제를 가지고 이론적 적절성을 저버렸다고 비판했다. 차라리 루만은 무엇을 해야 하고 어디로 가야 하는지를 사회에 가르쳐주기보다는 사회이론을 이데올로기 위로 그리고 이데올로기 너머로 끌어올림으로써 사회이론의 적절성을 향상시키고자 했다.[16]

4. 헤겔의 체계와 루만의 이론 사이의 가장 애매한intricate 유사성은 자기 포함self-inclusion에 대한 그들 각각의 주장과 관련된다. 헤겔의 체계와 루만의 이론은 개념적 피드백 고리conceptual feedback loop를 경유하여 최종적으로는 스스로를 통해 스스로를 설명해야 한다. 『정신현상학』에서 헤겔의 최종 목적지는 "절대지, 즉 정신으로서 자신을 아는 정신"[17]이었다. 결국 체계는 스스로가 자신의 내용이라는 것, 즉 자신을 완전

---

16   루만은 자신의 논문 「야만을 넘어서」를 다음과 같은 문장으로 끝맺는다. "이러한 진단이 대체로 옳다면, 사회는 결코 사회학으로부터 충고나 도움을 기대할 수 없다. 그러나 사회학 내의 낙관적-비판적인 전통적 사고방식보다 사실들을 더 정당하게 다루는 — 사회가 스스로를 구성한다는 사실들을 정당화하는 — 이론을 찾는 것은 의미가 있을 수 있다."(Barbarism, 272)

17   Hegel, *Phenomenology*, 493.

하게 포함함으로써 진실로 완전해질 수 있다는 것을 자각한다. 루만은 "소설, 즉 연애소설뿐만 아니라 세계사와 철학 사이의 사랑에 관한 헤겔의 소설도 자신이 이전에 볼 수 없었던 것마저 볼 수 있는 관찰자를 이야기의 말미에 배치한다. 이는 처음부터 이미 모든 것을 알고 있는 서술자도, 그러니까 헤겔 자신도 이야기에서 배제할 것을 요구한다"[18]라고 썼을 때, 헤겔의 체계 속에 있는 이러한 자기 포함을 부정하는 것처럼 보인다. 나는 이러한 비판이 공정하다고 생각하지 않는다. 내가 알기로는 헤겔의 『정신현상학』("세계사와 철학 사이의 사랑에 관한 소설")에서 체계의 주된 특징은 정확히 **내성** 內省Insichgehen(자신으로의 침잠)[19]인데, 바로 그 내성 속에서는 나레이션, 결국 나레이터가 마침내 그 자체의 **주체**로 드러나기 때문이다. 어쨌든 루만은 자신의 이론을 위해 그러한 자기 포함을 명백하게 다음과 같이 주장한다. "이러한 방식으로 인식론자는 그/그녀 스스로 미로 속의 쥐가 되어 다른 쥐들을 관찰하는 위치에서 성찰해야만 한다. 그러면 성찰은 더이상 단순히 공통 조건들로 귀결되는 것이 아니라 이것들을 넘어서서 인지 체계의 통일성으로 수렴되며, 모든 '외부화externalization'는 체계-분화로 설명되어야 한다. 오직 인지 사회학과 함께함으로써만 급진적이고 자기 포함적인 구성주의가 가능하다."[20] 루

---

18 GG, 1081.
19 Hegel, *Phenomenology*, 492.

만의 급진적 구성주의는 스스로를 참조한다. 실로 그것은 스스로를 급진적으로 구성한다. 이론은 (사회적 구성을 포함하고 그것에 초점을 맞춘) 인지적 구성에 대한 것이지만, 또한 이론은 사회 안에 있으며 그래서 구성 안에 있음을 깨닫는다. 그러므로 자기 포함의 문제는 이론과 체계가 공통적으로 가지고 있는 가장 결정적인 측면이다. 그러나 자기 포함의 문제는 헤겔과 루만에게 그리고 더 나아가 체계와 이론에 근본적으로 다른 결과를 초래한다. 그것은 그들을 유사하게 만드는 것이기도 하지만 동시에 구별 짓는 것이기도 하다. 나는 바로 여기에서 우리가 루만의 급진주의에 대한 명확한 증거를 찾을 수 있다고 생각한다.

헤겔에게 있어서 철학은 — 주관적 의미뿐만 아니라 객관적 의미에서도 — 궁극적으로는 정신(Geist)의 과학(Wissenschaft), 즉 정신에 의한 과학이자 정신에 대한 과학이었다. 정신은 스스로를 지知(Wissen)로, 인지(Erkenntnis)로 그리고 "의식의 경험 experience of consciousness"에 관한 과학으로 현시한다. 그러므로 철학은 인지과학이고 매우 엄격한 의미에서는 **정신과학** Geisteswissenschaft(문자 그대로 정신의 과학 science of the spirit)이다. 그러나 **정신과학**이란 말은 보다 넓고 보다 현대적인 의미에서는 (예를 들어 **자연과학들** Naturwissenschaften과 반대되는) 인문학을 의미한다. 근본적인 "정신과학"으로서 헤

---

20 Cognition, 250.

겔적 철학 개념으로부터 파생된 다른 **정신과학들**은 (역사, 예술, 언어 등과 같은) 정신의 보다 구체적인 표현을 다루는 것으로 간주되었다. 이러한 개념적 모델은 헤겔적 의미에서 정신이야말로 (인간적) 실재의 근본적인 지적 또는 인지적 원리임을 암시한다. 정신은 인지적이며, 모든 인간적 활동은 실제적으로 인지적이거나 정신적인 것이다. 루만은 인간적인 모든 것을 정신과 같은 일반적 관념하에 포섭하는 것을 매우 강하게 반대하였다. 그는 이러한 헤겔적 유산에 대해 다음과 같이 명백하게 반대한다. "공통 기반common foundation, 기반적 상징foundational symbol, 궁극적 사상ultimate thought 등과 같은 야심은 포기하거나 철학자들에게 맡겨야 한다. 사회학은 헤겔이 '정신'이라 부른 것을 — 어쨌든 이런 식으로는 — 연구하려 하지 않는다. 사회학은 **정신과학**이 아니다."[21]

루만이 **인지**의 관점에서 사회를 계속 이해했지만, 그는 인지를 정신에 기초한 어떤 것으로 이해해야 한다는 헤겔과 다른 인문학자들에게 더이상 동의하지 않는다.[22] 만약 우리가 모든 (인간) 활동의 기반이 되는 하나의 보편적인 "궁극적 사상"을 믿으려 한다면, 우리는 여전히 전통적 의미의 철학자가 되겠지만 헤겔이 가정했던 (사회)과학자가 되지는 않는다고 루만은 매우 풍자적으로 말했다. 정신으로부터 인지를 분리함으로써 루만은 암시적으로 철학

---

[21] GG, 1122.
[22] 『사회적 체계들』에서 루만은 헤겔에게 "신인간주의 사상가"라는 꼬리표를 단다. SS, 259. 또한 이 책의 제5장을 보라.

을 (사회)과학으로부터 분리하였다. 루만의 이론 속에서 인지는 체계적이며 영적(또는 루만의 표현대로 말하면 정신적)일 수도 있지만, 동시에 사회적이며 생물학적(혹은 아마도 "기계적", 화학적 등)일 수도 있다. 루만에게 있어서 사회적 체계는 정신이나 세포가 인지할 수 있는 것만큼 인지할 수 있지만, 이러한 유형의 인지에는 "공통 기반"이 없다. 그러므로 인지과학은 더이상 "정신의 과학"이 아니다. 루만에게 있어서 사회학은 사회적 체계의 인지에 관련된 학문이지만, 정신은 말할 것도 없고 인간과도 관련이 없다. 사회학은 철학도 아니지만 헤겔적 의미의 **정신과학들**에도 속하지 않는다.

헤겔의 경우 엄격한 의미에서 복수의 과학들은 존재하지 않는다. 과학은 자신의 조타장치로 철학을 동반하는 하나의 통일적 노력이다. 이는 루만의 경우와 다르다. 루만에게 있어서 과학은 기능적 분화의 전개에 따른 사회적 체계로 생성되어왔다. 이렇게 볼 때 근대과학은 법, 정치, 경제 등과 같은 기능체계이다. 루만은 이 체계가 어떻게 기능하는가에 관심을 가졌다. 루만은 그 주제에 관한 장문의 연구서 —『사회의 과학』[23] — 를 썼다. 여기에서 사회적 체계로서의 과학에 대한 루만의 분석을 개관하는 것은 적절하지 않지만, 다른 체계의 경우처럼 과학도 자신의 코드(참/거짓), 프로그램(이론, 모델), 기능(지식의 생산) 등을 가지고 있다고는 충분히 말할 수 있다. 다른 체계들과 마찬가지로 과학은 경력(교수, 과학자)의 기회를 제공하는 한편, (오늘날 대학 체계상의 융합적 hybrid 조직에

---

[23] WG.

서 나타나듯이) 교육체계, 경제 체계 그리고 미국의 경우는 스포츠 체계와 같은 다양한 체계와 연동되어 있다.

과학을 사회 속에 배태시키는 것은 과학이 헤겔과 함께 누렸던 고귀한 위신은 물론 과학을 철학과 동일시하는 것을 제거한다. 현대사회에서 과학은 다른 체계들보다 우위에 있는 어떠한 특권도 갖지 않는다. 예를 들어 우리는 스포츠에서 더 유명해질 수 있다. [현대사회의] 과학은 지식을 생산함에도 불구하고 일반적인 지식을 생산하지 않는다. 이 기능은 대중매체가 떠맡고 있다. "알려진 것으로 알려진known to be known"[24] 것은 학술지에 게재된 것이 아니라 우리가 TV를 시청하고 인터넷을 검색하면서 알게 된 것이다. 과학 속에는 철학에 귀속시켜야 할 별도의 중요성이 존재하지 않는다. 그 어떤 물리학자도 플라톤에 관한 탁월한 지식을 갖고 있다는 이유로 채용되지는 않는다. 철학은 여전히 어느 정도 전통적인 위신을 누리고 있지만, 다른 과학들에 대한 규정적이거나 지도적인 영향을 미치지 않는다. 루만은 오늘날에도 철학이 주도적인 과학 분과가 될 것이라는 주장은 전혀 논의할 가치가 없다고 지적한다.[25]

헤겔처럼 루만도 자신을 과학자로 여겼다. 헤겔에게 이는 그가 세계정신을 표현하는 데 있어 사제들을 대체하는 것을 의미했지만 루만에게 이는 자기생산적이고 작동적으로 폐쇄적인 소통 체

---

24 RM, 20을 보라.
25 WG, 457을 보라.

계 속에서 출판하는 것을 의미했다. 이 체계는 예를 들어 (대중매체에서처럼) 스캔들이냐 아니냐와 같은 "선택자들selectors"을 기준으로 삼는 것이 아니라 참이냐 거짓과 같은 기준에 따라 출판하기로 선택되는 텍스트와 이론을 생산한다.[26] 헤겔에게 있어서 (철학적) 과학은 인지적이거나 영적인 활동의 최고 형태였다. 루만에게 과학은 많은 다른 소통 사이에서 발전되어온 소통의 한 유형이었다. 매우 흥미롭게도 두 과학자는 자신들의 과학적 노력의 역설적 성격 — 이는 문법적으로 애매모호한 주요 저작의 제목(『정신현상학』과 이와 유사한 제목을 가진 루만의 많은 저작, 즉 『사회의 과학』, 『사회의 정치』, 『사회의 사회』 등)에 가장 분명하게 표현되어 있다 — 을 매우 잘 알고 있었다.[27] 그들이 추구했던 과학의 유형은 자기 안에 자기를 포함하고 있다. 헤겔에게 있어서 정신의 과학은 정신에 의한 과학일 뿐만 아니라 정신에 대한 과학이었다. 루만에게 사회의 연구는 사회학자에 의해 사회 내부에서만 수행될 수 있을 뿐이다. 사회적 체계이론은 그 자체가 하나의 체계, 즉 과학의 산물이며, 동시에 그 과학을 분석한다. 앞의 인용문[주석 번호 20의 첫 문장]을 바

---

[26] RM, 29를 보라.

[27] 이러한 모든 표현에서 주격 소유격genitivus subjectivu과 목적격 소유격genitivus objectivus이 동시에 사용된다. 예를 들어 『사회의 과학』이라는 제목은 "사회"라는 단어를 목적격적 의미와 주격적 의미 모두로 사용하며, 따라서 사회를 자신의 대상으로 하는 과학의 분야(즉 사회를 연구하는 과학으로서 "사회학")를 의미할 뿐만 아니라 과학(사회가 참여하고 있는 무엇으로서의 과학)을 "행하는does" "주체"로서 사회가 생산하는 일반 지식체로서의 과학을 가리킨다.

꿔서 표현하면 과학자는 스스로 과학이 구성한 미로 속의 쥐가 된다고 말할 수 있다.

이러한 과학적 피드백 고리가 한편으로는 헤겔적 체계의 지위와 다른 한편으로는 루만의 이론의 지위에 대한 두 가지 정반대의 평가와 어떻게 관련되는지를 지적하는 것은 매우 중요하다. 이러한 차이를 분석하기 위해 나는 헤겔의 『정신현상학』 서문의 끝부분과 루만의 『사회의 과학』에 나오는 서문의 끝부분을 대조할 것이다. 헤겔은 "정신의 보편성universality of Spirit"이 왜 스스로의 의도를 표현하기 위해 일개 철학자인 헤겔을 자신의 대변자로 선택했는지에 대해 "겸손한 척하는pseudo-modest" 성찰을 동반하면서 그의 서문을 끝맺는다. 헤겔이 정신의 자기실현 속에서 자신의 역할을 축소하고 있음에도 불구하고 그의 시대가 정신의 보편성이 그 이전까지는 절대로 존재할 수 없었던 "힘을 얻었던gathered such strength" 시대라는 사실을 그가 확신하고 있었기 때문에 나는 "겸손한 척하는"이라는 표현을 사용했다. 헤겔은 다름 아니라 바로 정신의 자기실현의 정점을 구현하고 있음을 주장한다. 헤겔은 정신이 또 다른 개별 철학자들을 통해 스스로를 표현할 수도 있었음을 인정하지만 그럼에도 불구하고 정신은 그의 이름으로 출판된 철학 체계의 형식 속에서 스스로를 표현하는 데 실패하지 않았을 것임을 암시한다.[28]

반면에 루만의 『사회의 과학』 서문은 전혀 다른 어조로 끝을

---

28 Hegel, *Phenomenology*, 45; WG, 10.

맺는다. 즉 만약 그 아리송한 마지막 문장에 대한 나의 해석이 적절하다면, 자기 아이러니로 끝을 맺는다. 루만은 동료들과 학생들에 대한 감사의 말을 마무리하며 다음과 같이 쓴다. "통상 그렇게 하듯이 남아 있는 어떤 오류도 내 책임이라고 말하는 것만이 남았다 — 이 문장의 오류를 제외하고, 명백히!"

우리가 이 문장의 전반부를 읽을 때 우리는 학술 출판물의 대다수 저자가 행하는 것, 즉 과학적이고 그래서 비인간적이고 비감정적이고 비도덕적인 본문과 달리 책의 특정 부분(통상 서문이나 감사의 말)에서는 다른 사람들에 대한 감사와 애정 같은 개인적 느낌을 표현한 후 그들에 대한 도덕적 책임의 개인적 제스처를 루만도 할 것이라고 기대한다. 그런데 이러한 기대는 문장의 후반부에서 완전히 실망으로 바뀐다(이는 농담에서 흔히 사용되는 기법이다). 문장의 후반부를 생각해보면, 학자들이 감사의 글에서 하는 일견 개인적이고 감정적이며 윤리적인 진술들은 단순히 혹은 "명백히 obviously" 학술적 혹은 과학적 글쓰기 내에서 또 하나의 상투적인 표현일 뿐이며, 그래서 **개인적** 느낌이나 도덕적 확신과는 아무런 관련이 없는 것으로 드러난다. 그러한 진술들은 책의 본문에서 사용된 학술적 전문용어처럼 과학 체계가 학자들에게 강제하는 언어적 관습이다. 다시 말하면 감사의 말은 저자의 몇몇 개인적 특성을 드러내주는 진정한 개인적, 감정적, 도덕적 고백이 아니라, 학술적 글쓰기의 담론 내에서 구성된 또 하나의 상투적인 표현 형식일 뿐이다. 사실 겉으로 보기에 이러한 개인적 진술은 — 매우 상투적이기에 — 그들이 진술하는 것의 정반대, 다시 말하면 과학적 소통은 코드, 프로그램 그리고 과학적 소통이 발전시켜온 소통 관습들에 부합하면서 "체계에서" 작동하며, 그래서 개인적 감정이나 도덕적 진정성의 여지를 전혀 남기지 않는다는 것을 드러내고 있다. 이런 식으로 『사회의 과학』 서문의 마지막 문장은 일종의 패러디의 형식으로 과학은 진리의 진정한 실현이 **아니라** 다른 모든 사회적 체계와 마찬가지로 그 자신의 표준화된 소통 형식을 갖춘 사회적 체계임을 보여준다. 과학의 "진리"는 다른 많은 것과 마찬가지로 소통적 구성물이다.

내 생각에는 이러한 시각이 헤겔과 루만 사이의 가장 중요한 차이, 즉 그들이 과학에 부여하는 지위를 알게 한다. 헤겔은 (철학적) 과학을 **필연성**의 체계로 간주했고 루만은 (사회학적) 과학을 **우연성**의 이론으로 이해했다.

필연성을 지칭하기 위해 헤겔이 사용한 독일어 단어가 *Notwendigkeit*[노트벤디히카이트]이다. 문자상 영어 명사 *need*와 어원적으로 연관되는 독일어 명사 *Not*[노트]는 위기상태나 긴급 상황을 지칭한다. 예를 들어 *Hungersnot*[훈거스노트]는 기근이다 — 사람들이 굶주리는 위급한 상황, 즉 충족되지 않는 식량 부족이 있고, 그래서 배고픔이 있는 상황이다. 다른 한편 *Notwendigkeit*의 *wendigkeit* 부분의 어원인 독일어 명사 *Wende*[벤데]는 "변환turn"이나 "전환shift"을 의미한다. 사람들이 굶주리고 식량이 부족할 때인 *Hungersnot*에서 사람들은 먹고 싶은 **필연성**necessity을 느끼고, 그래서 **필요**need의 상황은 필요가 요구되지 않는 상황으로 **변환되**거나 **전환될** 것이다. 이런 식으로 *Notwendig*는 논리적이고 양상적modal 의미에서가 아니라 오히려 위기를 해결하는 데 필요한 무엇인가가 요구되는 실존적 의미에서 "필연적necessary"인 것을 의미한다. 사람들이 굶주릴 때 먹는 것은 **필연적**이다. 그러므로 헤겔의 용법에서 "필연적"이라는 말의 아주 적절한 영어 번역은 "결정적critical"이다.

루만이 "철학의 위대한 소설"[29]이라 불렀던 『정신현상학』에서 헤겔은 정신의 **빌둥**Bildung(대략 "성장growth" 혹은 "성숙maturation")을 상기시킨다(erinnert). 이런 의미에서 그것은 일종의 정신의 **자전소설**이다.[30] 이 책에서 헤겔의 주요 과제는 정신의 삶 전반에 걸친 모든 경험의 "필연성"을 재구성하는 것이다. 이는 그가 모든 것이 처음부터 예정되어 있었고, 그래서 단순히 우연적이거나 가능한 것이 아니라 양상적으로 필연적인 이유를 설명하는 프로젝트를 추구한다고 말하는 것이 **아니다**. 오히려 그는 "필연성"의 존재론적 의미와 관련하여 정신에to, 정신과 더불어with 그리고 정신에 의해by 발생한 모든 것의 "결정적 의미critical meaning"를 탐구하고자 한다.

예를 들어 우리의 개인적 삶에서 우리는 우리의 경험을 그런 방식으로 — 미리 정해진 것이 아니라 우리를 지금의 우리로 만든 필수 요소로 — 이해하려는 프로젝트를 추구할 수 있다. 우리는 필요들에 따라 행동했던 일련의 "없어서는 안 될needful" 상황

---

29 WG, 547.
30 그러므로 소설Roman 대신에 성장소설Bildungsroman로 바꾸고 싶어할 수도 있다.

들로 우리의 삶을 관찰할 수 있다. 예를 들어 우리는 왜 그리고 무엇 때문에 배우자와 결혼할 필요가 있었는지, 왜 그리고 무엇 때문에 교수가 될 필요가 있었는지, 왜 그리고 무엇 때문에 자식을 낳거나 낳지 않을 필요가 있었는지 등을 이해할 수 있다. 우리는 우리가 행했던 모든 것의 필연성을 완전하게 이해한다는 조건에서만 우리 자신은 물론 우리의 삶을 충분히 이해할 수 있다. 만약 우리가 우리의 성장과 성숙, 즉 우리의 삶의 경험을 성공적으로 소환한다면, 우리는 모든 순간을 마침내 지금의 모습에 이르기까지의 필연적인 단계로 간주할 수 있을 것이다. 우리의 삶의 과거 사건들은 모두 서로에게 연결될 것이며 우리의 지금 모습과 관련해서도 의미 있는 것으로 인식될 것이다. 예를 들어 우리가 결혼하고, 자식을 한두 명 낳고, 이런저런 친구를 만나는 모든 일은 더이상 단순히 우연이 아니며 궁극적으로 무의미한 일이 아니다. 이러한 모든 경험이 우리의 존재의 중요하고 결정적인 부분이 된다.

『정신현상학』에서 헤겔은 정신의 여정 혹은 의식의 경험의 필연성을 기술하고자 했다. 이러한 경험은 **결정적 전환점** critical turning points에 의해 구성되는 것으로 이해되어야 하며, 그러한 의미에서 의식의 경험은 우연성을 상실할 수밖에 없다. 완전한 자기 이해는 우리의 경험의 상태를 겉보기에 우연적이고 우발적인 사건으로부터 의미 있고 필연적인 전체로 완전히 전환하는 것을 의미한다. 헤겔은 자신의 개인적 삶을 위해서가 아니라 정신의 전체 여정 혹은 정신의 경험, 즉 세계world를 설명하기 위해서 **우연성을 필연성으로 전환하는** 작업을 수행하고 싶어했다. 그것이 철학, 즉 체계적 과학systematic science의 임무였다.

"필연성"이 헤겔의 결정적 개념이듯이 "우연성"은 루만의 중심 개념이다. "필연성"이란 단어와 마찬가지로 "우연성"이란 단어도 약간의 애매함을 내포하고 있으며 루만의 경우에 있어서는 특수한 의미를 가지고 있다. "우연적contingent"이란 "…에 달려 있는contingent upon" 또는 "…에 의존하는depending on"을 의미한다. 나는 다음과 같이 말할 수 있다. 나는 몬트리올에서 개최되는 이번 학술대회에 참석할 것이다. 그러나 그것은 몬트리올행 항공편이 예기치 않게 취소되지 않는다는 조건에 달려 있다. 이러한 의미에서 이 용어는 그것의 라틴어 어원처럼 "함께 어울리다hang together with" 혹은 "연결되어 있다to be connected with"를 의미한다. 두 가지, 즉 내가 학술 대회에 참석하는 것과 비행기가 몬트리올에 도착하는 것은 서로 의존하고 서로 연결되어 있다는 것이다. 둘 다 실현되거나 둘 중 어느 하나도 실현되지 않는다. 내가 그 학술 대회에 참석하는 것은 순전히 우연적인 것이 아니라 본질적으로 비행기가 결항하지 않는 것과 연관되어 있다. 이러한 의미에서 내가 학술 대회에 참석할 가능성은 전혀 없거나 희박한 것이 아니라, 오히려 개연성을 가진다. 일단 몬트리올행 비행기가 출발하면, 이 사실과 관련하여 (물론 비행기가 추락하지 않는다는 전제하에) 내가 학술 대회에 참석할 것임은 어느 정도 확실하다.

하지만 "우연적"이란 말은 "그 일이 다른 방식으로 일어날 수도 있었다"는 의미에서 "필연적이지 않은" 또는 "우연히"를 의미하기도 한다. 만약 나의 아버지와 어머니가 결혼했고 그래서 내가 태어난 것이 순수한 우연의 문제였다고 말한다면, 이것은 예를 들어 다음과 같은 방식으로 이해될 수도 있다. 만약 아버지의 차가 예기치 않게 그날 그 마을에서 고장나지 않았다면, 그래서 아버지가 그날 밤 그 특별한 바에 가서 어머니를 만나지 않았다면, 그들[부모님]은 결코 만나지 못했을 것이고 나는 태어나지 않았을 가능성이 높다. 내가 존재하는 것은 순수한 우연의 문제이며 — 그리고 사실 그날 밤 아버지가 어머니를 만나기 위해 일어나야 했던 모든 비의도적이고 무계획적인 일의 가능성을 고려한다면 — 나의 존재는 기본적으로 모든 가능성을 거스르는 것이거나 루만이 사용한 용어를 빌리면 "극도로 비개연적extremely unlikely"이다.

루만에게 "우연적"이란 말은 "연결되어 있음"뿐만 아니라 "극도로 비개연적임"을 의미한다. 내가 존재한다는 사실, 내가 루만을 전공하는 학자가 되었다는 사실, 내가 몬트리올 루만 학술 대회에 초청되었다는 사실, 여행 허가를 받으려는 나의 노력이 성공적이었다는 사실, 몬트리올행 비행기가 결항되지 않았다는 사실 등을 고려해볼 때, 나의 참석은 놀랄 만한 일이 아니다. 그러나 다른 모든 가능성, 그리고 무엇보다도 나의 존재의 전적인 비개연성이라는 사실을 고려해볼 때, 내가 몬트리올에 나타났다는 사실은 모든 가능성을 거스르는 것이다. 루만에게 우연성은 단지 "모든 것이 가능하다anything goes" 혹은 "순수한 우연의 일치pure coincidence"를 의미하지 않는다. 그것은 발생하는 것은 무엇이든 다른 것들과 연관되어 있다는 것을 의미한다. 하지만 동시에 관련된 모든 우연성 때문에 특정한 일이 일어날 가능성은 극히 낮다.

우연성의 이론가로서 루만은 헤겔이 『정신현상학』 속에서 주장하고자 했던 것과 같은 거대서사master-narrative의 가능성을 믿지 않았다. 헤겔은 정신의 서사를 말하고 싶어했다. **우연성을 필연성으로 전환함**으로써 일관된 이야기와 통일된 전체가 완성된다. 헤겔은 과학 혹은 철학의 완전한 자기 포함, 즉 피드백 고리가 정신의 자기통일과 자신의 필연성에 대한 통찰로 이어진다고 믿은 반면, 루만(그리고 많은 포스트모던 사상가)에게 이러한 "근대의 기획"은 폐지되어야 한다. 루만은 과학적 피드백 고리에 대한 통찰이야말로 우연성을 드러내고 궁극적 필연성을 드러내지 않는다고 믿었다. 과학이 현재의 상태가 된 것이 필연은 아니다. 우리 사회가 지금처럼 발전한 것도 필연은 아니다. 오늘날 우리가 경험하는 모든 사회현상이 존재하는 것은 나의 개인적 존재 이상으로 훨씬 **비개연적**이고, 다른 모든 가능성을 거스르는 것이다. 거기에는 다른 가능성들이 있었고 또 늘 있다. 과학이 없는 사회, 경제가 없는 사회 그리고 심지어 가족이 없는 사회도 있었다 — 그리고 이러한 모든 사회구성체가 더이상 오늘날 존재하듯이 존재하지 않을 미래 사회도 가능할 것이다. 과거 몇백 년 동안 발생한 모든 것과 사회구성체들의 연관성을 고려하면 우리는 모든 사회현상이 왜 지금과 같은지, 사물들이 왜 그런 식으로 진화해왔는지 설명할 수 있다.

루만에게 과학은 헤겔에게 과학이었던 것과 정반대이다. 그것은 **필연성에서 우연성으로의 전환**이다. 그것은 익숙한 것 내부에서 비개연성을 발견하는 것이다. 그러므로 루만은 서양의 주류 철학자들, 즉 사회적 실재의 몇 가지 의미 있는 (규범적 혹은 자연적 혹은 합리적) 기반을 발견할 수 있을 것이라고 종종 전제했던 홉스에서부터 하버마스까지의 철학자들과는 매우 다른 방식으로 사회이론에 접근한다. 예를 들어 근대국가는 홉스가 만인에 대한 만인의 "자연적natural" 투쟁이라 불렀던 위기에 대한 필연적인 반작용으로 간주될 수 있었다. 그러므로 정치, 경제, 가족 등과 같은 사회제도들은 주류 근대 이론가들에게 헤겔적 의미에서 "필연적인 것"이다. 이 사상가들의 시각에서 볼 때 사회철학은 예를 들어 우리의 기본법들과 정치적 구성 원리가 왜 그리고 어떻게 특정한 필연성에 기초하고 있는지를 우리에게 보여줄 수 있다. 따라서 사회과학은 이 필연성을 설명하고 나아가 이 필연성에 조응하여 사회제도들을 발전시키는 기능을 한다.

루만은 그 대신에 사회를 그 의미가 항상 우연적이고 늘 새롭게 구성되는 복잡한 역동적 체계로 간주하면서 이 필연성에 문제를 제기하였다. 사회제도들 및 가치들의 의미는 오늘날까지 진화해온 다른 사회제도들 및 가치들과의 연관성으로부터 파생되어 나온다. 모든 사회제도와 가치가 그렇게 극단적으로 비개연적이라는 점을 고려하면, 그것들에게는 그 어떤 궁극적 필연성도 없다. 예를 들어 우리의 법적·정치적 제도에는 실존적이거나 자연적이거나 합리적인 필연성이 없다. 우리의 현사회의 맥락에서 볼 때 법적·정치적 제도들은 물론 설명될 수 있고 이해될 수 있지만, 동시에 헤겔적 의미에서 전적으로 필연적인 것은 아니다. 우리는 상황이 잠재적으로 매우 다를 수 있음을 알 수 있다.

루만이 완전한 우연성을 발견함으로써 얻은 이론적 결과는

"모든 것이 가능하다"라는 완전한 임의성을 선언하는 것이라기보다는 필연성의 철학을 우연성의 이론으로 대체하는 것이었다. 루만에게 있어서 우연성을 필연성으로 변환하는 프로그램에서 필연성을 우연성으로 변환하는 프로그램으로의 전환은 사회이론의 종말을 의미하는 것이 아니라 새로운 시작을 의미했다. 루만은 자신의 입장을 다음과 같이 말한다. "우리는 사회 내부에 그 사회의 구속력 있는 표상binding representation 같은 것이 존재하지 않는다는 사실을 기꺼이 인정할 것이다. 그러나 이 인정은 끝이 아니라 그러한 사회적 체계 자체의 고유한 자기관찰과 자기 기술의 형식에 관한 성찰의 시작이다. 이러한 자기관찰과 자기 기술은 재차 관찰되고 기술되어야 하는 과정 속에서 체계 내부에 제출되어야 한다."[31]

"사회 내부에 그 사회의 구속력 있는 표상"이 부재한다는 것은 모든 사회현상을 하나의 현상-논리one phenomeno-logy 속에 통합할 수 있는 메타서사metanarrative도, 헤겔적 회상도 없다는 것을 의미한다. 이렇게 되면 헤겔적 의미의 그 어떤 철학적 체계의 가능성도 사라지게 될 것이다. 그러나 루만에게 그것은 메타서사의 불가능성에 관한 이론, 피드백 고리 속의 자기 기술 이론, 자기 자신에 의존하는 자기 기술 이론의 시작을 의미했다. 루만은 사회가 필연성의 기반 위에서 어떻게 기능하는지를 이해하기보다는 사회가 우연성의 기초 위에서 어떻게 기능할 수 있고 또 실제로 기능하고 있

---

[31] OM, ix.

는지를 이해하고 싶어했다.

헤겔과 루만 사이의 이러한 비교의 맥락을 배경으로 할 때, 루만에게서 발췌한 다음의 인용문은 보다 특별한 의미를 갖는다. "만약 우리가 현대사회 속에서 그리고 현대사회에 의해서 이루어지는 자기 기술의 가능성을 판단하려 한다면, 우리는 무엇보다도 먼저 이러한 자기 기술이 더이상 지혜의 가르침의 형식을 띤 채 구어로 전달되지 않을 뿐만 아니라 매우 고상한 궁극적 사상을 철학의 형식으로 표현하지도 않는다는 사실을 고려하지 않을 수 없다."[32]

"고상한lofty" 필연성의 체계를 우연성의 이론으로 대체하는 것은 낡은 과학의 형식을 새로운 과학의 형식으로 대체하는 것이다. 그것은 과학적 자기 기술이 실제적으로 "고양(Erhebung)"이라는 가정이 끝났음을 의미한다. 루만의 자기 기술은 전통적인 의미의 "현명한wise" 것도 아니고 "철학적인philosophical" 것도 아니다. 루만의 자기 기술은 우연한 소통 형식의 피드백 고리 내부에 등장하는 수많은 가능한 자기 기술 가운데 하나이다. 그러한 자기 기술은 어떠한 초월적 혹은 계몽적 특성도 가지고 있지 않다. 그 자기 기술은 어떠한 고양이나 확실한 계몽의 불가능성에 대한 역설적 통찰이다.

그러므로 철학은 헤겔적 개념으로 말하면 그 최고 목적의 지점을 지나왔다. 철학은 한때 믿었던 것, 즉 가장 근본적인 과학적

---

[32] GG, 1097.

지식으로 더이상 받아들여질 수 없다. 그러므로 철학은 학술 기관에서 교육되고, 학생, 정부 또는 둘 다에 의해서 비용이 지불되는 많은 학문 분야 가운데 하나에 불과하다. 루만은 이 학문 분야의 실제적인 상태를 다음과 같이 아주 정확하게 요약한다. "어떤 철학자들은 이제 철학의 문헌사에만 관심을 가지며, 다른 철학자들은 포스트모더니즘이나 윤리학과 같은 유행하는 주제에 관심을 갖는다. 또 다른 철학자들은 여전히 문학이나 문예란의 기사 같은 방식으로 일반적 관점의 어려움을 표현한다. 그리고 가장 나쁜 것은 현학pedantry에 가까운 정밀성을 추구하는 것이다."[33]

철학적 체계의 시간은 지나갔다. 우리는 먼지 덮인 고전들의 큐레이터로 그 분야에서 일할 수도 있고, 지적으로 상품성 있는 것으로 판명되어온 담론이나 논쟁(포스트모더니즘, 윤리학)에 참여할 수도 있고, 과학적 허세를 그만두고 읽기에 즐거운 텍스트를 쓸 수도 있고, 또한 반대로 진지한 과학적 태도를 취하고 너무 많은 것을 말하지 않는 기술적technical 논문을 쓸 수도 있다. 분석철학이라고도 알려진 이 마지막 가능성은 최소한 미국에서는 그 분야를 지배하고 있는 것처럼 보이지만, 루만은 그것을 매우 매력적으로 받아들이지는 않았다. 이러한 현 상황을 고려하면서 루만은 다음과 같이 결론짓는다. "한때 철학이었던 것이 이제는 철학 텍스트를 다루는 단순한 전문 기술expertise로 전락했으며, 철학자들은 철학 기술자experts가 되었다."[34]

---

33 WP, 17.

이제 현인들과 옛 철학자들에게 남겨진 사회적 역할은 더이상 없다. 지혜로운 가르침이나 궁극적인 과학적 체계의 정립은 심지어 철학에서조차 어떤 사람이 학문적 경력을 추구하는 데 도움이 되지 않는다. 오히려 학문적 경력을 추구하려는 사람은 앞서 언급한 네 가지 유형의 강단 철학 가운데 하나에 전적으로 참여해야 하며 직업적인 전문 기술자professional experts가 되어야 한다. 아마도 헤겔 자신조차 오늘날의 동료 평가 과정peer review process을 통과하는 것이 쉽지 않다는 것을 발견하게 될 것이다. 나는 오늘날 어떤 출판사가 『정신현상학』의 원고를 받아줄지 궁금하다. 루만은 이에 대해 약간의 향수를 느끼고 자기 시대의 학문적 기술자academic experts보다 자신의 철학적 (그리고 아마도 현명한) 전임자들과 더 비슷하게 느끼는 것 같다.

만약 철학뿐 아니라 과학조차 "사회 내부에서 그 사회의 구속력 있는 표상"임을 주장할 수 없다면, 사회의 근본적인 자기 기술 같은 것도 존재하지 않는다. 그러나 루만의 이론은 자기 기술임을, 다만 근본적인 자기 기술이 가능하지 않은 사회적 상태에 대한 자기 기술임을 주장한다. 그러므로 루만은 과학 외부의 또 다른 사회적 자기 기술들이 자기 자신의 학문적 자기 기술보다도 더 큰 영향력을 가질 것이라는 사실을 재빠르게 인정하고 있다. 이는 현대사회 속에서 그리고 현대사회에 의해서 이루어지는 자기 기술이 "대중매체의 특수한 규칙을 따른다"는 루만의 주장으로 우리

34 WG, 159.

를 돌아가게 한다. "매일 아침 그리고 매일 저녁 수많은 뉴스가 피할 수 없게 지상으로 내려와서 무엇이 있었고 무엇을 알아야 하는지를 결정한다."[35]

사회학은 더이상 뉴스, 일기예보 혹은 상업적 광고보다도 더 실제적이거나 존경할 만하거나 "진리"(대문자 T)가 아니다. 사회학은 참/거짓이 과학의 체계의 기본 코드라는 의미에서 조금 더 "참true"이다. 과학적 소통은 통상 과학적 전제들의 진리 가치를 논하는데, 이 책처럼 헤겔과 루만을 참되게 제시하려 하고 특정 거짓들을 지적하려 한다. 만약 이 책이 이후의 과학적 소통을 이끌어낼 만큼 내 운이 좋다면, 그것은 전형적으로 나의 명제의 참/거짓에 관한 것이 될 것이며, 소통적 자기생산의 나선 속에서 계속될 것이다. 다른 한편 대중매체는 또 다른 우선성priorities을 갖고 있다. 예를 들어 시선을 사로잡을 만한 정보를 제공하는 것이 참/거짓을 주장하는 것보다 더 중요하다.[36] 이 글을 쓰기 전날 밤, 빅풋Big Foot의 존재를 믿고 그것을 증명하고자 하는 미국 대학 해부학 교수의 인터뷰를 들었다. 이 과학자는 학문 공동체에서 인정받는 데 어려움이 많았다는 것을 기꺼이 시인했다. 그러나 그는 자신의 많은 동료의 관심을 끄는 것보다 대중매체의 관심을 끄는 것이 훨씬 더 쉽다는 것을 분명히 알았다. 대중매체는 빅풋에 관심이

---

35 GG, 1097.
36 RM과 Hans-Goerg Moeller, *Luhmann Explained: From Souls to Systems*(Chicago: Open Court, 2006), 119-161의 대중매체에 대한 부분을 보라.

있다기보다 새로운 "참"을 낳을 가망성이 있는 주제에 관심이 있다. 그리고 대중매체는 흥미로운 정보를 제공하는 데 훨씬 더 관심을 가진다. 대중매체 체계와 과학 체계는 서로 다른 방식으로 그리고 서로 비교할 수 없는 코드, 프로그램 등에 기초하여 소통하기 때문에 서로 양립할 수 없는 사회에 대한 자기 기술을 구성한다. 그 어떤 체계도 자신의 코드와 구성물을 다른 체계들에게 강제할 수 없다. 루만의 이론은 이 역설을 진술하려고 한 것이다. 과학은 유동하는 사회적 조건들current social conditions하에서의 진리의 불가능성에 관해 참된 제안을 내놓아야 한다.

이러한 역설적 상황이 철학과 과학의 카니발화로 귀결된다. 한때 인간 인지의 가장 높은 산꼭대기라고 존경받았던 (혹은 보다 정확히는 자부했던) 것이 다양한 것 중에서 단 하나의 우연적인 실재 구성일 뿐인 것only one contingent reality construction으로 나타나고 있다. 높은 것과 낮은 것의 차이는 제거되어왔다. 축제는 귀족들과 성직자들을 조롱하면서 그들의 가면을 폭로하곤 했다. 이론은 과학과 철학을 조롱하고 그들의 가식을 폭로한다. 다소 소크라테스적 방식으로 말한다면 사회이론은 그 자신의 한계를 설명하고 따라서 지식 추구의 한계를 설명하는 것이다. 만약 나의 해석이 올바르다면 루만은 자신의 이론에 자기 아이러니self-ironic 형식으로 "슈퍼 이론"이라는 딱지를 붙인 셈이다.[37] 이러한 해석은 루만의 텍스트의 독특한 스타일에 의해 지지되는데, 그 텍스트 안에서 우리는

---

37 SS, 5를 보라.

흔히 비꼼, 풍자, 패러디 등이 산재해 있는 건조하고 기술적technical
이며 개념적인 언어들을 발견할 수 있다.³⁸

나는 계몽주의의 전통적인 과학적-철학적 야망이 전복적 이론canivalistic theory에 의해 약화되었으며, 이것이 일종의 "존재의 가벼움lightness of being" 혹은 대안적으로는 **즐거운 학문**la gaya scienza으로 귀결될 것이라고 주장한다. 우리는 과학 시대가 가져온 "계몽의 변증법dialectics of enlightenment"을 목격할 수 있다. 의심할 여지 없는 데카르트적인 과학적 "확실성certainty"을 수반한 채 그리고 최고로 진지한 태도로 위대한 사회과학의 프로젝트들이 실천에 옮겨졌다. 프랑스식 이성의 통치, 러시아식 계급 차별 철폐, 나치의 인종주의, 푸코가 묘사한 규율 메커니즘 — 이러한 모든 것이 "극단주의적extremist" 과학, 철학 또는 둘 다에 의해 지지되고 옹호되었다. 오늘날 우리는 그들의 이른바 더 합리적인 후계자들의 응용 사례들applications, 즉 평화, 사회적 이해 그리고 자유를 위한 신칸트주의적 보편 처방전neo-Kantian universal recipes과 함께 전 세계적으로 팽

---

38   또한 루만의 다음과 같은 흥미로운 진술을 보라. "헤겔 이후에 우리가 필요로 하는 것은 이론에 대한 보다 실용적이고, 보다 기회주의적이고, 보다 유희적인 게임과 같은 접근 방식이다."(Nico Stehr, "The Evolution of Meaning Systems: An Interview with Niklas Luhmann", *Theory, Culture, and Society* 1, no. 1(1982): 33-48, here: 47; 강초 추가) 루만은 1977년 헤겔에 대한 학술 대회의 한 세션의 짧은 서두 발언에서 "아이러니한 이론들이 더 높은 성찰의 잠재력을 포함하고 있는지" 여부를 물었다(Niklas Luhmann, "Zur Einführung", *Hegel-Studien*, Beiheft 17. Bonn: Bouvier, 1977, in *1st Systematische Philosophie möglich?*, Dieter Henrich, ed., 443-445; here: 445).

창하는 자유시장들을 본다. 만약 이렇듯 진지한 유형의 과학과 전복적 이론 사이의 선택에 직면한다면, 나는 차라리 후자를 선호하는 결정을 하는 것이 좀 더 쉽다고 생각할 것이다.

제5장
플라톤에 대한 마지막 각주:
정신-신체 문제의 해결책

　루만의 급진주의의 가장 유용한 점 가운데 하나는 2500년 동안 줄곧 서양의 이념사를 괴롭혀왔던 정신-신체 문제에 대한 설득력 있는 해결책을 제시한 것이라고 나는 감히 말할 수 있다.[1] 루만의 급진주의의 우연성을 고려한다면 이렇게 말하는 것이 루만의 급진주의가 **바로 그** 정신-신체 문제에 대한 해결책이라고 말하는 것은 아니라는 점을 즉각 언급해두어야 할 것이다. 이 문제에 대한 루만의 해결책은 문제의 우연성에서 생겨난다. 즉 그것은 루만의 이론이 연관된 의미론적 유산 혹은 역사의 일부인 것이다. 무엇보다도 문제는 실체적인 문제라기보다는 개념적인 문제이다. 늘 그렇듯이 "해결책"은 다만 하나의 관찰적 구성물일 뿐이다. 그러한 해

---

[1] 이 문제는 중국과 같은 비서양 담론 전통에서는 현저히 달랐다. 중국의 전통 속에서는 실제적인 정신-신체 구분은 결코 수용된 적이 없었다. 이와는 정반대로 핵심적인 철학적 어휘는 ― 의학, 정치, 풍수 등의 실용적인 분야에서 "대중적" 어휘의 핵심적 부분을 구성하는 동시에 ― 심(heart-mind), 기(energy), 도(way, truth)와 같은 비이원론적 관념과 신체적이고 지적인 함의가 쉽게 뒤섞이는 다른 많은 것을 포함하고 있다.

결책은 비트겐슈타인적 의미에서, 즉 개념의 명료함을 증가시키고 그 결과 언어의 "남용"을 줄임으로써 문제를 "해결한다".

정신-신체 이원론의 역사는 플라톤의 『파이돈』, 『국가』 및 그의 다른 주요 저작들로 거슬러 올라간다. 이 이원론은 최소한 세 가지 차원을 가진다. 첫째, 서로 다른 존재 방식, 즉 신체적 존재와 지적 존재 사이의 **존재론적**ontological 구별이다. 존재하는 것은 무엇이든 간에 신체적이거나 지적이고, 혹은 이 두 가지 요소를 모두 포함하고 있다. 둘째, 서로 다른 종류의 지식들 사이의 **인식론적**epistemological 구별이다. 우리가 아는 것은 무엇이든 우리의 감각을 통해서나 우리의 정신을 통해서, 혹은 이 두 가지의 결합을 통해서 알게 된다. 셋째, 우리가 무엇에 가치를 부여하는가 그리고 우리가 어떻게 살아야 할 것인가 등과 관련된 **윤리적**ethical 구별이다. 우리는 물질적이거나 이상적인 재화, 혹은 이 두 가지의 혼합을 추구할 수 있다. 이러한 구별들은 『국가』에서 동굴cave의 비유, 선분line의 비유 그리고 태양sun의 비유로 가장 유명하게 예시된 것처럼 명백히 위계적이다. 영혼은 신체보다 본질상 더욱 심오한 방식으로 존재한다(영혼은 불멸하지만 신체는 그렇지 않다). 그리고 생각은 우리를 진리로 이끌어주지만 감각적 지식은 우리를 겉모습으로만 남겨둔다. 물질적으로 가치 있는 것보다 도덕적으로 선한 것을 더 소중히 여기면서 살아가는 것이 실제적인 행복에 이르는 유일한 길이다.

("포스트 이원론적postdualistic" 사상가로부터의 비난에 대응하여 플라톤을 변론하기 위해 몇몇 학자가 지적하는 것처럼) 플라톤이 다른

저작에서 이러한 엄격한 세 가지 차원의 이원론[삼중 이원론]을 다소 수정했음에도 불구하고 역사적으로 말한다면 그 이원론이 이후 기독교(성 아우구스티누스와 다른 사람들)에서부터 데카르트와 스피노자 그리고 칸트와 헤겔에 이르기까지 서양의 주류 종교와 철학의 후속 발달에 심대한 영향을 미쳤다는 것은 의심의 여지가 없다. 우리는 이러한 철학자들이 플라톤의 정신-신체 이원론의 존재론적, 인식론적, 윤리적 측면을 어떻게 통합하고, 비판하고, 강화하거나 완화했는지를 구체적으로 설명하는 일련의 책을 쓸 수도 있다. 여러 가지 면에서 화이트헤드가 유럽 철학은 본질적으로 플라톤에 대한 각주를 다는 데, 보다 정확하게 말하면 플라톤의 세 가지 구별에 대한 각주를 다는 데 분주했다는 유명한 말을 했을 때, 그는 전적으로 옳았다.

각주 작성자들의 태도는 19세기에 많이 변했다. 맑스와 니체 같은 저자들과 함께 삼중 이원론 triple dualism에 대한 반작용은 훨씬 더 적대적으로 변했다. 헤겔 및 포이어바흐와 함께 관념론은 표현의 최고 형태에 도달했으며 하락할 일만 남았다. (예를 들어 스피노자 같은 몇몇 사람에게 이미 도전받아왔던) 구시대적 위계는 이제 공개적으로 공격받게 되었다. 그 가치는 재평가되어야 한다. 헤겔은 (맑스에 의해) 자신의 머리와 발의 자리를 맞바꾸어야만 했으며, 플라톤과 소크라테스는 (니체에 의해) 철학의 부패에 책임을 져야 하는 것으로 드러났다. 맑스의 경우 의식을 결정하는 것은 물질적 존재이고, 그 반대는 아니다. 니체가 선언했듯이 서양 사상을 괴롭혀 왔던 큰 실수들 가운데 하나는 신체적인 것과 영적인 것 사이의 관계를 혼란스럽게 하는 것이었다. 우리가 간소하게 식사를 할 때, 우리는 "자유의지"로 우리의 신체에 "다이어트diet"를 강요했다고 스스로를 속일지도 모른다. 사실 니체는 우리가 정확하게 반대인 실제 원인과 결과를 우리 자신에게 숨길 뿐이라고 말한다. 즉 우리가 지적으로 다이어트를 하려고 결정할 때, 우리는 우리의 신체가 너무 병들어 자유롭게 먹을 수 없기 때문에 그렇게 한다는 것이다.[2]

맑스와 니체는 각자 그들 자신의 독특한 방법으로 플라톤의 세 가지 위계를 전복시킨다. 맑스의 경우에 우리가 경제적으로 **존재**하는 것이 우리가 지적으로 존재할 수 있는 것보다 훨씬 실체적이다. 우리의 물질적 조건을 이해하는 것이 세계를 영적으로 이해하는 것보다 훨씬 근본적이다. 철학자의 진정한 도덕적 책임은 또 다른 도덕적 해석을 덧붙이는 것이 아니라 물질 세계를 변화시키는 것이다. 니체의 경우에 우리의 생리학이 우리의 정신보다도 우리를 더 특징짓는다. 그래서 우리 자신을 생리학적으로 안다는 것은 우리의 영혼을 성찰하는 것보다 훨씬 흥미롭다. 그리고 어쩌면 그에게 가장 중요한 것은 우리의 전통적인 "노예도덕slave morality"을 극복하기 위해서는 삶의 힘을 허무적으로 제한하는 가치체계를 구축하기보다 우리의 생리학을 정직하게 긍정해야 한다는 것이다.

20세기에도 플라톤의 삼중 이원론에 대한 재평가는 계속된

---

[2] 이것은 니체가 『우상의 황혼』의 "네 가지 커다란 오류"를 다룬 절에서 주장한 방식이다.

다. 프로이트는 니체의 철학을 심리학적 이론으로 전환시켰고, 인간존재가 어떻게 개인적으로뿐만 아니라 집합적으로 우리의 심리학적 존재, 즉 섹슈얼리티sexuality와 식욕digestion에서 유래하는 무의식적 "충동drives", 원망 그리고 불안에 근거하고 있는지를 "과학적으로" 설명했다. 철학에서는 삶의 에너지와 신체에 관한 현상학이 인기를 얻었다(베르그손, 메를로퐁티). 그리고 그후에는 페미니즘과 해체주의 이념이 인문학과 사회과학 속으로 주입되었고, 젠더 이슈에 초점을 맞춤으로써 "남근 중심적phallocentric"이고 "논리 중심적인logocentric" 구시대적 위계의 종말에 공헌하였다.

적어도 학문적으로는 신체에 대한 영혼의 플라톤적 지배가 대체로 신뢰를 잃었지만 이것이 철학적으로 말해 오래된 정신-신체 문제가 해결되었다는 것을 의미하는 것은 아니다. 전통적 질서는 철저히 깨졌고, 이제 우리는 존재론적, 인식론적, 윤리적 (비)우선성을 정신과 신체 각각에 부여하는 다양한 방식을 선택할 수 있다. 그러나 구시대적 어휘와 (비트겐슈타인적 의미에서) 그 철학적 "문법grammar"이 여전히 널리 퍼져 있다. 그리고 이러한 현상은 학계만이 아니라 일상적인 언어에서도 확인된다. 우리는 여전히 "그녀는 아버지 배후에 있는 브레인이다"라든가 혹은 "너의 머리를 써라"와 같은 문장에서 "brain"이란 단어를 사용한다. 뇌 속에서 생리학적으로 일어나는 것이 우리의 정신 속에서 일어나는 것, 즉 우리가 생각하고 느끼는 방식을 어떻게 결정하는지를 뇌과학이 실제로 발견할 수 있다는 믿음이 여전히 존재한다. 대안적으로 우리는 많은 질병이 심신적인psychosomatic 것이라 믿는다. "스트레스"는 불안으로 귀결되고, 불안은 신체적 기능장애malfunctions로 귀결된다. 긍정적 측면에서 보면 우리의 정신적 태도는 우리를 스포츠 시합의 승리로 이끌 수 있다. 만약 우리에게 적절하게 동기부여가 된다면 우리는 신체적으로 우수한 상대를 이길 수도 있다. 삼중 이원론은 학문적으로뿐만 아니라 일상생활 속에서 여전히 가장 본질적이고 상식적인 존재론적, 인식론적, 윤리적 개념이다. 신체에 대한 영혼의 지배가 더이상 받아들여지는 이론은 아니지만, 세계는 신체적인 것과 지적인 것으로 구성되어 있으며, 우리는 경험이나 성찰을 통해서 사물들을 알 수 있으며, 우리는 물질적 혹은 관념적 가치에 따라 행동할 수 있다는 공통적인 합의 같은 것이 여전히 존재한다. 이런 의미에서 볼 때 플라톤의 삼중 이원론은 지금까지 그랬던 것처럼 여전히 생생히 살아 있다.

근대 서양철학은 정신-신체 이원론의 위계적이고 역동적인 구조를 느슨하게 하는 데는 성공했지만, 그러한 모델 자체를 대체하는 데는 성공하지 못했다 — 아니, 더 정확히 말하자면 그럴 의도가 전혀 없었다. 정신적인 것과 신체적인 것을 심신 연속체psycho-somatic continuum 속으로 통합하고 물질적인 것을 관념적인 것의 기반으로 인정하려는 요구들은 여전히 전통적인 정신-신체 의미론 내에서 잘 작동한다. 그것들은 서로 관련된 개념들을 배열하는 대안적이고 부분적으로 새로운 방법들을 제시하지만, 여전히 존재론적, 인식론적, 윤리적 쟁점들을 정신-신체의 관점에서 인식하는 전통적 형태를 고수한다.

이러한 의미론적 지속성은 정신-신체 **문제**로 낙인찍혀왔던 소위 담론적 만성질환chronic discursive illness을 영속화할 뿐이다. 예를 들어 데카르트가 "영혼의 열정passions of the soul"(즉 영혼이 활동적 신체에 수동적으로 종속된 상태)을 극복하고 나아가 물질적인 것에 대한 지적 지배력을 발휘하려는 자신의 요구에 어떻게 실천적으로 부응할지에 답하려 했을 때, 그는 하나의 행위체, 즉 **사유하는 실체** res cogitans가 어떻게 **실제적으로 다른** substantially different 행위체, 즉 **연장된 실체** res extensa에 대한 통제력을 구체적으로 발휘할 수 있었는지를 설명하지 않으면 안 되었다. 다시 말해 정신이 어떻게 실제로 신체와 "접촉"할 수 있는가, 혹은 신체가 어떻게 정신활동을 물리적으로 지시할 수 있는가? 데카르트는 오늘날에는 다소 신기하게 보이는 대담한 가설을 제시한다. 그는 영혼이 "뇌의 중앙에 존재하는 (이른바 송과선pineal gland으로 불리는) 작은 분비샘 안의 중요한 자리"를 차지하고 있고, 이 분비샘을 움직여 "동물 정기動物精氣 animal spirits"를 방출하고 (혈액과 신경을 통해) 다양한 신체 부위로 보내 "신체의 기계machine of the body"를 조종할 수 있는 힘을 가지고 있다고 주장하였다.[3] 그러나 데카르트가 지적하고 있듯이 약한 영혼은 그러한 통제력을 발휘할 만큼 충분히 강하지 않으며 그래서 조종 기계는 또한 거꾸로 작동할 수도 있다. 약한 영혼의 경우 신체는 영혼을 수동성("열정"의 상태state of "passion") 속으로 밀어넣고 송

---

3 René Descartes, *The Passions of the Soul* (article 34, "How the soul and the body act on one another"). 나는 엘리자베스 S. 할데인Elizabeth S. Haldane과 로스G. R. T. Ross가 번역한 *The Philosophical Works of Descartes* (Cambridge, UK: Cambridge University Press, 1970), 347에서 인용했다.

과선의 작동을 지시함으로써 영혼을 통제할 수도 있다. 예를 들어 "열정적인passionate" 사랑 혹은 분노의 상태에서 우리의 신체적 충동은 우리의 지성을 압도할 수 있다.

데카르트의 모델은 자동차처럼 능동적으로 조종하는 부분과 수동적으로 조종당하는 부분으로 구성된 메커니즘, 즉 사이버네틱 메커니즘의 단순한 형태이다. 우리가 충분히 의식적으로 깨어 있는 한 우리는 자신이 운전하는 차가 가야 할 방향을 지시할 수 있다. 그러나 만약 우리가 술에 취했거나 운전대에서 잠이 들면, 조종 관계는 역전되고 차가 우리를 데리고 가면서 우리의 움직임을 조작한다. 니체, 맑스 그리고 프로이트가 제안한 정신-신체 관계(혹은 의식-물질 관계)는 당연히 데카르트의 그것보다는 더 복잡할 수 있지만, 여전히 기계론적 사이버네틱스mechanistic cybernetics 수준에 머물러 있다. 그 관계들은 다양한 수준의 행위체와 열정, 즉 통제함이나 통제당함에 관한 것이다. 이와 마찬가지로 대부분의 현대 과학적 및 대중적 정신-신체 상호작용 모델도 생리학적 과정이 정신적 과정에 미치는 영향 혹은 그 반대를 개관하거나 예측하려고 한다. 뇌과학자들은 어떤 종류의 뇌 활동이 어떤 종류의 감정적인 결과와 인지적 결과를 생산하는지에 관해 연구한다. 그리고 몇몇 심리요법사psychotherapists는 그들의 고객들이 어떻게 긍정적인 사고나 다른 인지적 치료 요법을 통해 스스로 치유할 수 있는지를 가르친다. 영혼과 신체 사이의 구체적인 상호작용에 관한 데카르트적 가설은 이제는 진부하지만 그러한 상호작용론은 정신-신체 역학mind-body mechanics의 인기 있는 선택지로 남아 있다. 따라서 정신-신체 **문제**는 여전히 해결되지 않은 채 남아 있다. 뇌가 어떻게 실제로 정신을 조종할 수 있는지, 정신이 어떻게 뇌를 조종할 수 있는지, 또는 양자가 어떻게 서로를 심신적으로 psychosomatically 조종할 수 있는지에 대한 모호한 생각이 많이 있지만, 송과선을 대체할 수 있는 일반적으로 받아들여지는 이론적 대안은 없다. 그러한 조종이 발생한다는 것은 통상적으로 받아들여지지만, 그 누구도 그것이 어떻게 작동하는지는 알지 못한다.

다시 말하면 정신과 신체 사이의 관계에 대한 대부분의 현대적 관점은 — 쿤의 용어를 사용하면 — 일반적인 데카르트적 "패러다임" 내에서 작동하는 "끝내기 작전 mop-up operations"에 불과하다. 루만은 쿤의 용어를 다시 한번 사용하면 이러한 종류의 "정상과학 normal science"으로부터 **근원적으로** radically 이탈하려고 한 이론가들 가운데 한 명이다. 나는 그가 전통적인 플라톤의 삼중 이원론에서 파생된 기계적 모델들이 해결하지 못한 정신-신체 문제에 대한 설득력 있는 해결책을 제시할 수 있다고 믿는다.

루만은 정신-신체 관계에 대한 "정상과학"과 단절한 후 정신-신체 문제에 대한 해결책으로 두 가지를 제시한다. 첫째, 루만은 그 이원론에 제3의 개념, 즉 **소통**(혹은 소통 체계로서 사회)을 추가하였으며, 그래서 그 이원론을 "삼원론 triadism"으로 전환했는데 또한 그것은 다원론으로 이해될 수도 있다. 둘째, 루만은 이러한 세 가지 체계 영역들 사이의 관계가 어떻게 전통적인 기계적 조종 개념들과 다르게 인식될 수 있는지를 설명하였다. 그는 기계론적 조종 사이버네틱스를 **체계/환경** 구성체 system/environmant configurations의 이차-질서 사이버네틱스로 대체하였다. 이에 나는 우선 루만의 삼원론/다원론을 논의한 다음 그의 이차-질서 사이버네틱스를 자세하게 논의할 것이다.[4]

삼원론/다원론

데카르트와는 달리 루만은 정신과 신체를 실체substances가 아니라 체계system로 간주했다. "체계"라는 용어의 사용은 이미 존재론적 관점으로부터 기능적 관점으로의 전환을 의미한다. 체계는 정태적인 것이 아니라 과정이다. 루만의 체계 삼원론systemic triadism은 본질적으로 존재하는 것이 아니라 작동들operations에 관심을 둔다. 하나의 체계는 다른 체계들과 작동적으로 구별되며 따라서 그것들과 구별할 수 있는 기능적 실체이다. 체계는 말하자면 서로 연결되는 일련의 사건, 즉 동시적으로, 통시적으로 또는 둘 다 함께 진행되는 일련의 사건이다. 루만은 자기생산적이고 작동적으로 폐쇄적인 체계들에 초점을 맞춘다. 체계가 자기생산적이라는 것은 체계가 외적으로 생산되거나 구성되는 것이 아니라 자신을 생산하고, 구성하고 그리고 영속화하거나 재생산한다는 사실을 의미한다. 체계의 작동적 폐쇄는 그 작동이 다른 체계의 작동과 연결되기보다는 오직 자신의 작동과만 연관됨을 의미한다.

---

[4] 사이버네틱스의 역사에 관한 탁월한 요약은 Bruce Clarke, *Posthuman Metamorphosis. Narrative and Systems*(New York: Fordham University Press, 2008), 4-7에서 찾아볼 수 있다.

생물학적 또는 신체적 체계, 즉 생명 체계living system의 대표적 예가 바로 인간의 신체이다. 인간의 신체는 시각 체계와 면역체계와 같은 하위체계들을 포함하고 있지만 전체를 구성하는 부분들과 그 하위체계들을 혼동해서는 안 된다.[5] 생명 체계 내부의 모든 작동은 생화학적 과정, 호르몬 과정, 신경학적 과정 등과 같은 생명 작동들이다. 각 체계는 동일 종류의 후속 작동들과 함께 그 자신의 고유한 작동들을 계속함으로써 기능하게 된다. 예를 들어 면역체계는 후속 면역 반응들에 의해 지속적으로 기능한다. 그것은 시각적 작동들에 의해 기능을 지속할 수 없다. 그 체계의 기능이 시각 체계로 넘겨질 수 없고, 그 반대도 마찬가지이다. 하나의 체계는 여분spare part에 의해 대체될 가능성이 있는 신체의 **부분**이나 기관이 아니다. 우리는 면역체계를 이식할 수 없다. 그것은 팔처럼 절단될 수도 없고 부록처럼 따로 떼어낼 수도 없다. 따라서 신체를 수많은 하위체계를 포함하는 생물학적 생명 체계로 보는 시각은 신체를 부분들로 구성된 총체로 보는 기계적인 시각mechanic view과는 완전히 다르다.

생물학적 체계들의 작동들은 "신성한 시계공divine watchmaker"

---

[5] 루만은 부분/전체 차이의 개념으로부터 체계/환경 차이로의 패러다임 전환에 대해서 다음과 같이 말한다. "따라서 분화된 체계는 더이상 단순히 일정 수의 부분들과 그들 사이의 관계로 구성되는 것이 아니다. 오히려 분화된 체계는 작동적으로 사용 가능한 상대적으로 많은 수의 체계/환경 차이로 구성된다. 각각의 체계/환경 차이는 서로 다른 절단선을 따라 하위체계와 환경의 통일성으로서 전체 체계를 재구성한다."(SS, 7)

에 의해 외부로부터 지시받거나 조종되거나 조립될 수 없다. 생물학적 체계는 생명 진화의 결과이며 기성품 기계가 아니다. 체계들은 진화에 의해 변화한다. 다른 생명체, 예를 들어 비인간 생명체는 다르게 진화해왔다. 몇몇 생명 체계는 시각 체계를 갖고 있지 않지만 이것이 그 생명체들이 무엇인가를 **결여**하고 있음을 의미하는 것은 아니다. 그들은 생기가 덜한 것도 아니고, 기능, 번식, (비시각적) 인지 능력이 떨어지는 것도 아니다.

심리적 체계의 예는 인간의 정신이다. 정신적 작동들은 생각, 느낌, 감정 등이다. 정신적 체계mental system는 어떤 정신도 다른 정신의 작동들에 직접적으로 침투할 수 없다는 의미에서 작동적으로 폐쇄되어 있다. 우리는 그 혹은 그녀를 생각하거나 느낌으로써 다른 누군가의 정신적 활동을 이어갈 수는 없다. 또한 다른 사람이 생각하는 것을 즉시 생각하거나 다른 사람이 느끼는 것을 즉시 느끼는 것도 불가능하다. 우리는 다른 사람들이 말하는 것을 듣거나 그들의 얼굴에 나타난 고통과 즐거움의 표현을 볼 수는 있지만, 우리가 문자 그대로 그들이 생각하는 대로 생각하고 그들이 느끼는 대로 느낄 수는 없다. 심리적 체계들은 자기생산적 체계이다. 생명 체계와 마찬가지로 심리적 체계들도 진화적 과정에 포섭되며 환경의 "교란perturbations"에 노출되어 있다. 그러나 그 심리적 체계들은 기계와 같은 외적 행위체에 의해 창조되거나 조종되지 않는다.

소통 체계는 사회적 체계이다. 다시 말하면 사회는 소통적 작동들communicative operations로 구성된다. 그러한 작동들은 말하기와 글쓰기, 즉 언어를 통해 수행될 수 있지만, 수많은 다른 수단, 예를 들어 기호, 제스처, 얼굴 표정뿐만 아니라 화폐 지불, 성적 평가, 문서 발행, 이미지 생산, 음악 작곡, 또는 볼 키스 등을 통해서도 수행될 수 있다. 사회적 체계들은 작동적으로 폐쇄적일 뿐만 아니라 자기생산적이다. 교육체계의 소통은 동일한 종류의 후속 소통과 함께 지속될 수 있다. 만약 내가 나의 강의 시간에 더이상 강의를 하지 않고 그 대신에 아름다운 노래를 계속 부른다면, 나는 (얼마 후에) 해고될 것이다. 근대 인간주의 서사와 대조적으로 사회적 체계는 인간에 의해 만들어지는 인조품 man-made이 아니다. 역사의 어느 날 몇몇 영리한 개인에 의한 발명의 결과로 경제가 기획될 수도 없고, 법체계가 확립될 수도 없다. 생명 체계 및 심리적 체계와 마찬가지로 법, 경제, 대중매체 등과 같은 사회적 체계는 진화적 과정을 통해 발생하며 지속적으로 변화한다.

자기생산적 체계가 반드시 신체, 정신 그리고 사회에 제한되어 있는 것은 아니다. 작동적으로 폐쇄되어 있고 자기생산적인 또 다른 유형의 체계도 있으며, 있을 수도 있다고 상상해볼 수 있다. 자신의 후기 저작에서 루만은 컴퓨터 기술의 기반 위에서 작동할 수도 있는 새로운 자기생산적 체계의 등장 가능성에 대해서 자세히 설명하지는 않지만 반복해서 추측했다.[6] 지금까지 모든 다른 기계와 마찬가지로 컴퓨터도 자기생산적이 아니라 타자 생산적으로 allopoietically 작동하는데, 이는 컴퓨터가 작동적으로 폐쇄되어

---

6   예를 들어 GG, 117을 보라.

있지 않다는 것을 의미한다. 컴퓨터는 (아직) 자기 산출적이고 자기 재생산적이지 않으며, 컴퓨터의 작동에 즉시 개입하는 것도 가능하다. 예를 들어 나는 지금 키보드의 키를 누르고 있는데, 이것이 여러분이 읽고 있는 텍스트가 현재 생산되고 있는 방식이다. 어떤 뇌도, 사회적 체계도 또는 정신도 내가 이 텍스트를 쓰는 동안 나의 컴퓨터를 조종하는 방식으로 조종될 수는 없다. 그러므로 네 번째 체계 범주의 보다 유력한 후보는 아마도 지구 기후와 같은 비생명 자연 체계가 될지도 모른다.[7]

이론적으로 루만은 정신-신체 이원론을 무한한 다원주의로 대체할 수 있는 가능성을 인정하고 있다. 그럼에도 불구하고 구체적으로 그리고 현재까지 우리가 알고 있는 자기생산적 체계의 존재는 다음과 같은 세 가지, 즉 생명 체계, 심리적 체계 그리고 소통 체계에 제한되어 있다.

세 가지 유형의 체계가 가진 작동적 폐쇄는 신체와 영혼의 관계와 관련하여 데카르트에 의해 가시화된 것과 같은 상호 조종 과정mutual steering processes의 가능성을 배제한다. 어떤 한 체계의 작동을 다른 체계의 작동과 기계적으로 연결해주는 그 어떤 송과선도 없다. 말하자면 이것이 각 체계의 작동적 자율성과 그로 인한 각 체계의 기능적 차이를 보장한다. 이러한 **기능적 분화**가 플라톤과 데카르트가 인지했던 실체적 혹은 **존재론적 분화**ontological differentia-

---

[7] 이 지점에서 제임스 러브록James Lovelock의 가이아Gaia이론을 생각해볼 수도 있다.

tion를 대체한다. 정신-신체 이원론은 존재론적 그리고/혹은 실체 이원론인 반면, 정신-신체-소통 3자관계triad는 기능적 3자관계이다. 여기에는 실체적 구별들 대신에 기능적 차이들이 존재한다.

19세기의 가장 심오한 사회이론가라고 주장할 수 있는 맑스조차 전통적 이원론을 확장할 수 없었고 그것을 삼원론/다원론으로 대체하지 못했다. 맑스는 사회가 관념적이거나 물질적인 것이 아니라 **사회적인** 것이라는 사실, 즉 신체적이거나 정신적인 작동에 의해 구성되는 것이 아니라 소통에 의해 구성되는 체계라는 사실을 인정하지 않았다.

맑스는 헤겔의 관념론적 이원론을 전복하고 그것을 유물론적 도그마dogma로 대체했다. 맑스에게 있어서는 물질적 "존재being"가 의식을 결정하며, 그 반대는 아니다. 그는 사회 내부의 물질적 측면들(토지, 재화, 생산수단, 화폐, 자본 그리고 소유물 등)을 관념적 측면들(가치, 이데올로기, 종교적 신념, 계급의식, 지식 등)과 구별하였다. 역전된 위계에도 불구하고 이러한 구별은 서로에게 통제력을 발휘하는 물질적 힘(예를 들어 경제)과 관념적 힘(예를 들어 법, 종교, 도덕성 등)을 구분함으로써 과거의 이원론적 모델들을 완벽하게 따라갔다.

맑스는 경제의 기능과 관련하여 물질적인 측면과 인위적인virtual 측면 사이의 본질적 차이 또는 체계이론의 용어로 말하면 사회와 그 환경 사이의 본질적 차이를 인정할 수 없었다. 토지, 재화, 생산수단 등은 사실상 사회적인 것이 **아니다**. 그것들은 사회의 물질적 환경 속에 존재한다. 반면에 화폐, 자본, 소유물 등은 사회적인 것이다. 그러한 것들은 인위적인 사회적 구성물, 즉 소통적 구성물, 보다 정확히 말하면 경제적 구성물이다. 토지, 재화, 기계는 ― 경제적으로 소통되지 않는다는 의미에서 ― 경제가 없는 사회에서도 잘 존재할 수 있다. 예를 들어 화폐, 자본, 소유물의 발전 이전의 토지는 근대적 의미의 "경제" 개념으로 볼 때 경제적 의미를 가지고 있지 않았다. 토지가 인간과 동물의 양식을 제공하는 데 사용되어 왔을지는 몰라도 경제적 개념으로 "관찰"되지는 않았던 것이다. 예를 들어 아메리카 원주민들은 토지 "판매"의 사회적 구성을 정확하게 이해하기를 원했던 유럽 정착인들과 만났을 때, 그러한 구성을 이해하지 못하는 경우가 많았다. 토지를 경제적으로 관찰하기 위해서는 그리고 토지를 팔고 사기 위해서는 토지 판매 거래가 의미 있게 되는 경제적 소통 체계가 존재해야 한다. 다시 말하면 토지의 경제적 의미는 토지의 물질적 특성이 아니라 토지의 가치가 경제에서 어떻게 관찰되고 사회적으로 어떻게 구성되는지에 따른 효과이다. 이러한 의미에서 토지는 물질적인 것이 아니다. 그것은 사회적인 것이다. 맑스는 인위적인 소통 체계로서의 경제와 그것의 물질적 환경 사이의 결정적인 차이를 알 수 없었다. 경제는 법, 정치, 교육 등에 의해 구성된 사회적 환경social environment과 신체, 나무, 토지, 인간의 생각, 느낌, 신념 등과 같은 생명 체계와 심리적 체계라는 사회 외적 환경extrasocial environment 내부에 존재하는 소통 체계이다.

    체계론적 시각에서 볼 때 맑스의 자본주의 경제분석은 두 가지 근본적인 결함이 있었다. 즉 (1) 사회적 체계로서의 경제의 기능에 속하는 것과 경제의 비사회적 환경에 속하는 것을 제대로 구별하지 못한 점과, (2) 각기 다른 체계 영역들 사이의 위계적 조종 관계라는 전통적 사이버네틱 개념을 넘어서지 못한 점이다. 맑스는 여전히 하나의 체계, 즉 경제가 사회의 모든 다른 측면을 결정하고 그래서 기계적으로 조종하는 것으로 생각했다. 사회의 토대(경제)와 상부구조(다른 모든 체계) 사이를 구별하는 전통적 맑스주의 언어들은 이 이론의 기계론적 구성체를 잘 드러내고 있다. 사회는 두 가지 기본적인 구성요소들, 즉 통제하는 것과 통제되는 것으로 구성되는 단순기계로 기술된다. 다소 아이러니하게도 이원론적 유산은 맑스주의와 같은 혁명적인 이론조차 전통적인 플라톤적 사회 개념에 대해 진정으로 급진적인 대안을 발전시키지 못하게 했다고 말할 수 있을 것이다.[8]

체계-환경 다양성: 연결고리가 없다!

19-20세기의 사회이론에 비해 의식 이론의 최근 발달은 대중적 차원과 학문적 차원 모두에서 이원론적인 플라톤적 존재론으로부터 급진적으로 벗어났지만, 데카르트적 역학으로부터 반드시 벗어난 것은 아니다. 통상 사람들은 우리의 정신적 과정이 생물학적 영향과 소통적 영향에 종속되어 있다고 생각한다. 우리의 생각과 느낌은 뇌 속에서 발생한 것뿐만 아니라 사회생활에서 우리가

---

[8] 이는 사회이론에 관한 플라톤의 가장 중요한 텍스트, 즉 『국가』에 대한 맑스주의적 혹은 공산주의적 독해를 통해 간접적으로 입증된다.

경험한 것과도 어느 정도 관련되어 있다고 믿는다. 또한 우리의 뇌 속의 어떤 신경전달물질들의 기능장애가 우리의 심리적 웰빙뿐만 아니라 노동이나 가족생활의 능력에도 강한 영향을 미친다는 사실도 인정되고 있다. 아마도 신체적, 정신적, 사회적 현상의 3자관계를 고려함으로써 심리학적 상식은 더 복잡한 방식으로 발전해왔으며 현재의 사회학적·정치적 자기 기술보다 플라톤적 이원론으로부터 자신의 거리를 더 멀리해왔다.

심리학적 상식은 우리의 뇌 속에서, 우리의 정신 속에서 그리고 우리의 사회생활 속에서 각각 발생한 것들 사이의 기능적 분화라는 개념을 받아들이는 것처럼 보인다. 그러나 불행하게도 데카르트적 모델로부터의 급진적 이탈을 방해하는 또 다른 중대한 장애가 남아 있다.

명백히 데카르트는 송과선을 정신의 으뜸 자리principal seat라고 불렀다. 이렇게 신체 안에 깃든 정신의 **위치**location라는 개념은 정신, 신체 그리고 다른 체계들 사이의 관계에 대한 체계론적 이해의 장애물로 지금까지 남아 있다. 고대 그리스와 고대 중국에서는 심장이 인간 의식의 으뜸 자리로 여겨졌다. 오늘날에는 뇌가 이러한 역할을 떠맡고 있다 — 그 결과 정신의 **물리적**physical 장소place라는 이미지가 여전히 남아 있다. 은유적으로뿐만 아니라 문자 그대로도 정신과 뇌는 언어적으로 종종 서로 동일시되고 있다.

물리적 자리라는 메커니즘과 연동된 서로 다른 두 체계의 이미지는 오해의 소지가 있다. 그러한 이미지는 적어도 잠재적 통제라는 관념과 함께 서로 다른 두 영역 사이의 인과적 연결을 암시한다. 내가 실제로 운전석에 앉아 있을 때, 나는 스티어링휠 및 액셀레이터와 같은 모든 종류의 메커니즘을 통해 운전석과 연결됨으로써 자동차의 움직임을 제어할 수 있다. 나는 단순히 거리나 공기와 같은 자동차의 환경이 아니다. 나는 그 안에 그리고 그 중심에 있다. 이와 마찬가지로 우리는 이원론적일 뿐만 아니라 삼원론적이고 다원론적인 기계론적 사이버네틱스도 상상할 수 있다. 아마도 일부 뇌과학자와 정신과의사가 하는 것처럼 뇌 속의 특정 메커니즘을 조작함으로써 정신적 과정을 조종할 수 있다고 상상할 수도 있다. 혹은 행태주의자나 심리치료사가 믿고 있는 것처럼 우리는 사람들을 어떤 방법으로 행동하고 말하게 만들어서 그들의 정신적 과정을 통제할 수 있을지도 모른다. 그러므로 이원론에서 체계론적 삼원론이나 다원론으로 이행하는 것만으로는 정신-신체 문제를 급진적으로 풀기에 아직 충분하지 않다. 이 문제를 해결하기 위해서는 플라톤적 존재론뿐만 아니라 데카르트적 역학도 버려야 한다.

체계이론은 보다 적절하게는 체계-환경이론으로 불릴 수 있다. 루만에게 있어서 체계/환경 구별은 주체/객체 구별을 대체하며 그 구별과 동행해온 고전적 인식론을 혁명적으로 바꾼다.[9] 이는 다음과 같은 두 가지 중요한 결과를 낳는다. 즉 (1) 수동적 대상에 대한 능동적 주체의 "일방적인 통제unilateral control"라는 관념이 "사이버네틱 순환cybernetic circle"을 형성하는 체계들 사이의 상호 피드백

---

[9] SS, 9, 36.

효과라는 관념으로 대체되어야 하며,[10] (2) 내적으로 접근할 수 있는 주체들에 대한 객관적인 외적 관점이라는 관념이 어떤 주어진 체계에 속하는 작동과 그 환경에서 발생하는 작동, 즉 그 체계와는 다른 체계에 의해 구성되는 작동 사이의 구별에 의해 대체되어야 한다는 것이다. "체계"와 "환경"이라는 용어는 상호 의존적mutually dependent이다. 어떤 환경은 객관적으로 존재하는 것이 아니라, 어떤 구체적인 체계와의 관계에서만 존재한다. 즉 "정해진" 환경은 환경 그 자체가 아니라 어떤 구체적인 체계의 구체적인 환경인 것이다. 이와 마찬가지로 어떤 체계도 스스로 주관적으로 "정해진" 체계로 존재할 수 없고 어떤 특정한 환경 내에서만 체계로 존재한다. 하나의 체계는 자율적으로 작동하지만, 그 체계의 환경 없이는 존재론적으로 상상할 수 없으며 따라서 그 환경에 전적으로 의존한다.

비록 체계이론이 더 정밀한 어휘들의 부족 때문에 체계를 환경 "안에" 혹은 "내부에" 존재하는 것으로 말하고 있음에도 불구하고 이것을 데카르트적 으뜸 자리 관념과 혼동해서는 안 된다는 것을 나는 다시 한번 강조하고 싶다. 어떤 체계도 특정 위치라는 의미에서 그 환경 속에 자리는 없다. 매우 단순한 예를 들면 어떤 물고기도 물속에서 으뜸 자리가 없는 것이다. 어떤 체계가 환경 속에 있다는 것은 그 체계가 다른 체계가 기능하는 동안 동시에 기능하고 있다는 사실을 의미한다. 물속의 물고기보다 더 적절한 예는 면역체계다. 우리는 면역체계가 우리 신체 속에 있다고 말할

---

[10] SS, 36; RM, 66.

수 있지만, 이것이 면역체계가 신체 속의 으뜸 자리를 차지한다는 의미는 아니다. 면역체계는 신체의 복잡한 환경 내에서만 존재할 수 있다 — 면역체계는 혈액순환, 음식 소화 과정, 호흡 활동 등이 모두 동시에 기능하지 않는다면 작동할 수 없다. 그러나 면역체계와 그 신체적 환경 bodily environment 사이의 연결고리로 작용하는 송과선이나 다른 분비샘은 없다. 연결고리라는 바로 그 개념은 체계/환경 구별이 소용이 없어지는 개념이다. 데카르트적 정신-신체 이원론이 확실하게 해결할 수 없었던 것이 바로 이 연결고리의 문제였다.

체계이론은 면역체계가 신체 속에 특정한 자리가 없는 것처럼 정신도 자리가 없다고 — 심장에도, 뇌에도, 또는 신체의 다른 어떤 곳에도 자리가 없다고 — 주장한다. 정신은 가족 내에, 자신의 직업 내에, 자신의 종교 내에 혹은 사회 내의 그 어느 곳에서도 자리가 없다. 정신은 비록 그것이 인간의 정신적 체계로 인식된다고 할지라도 그 어떤 자리도 결코 없다. 그러나 정신은 환경 내에서만, 또는 더 적절한 용어를 사용한다면 수많은 다른 생물학적 체계 및 사회적 체계가 동시에 기능하는 맥락 내에서만 기능할 수 있다. 면역체계가 신체 속에 자리가 없다고 해서 그것이 신체적 환경 외부에 존재할 수 있다는 것을 의미하는 것은 아니다. 이는 비생물학적 체계인 정신의 경우에도 마찬가지이다. 정신의 자리 찾기는 데카르트가 예시한 것처럼 정신/신체 이원론적 전통에 내재한 기계론적 사이버네틱스가 만들어낸 환상이었다. 우리가 일단 이러한 전통과 급진적으로 단절한다면, 그 자리는 단지 키메라 chimera가 된다.

정신-신체 단순 이원론 대신에 체계이론은 동시에 작동하는 체계들로 구성되는 고도로 복잡한 다원주의를 제시하고 있다. 뇌조차 "하나one"의 체계가 아니다. 내가 알기에 전기적 기능, 호르몬 기능, 신경 기능, 화학적 기능, 혈액순환 기능, 세포 기능 등을 포함하여 뇌 활동을 구성하는 수많은 기능이 있다. 뇌는 여러 가지 체계 기능systemic functions을 가진 매우 복잡한 생물학적 체계 장치systemic arrangement이다. 뇌 전체와 정신 사이에는 그 어떤 연결고리도 없을 뿐만 아니라, 뇌 속에서 기능하는 특정한 생물학적 체계들 사이 혹은 그러한 특정한 체계들과 정신 사이를 이어주는 인식 가능한 "연결체nexi"도 없다.

우리의 정신은 신체적 환경과 사회적 환경 모두의 내부에서 작동한다. 언어 습득, 인지 발달, 감정적 활동 등은 모두 (뇌를 포함한) 우리의 신체 속에서 작동하는 것뿐만 아니라 우리의 사회적 경험들과도 수없이 많은 관계를 갖는다. 다시 한번 말하지만 사회 속에는 정신의 으뜸 자리가 없고 정신 속에도 사회의 으뜸 자리가 없다. 우리가 가족 내에서, 직장에서 혹은 돈과 관련하여 소통하는 방식이 우리의 정신 속으로 들어오게 하거나 그 반대로 작동하게 하는 송과선은 존재하지 않는다.

정신약리학적 약을 먹는 것이 우리의 신체에 영향을 미칠 수 있다. 그 약은 우리가 어떻게 생각하고 느껴야 하는지에 영향을 줄 것이며, 종국적으로는 우리가 사회 속에서 어떻게 말하고 무엇을 해야 하는지에 영향을 미칠 수 있다. 이와 마찬가지로 정신치료사와 소통하는 것도 우리가 어떻게 생각하고 느끼는지에 영향을 미칠 것이며, 그래서 우리의 신체와 뇌에 영향을 미칠 수 있을 것이다. 신체적, 사회적, 정신적 체계들은 동시에 기능하면서 서로를 위한 환경을 구성한다.

동시적으로 발생하는 체계/환경 관계의 복잡성과 다원성, 그리고 그들 사이의 기계적 연결고리의 부재를 고려할 때, 한 체계에서 발생하는 것이 다른 체계에서 발생하는 것에 영향을 미치는 것은 제한적이면서 동시에 무제한적이다. 영향은 인과적 연결고리의 부재를 고려할 때 그것이 정확하게 예측될 수 없다는 의미에서 제한적이다. 영향은 그것이 의도하지 않은 수많은 다른 체계에 후속 영향을 미칠 수도 있다는 의미에서 무제한적이다. 이른바 정신약리학적 약물 치료의 부작용에 늘 수반되는 문제들이 이를 설명해준다. "부작용side effects"이라는 개념은 어떤 약을 복용하면 신체(즉 뇌)를 통해 정신에 특정한 기계적 효과가 나타날 뿐만 아니라 단지 "부수적on the side"이라는 이유로 효과로 완전히 간주되지 않는 다른 덜 중심적인 효과도 나타날 것이라고 암시하기 때문에 오해의 소지가 있다. 그러나 중심적인 효과와 부작용 사이의 구별은 전적으로 임의적이면서 단순한 의미론적 제스처이다. 부작용은 중심적인 효과에 못지않은 효과이다. 예를 들어 컴퓨터 키보드의 경우 y 키를 반복해서 누르면 많은 y가 화면[모니터]에 나타나고, 시간이 경과함에 따라 키보드 위에 인쇄된 y는 점점 덜 보이게 된다. 이 경우 우리는 의도된 결과와 의도되지 않은 결과를 구별할 수 있을지 모르지만, 부작용과 중심적인 효과 사이를 구별하기는 힘들 것이다.

"중심적인" 효과와 "부"작용에 대한 예측이 늘 완전할 것이라는 (의약품 포장지를 순진하게 읽은 사람들이 끌어낸) 추론은 훨씬 더 문제가 많다. 정신약리학적 약물 치료의 기대 효과가 신체 안에서 발생했다 할지라도(뇌 속의 특정한 화학적 과정의 변화라고 말해두자) 이러한 신체 내의 기대 효과가 정신 속의 기대 효과(불안의 해소라고 말해두자)를 가져올지 예측하는 것은 매우 어렵다. 특히 종국적으로 신체의 한 체계 내의 효과(뇌의 화학작용)가 다른 신체적 기능(예를 들어 성적 행위능력)에 어떤 영향을 미칠지 예측하는 것은 훨씬 더 어렵다. 대개 미리 알려지지 않은 약물복용의 부작용은 일정 기간 규칙적으로 복용한 후에야 나타난다. 더욱이 약물의 정신적·신체적 효과가 결과적으로 그 사람의 사회생활에 어떤 영향을 미칠지를 예측하는 것은 불가능하다. 완화된 불안뿐만 아니라 약화된 성적 행위능력이 그 사람의 가족생활, 직업생활, 화폐 소비 태도에 어떤 영향을 미칠 것인가? 또 다른 체계/환경 관계의 차원을 덧붙이자면 약물복용과 동시에 그 사람의 삶의 다른 측면에서 일어나는 일은 완전히 통제할 수 없다. 환자는 아직 진단받지 않은 어떤 암을 가지고 있을지 모른다. 그는 독감에 걸릴 수도 있다. 세금이 오르거나 그의 자산 가치가 떨어질 수도 있다. 그가 감당할 수 없다고 느끼는 자리로 승진될 수도 있다. 사랑에 빠질 수도 있다. 두 주 동안 비가 안 올지도 모른다. 이러한 사건들 모두 약물복용 사건과 공명할 것이며, 그 반대도 마찬가지이다. 이는 그러한 약물을 복용하는 것이 아무런 영향을 미치지 않는다고, 혹은 악영향을 미칠 것이라고, 혹은 우리가 약을 먹지 말아야 한다고 말하는 것이 결코 아니다. 단지 약물복용이 데카르트적 송과선 메커니즘 모델과 유사한 방식으로 작용한다고 가정하는 것은 허구에 불과하다는 것을 말할 뿐이다. 인간의 신체는 자동차처럼 작동하지 않는다. 인간의 신체는 수없이 다양한 체계 영역에 걸쳐 있는 고도로 복잡한 체계/환경 연결 속에 배태되어 있다.

정신적, 신체적, 사회적 체계들(그리고 아마도 다른 체계들)은 루만의 말로 표현하면 인과적 연결을 철저히 단절하는 복잡한 체계-환경 관계 속으로 통합된다.[11] 따라서 엄격히 말하면 약을 복용하는 것이 무엇인가를 "야기하지 cause" 않는다. 루만의 용어로 말하면 약물복용은 무수한 신체적, 정신적 그리고 사회적 체계 과정을 "자극하거나" "동요시킨다". 이 모든 체계 과정은 부단히 상호 공명을 일으킨다. 세계는 그후에도 동일하게 유지되지 않고, 적어도 자극이나 동요의 효과로 그럴 가능성은 매우 낮다. 전통적인 인과성 개념은 체계-환경 관계와 연관시켜 볼 때 큰 문제를 야기한다. 당구 경기와 관련한 흄의 유명한 인과성 성찰과 다르지 않게,[12] 사회적 체계이론은 원인-그리고-결과 관계 cause-and-effect relation를 주로 귀속의 관점에서 본다. 원인과 결과는 객관적 범주

---

[11] SS, 19.
[12] 흄의 『인간 지성에 관한 탐구 An Inquiry Concerning Human Understanding』에서 "지성의 작용에 관한 회의적인 의심 Sceptical Doubts Concerning the Operations of the Understanding"이라는 제목이 붙은 제4장 1부를 보라.

가 아니라 체계의 구성물인데, 이 사실은 "부작용"이라는 의심스러운 관념과 연관시켜 보면 명백하다. 관찰된 원인과 결과는 다른 모든 관찰과 마찬가지로 관찰하는 체계와 그 체계의 관찰 수단에 달려 있다. 약물복용의 효과는 의사, 환자, 제약 회사, 의료보험 회사 등에 따라 다르게 관찰될 것이다. **정해진** 효과 같은 것은 결코 없다. 의사의 직업적 평판, 제약 회사의 대차대조표, 환자의 소화기관, 그의 정신 건강, 그의 아내의 성생활 등에 미치는 효과가 모두 효과이다. 그 효과가 무엇인가는 그 효과를 지각하는 다양한 체계가 갖추고 있는 관찰 능력에 달려 있다. 그 효과 가운데 어떤 것도 부작용과 대조적인 중심적인 효과나 적절한 효과로 분류될 수 없다. 그러한 귀속은 관찰자가 무엇을 중심적이고 주변적이라고 분류하느냐에 전적으로 달려 있다. 부작용은 근본 원인root causes처럼 의미론적 또는 이데올로기적 구성물이다.

의료 전문가들은 — 비즈니스 컨설턴트와 마찬가지로 — 아마도 자신들도 모르게 대부분의 학문적인 사회이론가나 철학자보다 훨씬 포스트 플라톤적이고 포스트 데카르트적이다. 정신-신체 이원론과 근본 원인을 믿는 대신에, 대개 약학 전문가들은 통계 발전에 힘입어 단순한 이원론적·인과적 모델을 포기했다. 더 나아가 그들은 그들이 전문적으로 다루는 것에 대해 통제력을 발휘할 수 있다는 믿음도 포기했다. 그 대신 그들은 **가능성**probabilities에 따라 작업한다. 북미에서 의사는 당신에게 특별 처방의 성공 가능성을 알려줄 것이다. 기상학자는 내일 강수 가능성을 알려줄 것이다. 기업 상담역은 당신에게 어떤 투자의 기대 수익을 알려줄 것이다. 이는 이러한 사람들이 은연중에 체계의 복잡성과 체계 사이의 인과적 연결고리의 부재를 수용하고 있음 — 그들이 어떤 바람직한 결과를 야기할 가능성, 즉 그들의 예상이 어느 정도 올바를 수 있는 가능성도 있지만 또한 그렇지 않을 가능성도 있다 — 을 의미한다. 이러한 사람들은 그들이 작업할 때 가지고 있는 가능성이 단지 개연성 있는 가능성일 뿐이라는 사실을 알고 있다. 이렇게 볼 때 루만의 이론은 아마도 오늘날 사회의 수많은 전문가가 우리 학자들과는 달리 더이상 읽을 필요조차 느끼지 않는 플라톤에 대한 마지막 각주가 될 것이다.

루만은 전통적인 정신-신체 삼중 이원론을 성공적으로 해체하였다. 첫째, 관념적 존재와 물질적 존재 사이의 존재론적 구분 대신에 최소한 세 가지 그리고 잠재적으로는 훨씬 더 많은 유형의 체계 기능 사이에 구별이 있다. 즉 심리적 체계, 생명 체계, 사회적 체계가 있다. 그것들은 세계를 위계적인 존재의 구조로 나누는 것이 아니라, 어떤 특별한 질서를 수반하지 않는 체계/환경 관계들의 복잡한 배열로 나눈다. 둘째, 두 가지 지식 유형 사이의 위계적인 인식론적 양분 대신에 관찰 유형들 사이의 분화가 있다. 체계들은 관찰하는 체계이며 자기 자신과 자신의 환경에 대한 지식이나 인식을 만들어낼 수 있는 고유한 내적 잠재력을 가지고 있다. 그 어떤 특권적 관찰 플랫폼도 없으며, 지식도 명료한 결론이나 예측에 도달할 수 있는 능력을 부여하지 못한다. 모든 관찰은 똑같이 그들의 작동적 양식에 의존하고 있다. 셋째, 관념적 가치와 물질적 가치 사이의 윤리적 구별과 그로부터 파생된 규범적 규정의 공식화는 체계이론에 존재하지 않는다. 체계이론은 적어도 루만의 형식에서는 무윤리적non-ethical이고 몰도덕적amoral이며 어떠한 종류의 체계에도 도덕적 수월성과 열등성을 부여하지 않는다. 예를 들어 체계이론은 지적인 것이 신체적인 것을 굴복시켜야 한다는 전통적인 도덕적 정언명령을 반복하지 않는다.

제6장
생태학적 진화:
사회 창조론에 대한 도전

비교적 덜 눈에 띄는 루만의 이론의 급진적 측면 중 하나는 진화론을 사회학에 적용한 것이다. 진화론이 최소한 북미 근본주의 개신교계의 외부에서 더이상 그다지 스캔들로 여겨지지 않는다는 사실을 고려하면, 이런 지적은 다소 이상하게 보일 수 있다. 생물학에 관해서도 마찬가지일 수 있지만 루만이 진화론을 사회 이론에 사용한 것은 내가 보기에 매우 도발적이다. 비록 루만이 사회진화론자도 아니며 허버트 스펜서와 거의 공통점을 갖고 있지 않더라도 루만의 진화론적 접근은 사회에 대한 지배적인 자유주의적·인간주의적 관점, 즉 기독교적 관념의 세속화된 계승자라고 역사적으로 이해되어왔던 관점과는 어울리지 않는다.[1] 루만의 이론은 다윈이 인간을 "만물의 영장crown of creation"이라고 간주했던 기독교적 관념을 무너뜨렸듯이 인간중심주의적 사회관을 급진적으로 파괴했다.[2] 따라서 루만의 급진적인 진화론적 사회관(포스

---

1   예를 들어 John Gray, *Straw Dogs: Thoughts On Humans And Other Animals*(London: Granta, 2002)를 보라.

트 다윈주의 진화생물학자인 움베르토 마투라나와 프란시스코 바렐라에 의해 결정적으로 형성됨)은 포스트 기독교적인 인간주의적 주류 사회이론의 관점에서 볼 때 다윈의 생물학이 과거에 그랬던 것만큼이나 공격적인 잠재력을 가지고 있다.

루만의 경우 진화는 체계-환경 관계의 복잡한 공진화로 등장한다. 다윈의 언어로 말하면 진화는 서로의 환경을 구성하는 종種들의 진화이다. 어떤 하나의 생태계는 중심적이거나 일반적인 조종 메커니즘이 없는 다양한 생명 체계의 공존을 지시한다. 생태계 내부에서는 모든 하위체계가 공진화한다. 하나의 하위체계에서의 변화는 호수 물의 산소 농도의 변화를 예로 들면 호수 속의 식물들을 "교란시키고perturbs" 그들의 진화적 변화를 촉발한다. 이는 또한 물고기의 진화적 변화를 촉발한다. 이러한 진화적 변화들은 다시 물의 화학적 성질에 영향을 미치고, 이런 식으로 계속된다. 이러한 모든 것은 동시적으로 발생한다. 공진화는 동시에 진화하는 다양한 체계 사이에 영원한 피드백 메커니즘이 있음을 의미한다. 변화가 변화를 촉발하고, 그것이 또 다른 변화를 촉발하고, 이런 식으로 계속된다.

그러한 기본적인 진화론 모델은 창조론의 핵심 관념, 즉 외부적이거나 최초의 창조 행위 혹은 (지적) 설계의 우선성과 모순된다. 공진화적 생태계는 자기 산출적이고 자기 포함적이며, 어떤 특

2 루만과 다윈에 관해서는 Geoffrey Winthrop-Young, "On a Species of Origin: Luhmann's Darwin", *Configurations* 11(2003): 305-349를 보라.

정한 아프리오리한 입력에 따라 설계되거나 그것에 기초하지 않는다. 진화론과 창조론의 차이는 한편으로는 내재론과 다른 한편으로는 초월론 및 선험론 사이의 차이와 유사하다. 오늘날 사회이론들은 더이상 초월적이지 않고 통상 사회현상의 신성한 기원에 관해 말하지도 않지만, 종종 칸트의 용어로 말하면 **선험**론이기도 하며, 따라서 소위 일종의 세속적 사회 창조론social creationism을 표상하기도 한다.

불행하게도 영어권 학술어에서는 **초월적**transcendent과 **선험적**transcendental 사이의 근본적인 칸트적 구별이 대개 무시되며, "초월적"과 "선험적"이란 용어는 종종 동의어나 서로 교환할 수 있는 용어로 사용된다. 하지만 칸트는 자신의 철학을 그 이전의 초월적 형이상학과 구별하기 위해 특별히 **선험적**이라는 용어를 사용했다. 그에게 **초월적**은 "경험 너머beyond experience"를 의미한 반면에(예를 들어 신은 초월적이다), **선험적**은 특정한 (혹은 불특정한) "경험의 가능 조건condition of the possibility of experience"이라는 의미에서 경험에 선행하는 모든 것을 지시한다. **선험적**은 이러한 의미에서 아프리오리한 것, 즉 다시 말하면 경험적인 어떤 것에 우선하는 혹은 "오염되지 않은pure of" 것이다. 대부분의 현대사회이론은 비록 확실히 초월적인 것은 아니지만 후기 칸트적 의미에서 여전히 선험적 사회이론이다. 이처럼 대부분의 현대사회이론은 근원적으로 내재적이며 어떤 아프리오리한 사회적 원리의 여지도 남겨두지 않는 급진적 사회 진화 이론과 여전히 본질적으로 양립할 수 없다.

홉스, 루소, 하버마스 그리고 롤즈 등의 사회이론과 같은 현대

사회이론들은 "선험적"이라고 말할 수 있다. 그들은 최소한 가설적으로 사회가 어떤 종류의 아프리오리한 메커니즘이나 계약, 이성에의 위임, 공정성의 규정과 같은 사회 내부의 합의 위에서 성립되고 있거나 성립되어야 한다고 생각한다. 사회는, 그 자체로 사회적이지 않지만 사회가 잘 기능하기 위한 아프리오리한 조건인 어떤 것에 접근할 수 있다고 가정된다. 이러한 모델들에 따르면 사회는 특정한 원리를 잘 고수한다면 적절하게 작동할 수 있다. 사람들은 통상 이러한 원리들을 시민사회적 원리, 즉 특히 인간의 본성, 자유의지, 인간의 합리성, 인간의 권리 등과 같은 인간적 특징과 관련되어 있는 것으로 믿어왔다. 이런 방식으로 볼 때 이 선험적 사회이론들은 본질적으로 인간주의적일 뿐만 아니라, 더 정확하게는 인간중심주의적이다. 다윈의 진화론과 마찬가지로 루만의 사회이론은 그렇지 않다.

창조론과 진화 이론 사이의 한 가지 뿌리 깊은 차이는 계획plan 관념이다. 창조는 무작위적이거나 비자발적이지involuntary 않다. 창조는 의도성intentionality을 내포하고 있다. 창조는 행동과 행위체를 포함하고 있다. 이 행위체는 초월적이거나 선험적일 수 있다. 초월적인 경우 행위자agent는 신성divine nature, 즉 신이며, 선험적인 경우 행위체는 현세적인 것이다. 그러나 진화 이론은 성스러운 행위체뿐만 아니라 세속적인 행위체도 부정한다. 하나의 생태계는 의도적으로 진화하지 않는다. 그 생태계는 신의 의지를 실행하지도 않고 심지어 자기 자신을 어떻게 발전시켜야 할지를 자유롭게 결정하지도 않는다. 루만의 사회이론은 정확히 이 맥락에서 하버마스에 의해 "메타 생물학적"[3]이라고 비판받았다. 왜냐하면 루만의 사회이론은 초월적인 것뿐만 아니라 선험적 행위체와 의도성도 부정한다는 점에서 진화생물학을 따르고 있기 때문이다. 이것이 바로 19세기 생물학의 맥락 속에서 다윈의 이론이 그랬던 것처럼 오늘날 사회이론에서 루만이 스캔들이 되는 이유이다. 인간들은 더이상 그들 자신의 독자적 발전을 꾀할 수 없을 뿐만 아니라 고도로 복잡한 체계-환경 복합체 내의 한 요소일 뿐이다. 진화를 진지하게 여기는 것은 환경 관념을 진지하게 고려한다는 것이고, 따라서 의도성, 계획, 자유의지와 같은 개념을 경시하게 됨을 의미한다. 후기 칸트적인 초월적이고 인간중심주의적인 사회이론들 가운데 어느 것도 특권을 가진 종에게 설계 및 행위 능력을 부여하는 한 진실로 생태학적일 수 없다.

전통적인 선험적 사회이론들은 루만의 사회이론과 같은 급진적으로 생태학적이고 진화론적인 사회이론과 양립할 수 없다. 하버마스와 같은 많은 진보적이고 어느 정도 (최소한 그들의 관점에서) 좌파적인 사회이론가가 지배의 구조를 제거하는 비위계적이거나 평등한 사회관을 제안하기 위해 애를 많이 썼지만, 그들을 비중심주의적 사상가로 분류할 수는 없다. 이러한 이론가들은 전형적으로 사회에 있어서 정치의 (또는 경제의 또는 둘 다의) 중심적 역할을 확신하고 있다. 만약 사회가 후기 칸트적 의미에서 자신의 미래를

[3] Jürgen Habermas, *The Philosophical Discourse of Modernity: Twelve Lectures*, trans. Frederick Lawrence (Cambridge, Mass.: MIT Press, 1987), 372. 하버마스의 이 조어에 대한 보다 자세한 논의에 대해서는 이 책 제3장을 보라.

합리적으로 결정하려고 한다면, 거기에는 이러한 발전을 지도할 중앙 계획 기관central planning agency이 있어야 할 것이다. 하버마스의 경우처럼 이러한 기관은 민주적이라고, 즉 집합적이고, 비억압적이며, 비권위적이라고 가정될 수 있지만, 그럼에도 불구하고 일종의 사회적 중심성을 가져야 한다. 이러한 기관은 사회가 올바른 방향으로 발전한다는 것을 보장해주기 위해 법, 경제, 교육, 종교 등 위에 군림하고 있음이 틀림없다. 진화론적 이론가인 루만은 그러한 중심주의적 전망에 반대한다. 그 대신 루만은 "중심이 없이 지각된 세계와 사회 속에서 다중심적(따라서 다맥락적) 이론을 발전시킨다."[4]

생태계는 중심이 없다. 진화는 그 어떤 하위체계에 의해 주어진 유도선이나 지시를 따르는 것이 아니다. 하위체계들은 각각의 체계가 진화의 방향을 결정하는 데 기여할 권리가 있다는 의미에서 평등하지도 않고 민주적이지도 않다. 각각의 하위체계들은 생존을 위해 경쟁하며, 그들 중 대부분이 자신의 미래나 전체의 미래를 계획할 수 없기 때문에 종국적으로는 해체되어 사라질 것이다. 진화 과정에는 어떤 체계가 호소할 수 있는, 또는 예를 들어 자신의 멸종이 부당하거나 불공정하거나 비합리적이라고 불평할 수 있는 본래적인 제도institution가 존재하지 않는다. 진화를 진지하게 여기는 사회이론은 그런 제도가 아직 존재하지 않거나 완벽하지 않더라도 최소한 그것을 열망해야 한다고 생각하는 사회이론

---

[4] SS, li.

가들을 실망시킬 뿐만 아니라 불쾌하게 만들 가능성이 높다. 하지만 진화 이론은 그러한 열망을 허용하지 않는다.

계몽주의에 근원을 둔 근대사회이론은 사회가 두 가지 의미에서 자신을 자세히 설명할 수 있기를 희망한다. 사회는 자신을 더 명료하게 관찰하고 최소한 잠재적으로 어느 정도 완전한 자기 이해를 얻을 수 있는 능력을 가지고 있으며, 그리고 스스로를 더 영리하게 만드는 방향, 즉 도덕적이거나 실용적인 방식에서, 또는 둘 다에서 더 행복하고 보다 낫게 만드는 방향으로 작동할 수 있는 것이다. 어떤 의미에서 진화 이론은 반계몽주의 이론이다. 왜냐하면 진화 이론은 이론적으로는 이 두 가지의 성취를 모두 배제하기 때문이다. 철저히 내재적인 생태계도 그것이 생물학적이든 정신적이든 사회적이든 상관없이 그 자신의 전등 스위치light switch를 포함하고 있지 않다. 루만이 반복해서 지적했듯이 관찰하는 체계는 역설적이게도 자신이 볼 수 없는 것만 ― 그리고 다른 사람들이 볼 수 없는 것만 ― 관찰할 수 있다. 그것은 다른 체계들의 맹점을 찾아내고 그렇게 함으로써 자신의 체계에 대해 어느 정도의 결론을 도출할 수 있다. 완벽한 조명은 이론적으로 불가능하다. 빛과 어둠은 은유적으로 말하면 (그리고 도교에 넌지시 빗대어서) 진화적 맥락 속에서 서로를 구성한다. 무엇인가를 본다는 바로 그 조건이야말로 전체를 볼 수 없게 하는 것이다. 관찰할 수 있는 능력은 역설적이게도 관찰의 한계, 따라서 관찰의 무능력을 함축한다.

진화와 동행하는 부분적 맹점은 또한 어떤 특정한 윤리적·실용적 맹점을 암시한다. 모든 것을 보는 것이 불가능하기 때문에 모두에게 좋은 것을 본다는 것도 또한 불가능하다. 스스로를 알지 못하고 그래서 스스로의 미래도 알지 못하는 생태계는 또한 자신이 궁극적으로 희망하는 것이 무엇인지를 알지 못한다. 오늘날의 종species은 미래의 종에게 무엇이 좋은지 어떻게 알 수 있을까? 다윈의 이론에 따르면 한 종에게 밝은 미래는 다른 종에게는 암울한 미래를 암시한다. 그러한 시각을 사회이론에 응용하는 것은 자기 계몽self-illumination 사회라는 계몽주의적 전망을 공유하는 사회학자들이나 철학자들에게는 매우 당혹스러운 일임에 틀림없다.

자기 계몽 프로그램과 직접 연결되어 있는 주요 계몽주의 서사는 발전에 대한 믿음이다.[5] 인간의 자기 계몽의 과정으로서 계몽주의는 인지적으로도 실천적으로도 반드시 발전을 목표로 한다. 자연과학은 우리에게 더 많은 지식을 제공하며, 새로운 기술들은 우리의 역량과 생산성을 향상시키며, 마침내 우리의 물질적 웰빙을 증가시킨다. 사회과학은 사회공학의 전문성을 제공하여 우리가 정치적·경제적 삶을 합리화하고 최적화할 수 있도록 할 것이라고 기대를 받았다. 교육은 결과적으로 — 저 유명한 칸트적 표현을 사용하면 — 우리가 "자초한 미성숙self-inflicted immaturity"으로부터 우리를 구제할 수 있는 수단으로 간주되었다. 이어서 헤겔, 맑스 그리고 프랑스 실증주의자들(콩트와 다른 사람들)과 같은 사상가들은 빛을 향한 역사적 행진 — 인류가 더 큰 자기실현을 향해 나아가는 필연적인 진보 — 에 대한 19세기의 위대한 서술들을 내

---

5   *Straw Dogs*에서 존 그레이가 이 서사를 해체하고 있는 것을 보라.

놓았다. 여기서 이 용어[자기실현]는 이중적 의미, 즉 인식론적 의미와 존재론적 의미를 모두 지닌다.

19세기는 역사주의historicism의 세기로 불려왔다. 이는 삶의 내재적 역사성과 역동성을 지시할 뿐만 아니라 역사과학의 가능성에 대한 믿음을 지시한다.[6] 마침내 역사는 그것을 만든 사람에 의해 이해될 수 있다. 아마도 맑스는 과거에 사회발전을 구성하거나 실제로 수행했던 사람들에게는 알려지지 않았던, 사회발전을 형성해온 역사법칙들을 규정하려고 시도했던 대표적인 예일 것이다. 역사적 운동에 대한 적절한 분석을 통해 인류는 단순히 수동적으로 역사를 통과하는 것이 아니라 실제로 역사를 만들어낼 수 있을 것이라고 믿었다. 역사를 단순히 해석하는 대신에, 역사적으로 정통한 사회과학은 우리가 역사에 단순히 종속되는 것이 아니라 변화를 만들어낼 수 있게 해줄 것이라고 믿은 것이다. 이러한 의미에서 맑스에게 있어서 해방은 또한 다음과 같은 역사적 해방을 의미했다. 인류는 역사에 의해 결정되고 지배받는 것이 아니라 이제 역사를 결정하고 역사를 지배하게 될 것이다. 진보는 더 나은 상태로의 발전을 의미할 뿐만 아니라 더 중요하게는 자의식적 운동self-conscious motion을 의미했다. 따라서 진보는 우리의 의지에 의해 그리고 우리가 미리 설정한 방향으로 계획적이고 능동적으로 전진하는 것을 의미했다.

---

[6] 역사 대 진화에 관한 루만의 개념적 논의에 관해서는 "Evolution und Geschichte[진화와 역사]" in GG, 569-576을 보라.

역사적 진보라는 계몽주의적 서사는 곧 의문시되었다. 니체는 역사를 계보학으로 대체했다. 니체뿐만 아니라 그의 영향을 많이 받은 20세기의 주요 이론가들(특히 프로이트와 푸코를 떠올릴 수 있다)은 진보 관념에 대해 덜 낙관적이었다. 한편으로 이러한 사상가들은 헤겔이 간결하게 표현했듯이 현재의 우리는 과거에 우리였던 것의 결과라는 관념 — **존재는 과거에 있었던 것이다**Wesen ist, was gewesen ist — 을 충분히 인정했다.7 다른 한편 그들은 역사의 과정을 합리적으로 발전시킬 수 있다는 가능성에 대한 믿음을 공유하지 않았다. 간단히 말하면 계보학은 진보를 뺀 역사로 규정될 수 있다. 우리의 유산을 이해하는 것이 우리가 그것을 변혁시킬 수 있고 그것을 통제할 수 있다는 것을 반드시 의미하는 것은 아니다. 유전공학은 사실상 계보학적 관점에서 볼 때 사회공학을 하려는 시도만큼이나 헛된 것으로 판명될 수 있다. 유전자 조작 식품이 실제로 얼마나 **개선되었는지**improved 매우 의심스러운 것처럼 역사적 지식을 사회 진보로 전환하는 실험이 얼마나 많은 개선을 가져왔는지도 의심스럽다.

이러한 의미에서 볼 때 루만의 사회 진화 이론은 19세기의 역사주의 사회이론뿐만 아니라 다윈의 생물학적 진화론과도 근본적으로 다르다. 동시대의 역사주의자들과 동일선상에 있던 다윈에

---

7 Wesen과 gewesen을 갖고 하는 말장난은 영어로 옮길 수 없다. 문자 그대로 하면 이 문장은 다음을 의미한다. 존재(Wesen)는 존재했던 것(gewesen)이다.

게 있어서 생물학적 진화는 진보의 이야기였다. 진화는 "적자생존"을 의미했으며, 적자가 된다는 것은 오늘날의 대중적인 용례로 표현하면 좋음 혹은 최소한 부적합한 것보다는 더 나음을 함의하고 있었다. 이와 마찬가지로 자연선택도 더 나쁜 것보다는 더 좋은 것의 선택을 의미했다. 다윈은 시간의 흐름에 따라 생명 유기체를 완성해나가는 "인간의 미미한 효과들man's feeble efforts"과 비교해볼 때 자연선택이 얼마나 "압도적 우성immeasurably superior"인지를 분명하게 지적했다.[8] 이러한 사실은 다윈에게 자연이 말하자면 인간 말 육종가breeders보다 생물학적 진보를 가져오는 데 훨씬 더 연관되어 있다는 것을 의미했다. 선택을 통한 진보에의 강조점을 고려할 때 허버트 스펜서의 사회이론은 "사회진화론"이라고 불리는 것이 적절하다. 왜냐하면 그의 이론은 진화를 진보로, 즉 더 나은 것을 지향하는 발전으로 인식하고 있기 때문이다.

이러한 의미에서 루만은 사회진화론자가 **아니다**. 루만의 경우 사회 진화란, 포스트 다윈주의 생물학자들에게 있어서의 생물학적 진화처럼, 사회적 진보와 자동적으로 등치되는 것이 아니다.[9] 기능적 분화가 사회 진화의 결과이지만, 그것이 계층적 분화나 분절적 분화보다 대체로 "더 나은" 것은 아니다. 진화는 목적론적인 것이 아니다. 진화의 부분적 맹목성으로 인해 진화는 목적을 가질

---

8 Charles Darwin, *The Origin of Species* (Oxford: Oxford University Press, 1996), 51.
9 생물학적인 진화 발전과 사회적인 진화 발전을 등치한 가장 악명 높은 예는 나치 이데올로기이다. 이 장의 끝에 있는 나의 논평을 보라.

수 없다. 더욱이 (예를 들어 맑스의 경우 공산당을 전위로 하는 프롤레타리아트와 같은) 중심 세력 혹은 사회적 발전 요소가 부재하므로 역사의 특수한 과정을 예측하는 것은 불가능하다.

포스트 다윈주의의 생태학적 진화 이론은 생물학에서뿐만 아니라 사회학에서도 역사주의적이기보다는 계보학적이다.[10] 그것은 자신의 "유전자", 즉 자신의 고유한 유산을 이해하려고 하며, 진보의 계몽주의적 서사를 계승하지 않는다. 그것은 각 종들의 장점에 따라 종들을 과학적으로 평가하려고 하지 않으며 사회적 체계들이나 사회구조들을 서열화하지 않는다. 이는 모든 생물학적 혹은 사회적 체계의 평등성에 대한 가정을 의미하는 것이 아니라 가치판단에 기초한 서사를 구성하지 않는다는 것을 의미한다. 가치판단을 하지 않는다는 것은 또한 모든 체계가 동등하게 타당하다고 선언하지 않는다는 것을 의미하기도 한다.

포스트 다윈주의의 생태학적 진화 이론의 경우 그것이 생물학적이든 사회학적이든 발전은 필연적이기보다 우연적이다.[11] 그러나 우연성은 애매한 단어이다. 우연성은 다른 대안이 동등하게 가능함에도 불구하고 존재하게 됨을 의미하며, 의존적이란 의미에서 기존 조건들의 결과로서 존재하게 됨을 의미한다. 그것은 한편으로는 위계적 질서를 가지지 않는 복수의 선택지들이나 대안들

---

10 내가 아는 한 루만은 "계보학"이라는 용어를 자신의 이론적 용어의 구성 요소로 전혀 사용하지 않는다.
11 이 책의 제4장을 보라.

의 공존을 의미하며 다른 한편으로는 현재의 것과 과거에 존재했던 것 사이의 비임의적 관계nonarbitrary connection를 의미한다. 말이 존재한다는 사실은 언제든지 진화 가능성이 매우 다양하다는 점을 고려할 때, 다른 종의 등장이나 말 종의 멸종이 동등하게 고려될 수 있다는 의미에서 생물학적 진화의 우연적 결과이다. 그러나 그것은 또한 말 종의 현존이 실제로 발생한 매우 특정한 진화적 발전에 이르기까지 계보학적으로 추적될 수 있다는 것을 의미한다. 루만은 진화를 통해 실제로 존재하게 된 모든 것이 그 대신에 일어났을 수도 있는 무수한 발전들을 고려할 때 얼마나 발생 가능성이 낮은가를 종종 강조한다. 이렇게 하는 것은 진화한 모든 것이 진화 속에서 했던 중요한 역할 가운데 그 어떤 것도 배제하지 않는다. 말들이 존재하게 된 것이 진화론적으로 필연적인 것은 아니다. 지금 말들이 존재하기 때문에 그 말들이 후속 진화적 발전에 영향을 끼치며, 바로 그것 때문에 진화 가능성들을 제한한다. 주식과 채권 같은 어떤 것이 사회적 현실 속에 존재한다는 사실이 역사적으로 필연적인 것은 아니다. 그러나 지금 주식과 채권이 존재하기 때문에 후속 경제적 진화와 사회적 진화는 그 주식과 채권에 의해 조건 지어진다.

루만의 생태학적 계보학은 역사의식을 비교조주의적 다원주의와 결합한다. 진화적 맥락 속에서 우연성이란 관념은 역사적 유산과 미래의 개방성을 동시에 긍정한다. 그것은 실제적인 것의 유관성에 대한 확신을 의미할 뿐만 아니라 그 우연적 특징의 인정을 동시에 의미한다. 모든 것은 다르게도 발생할 수 있었겠지만, 주사위는 던져졌기 때문에 다시 돌아갈 수는 없다. 그리고 미래의 선택지들은 지금 있는 것에 의해 결코 미리 결정되지는 않겠지만 상대적으로 제한된다.

역사주의 진보 이론가들은 진화론적 계보학자들과 달리 세속적 창조론에 대한 몇 가지 목적론적 환상을 공유하고 있다. 만약 최소한 잠재적일지라도 역사의 과정에 대한 어떤 계획이 있다면, 그리고 우리가 이 과정을 알고, 안내하고, 혹은 최소한 가속화할 수 있다면 급진적 우연성은 결코 수용될 수 없을 것이다. 창조론자와 역사주의자에게 있어서 역사의 과정은 단지 우연적인 의미가 아니라 구체적이고 필연적인 의미를 갖는다.[12] 역사가 의미를 갖는다는 것은 역사를 관통하는 어떤 실마리가 있다는 사실, 역사가 어느 정도 계획대로 전개될 것이란 사실 그리고 역사가 뚜렷한 설계를 가지고 있어서 어디론가로 귀결되도록 결정되어 있다는 사실 등을 말하는 것이다. 진화론적 계보학도 진화가 의미를 만든다는 것을 인지하거나 관찰하기는 하지만, 이러한 의미 구성은 내재적인 진화적 구성물이며 지속적인 갱신의 역동적 과정이다.

계보학적 진화 과정이라는 관점에서 볼 때 발전은 아프리오리한 것도 아니고 목적론적으로 결정된 것도 아니다. 어떤 것은 뜻meaning을 **가지는**has 반면에, "뜻"이라는 용어의 언어학적 대안으

---

[12] 루만의 의미 개념에 대해서는 Hans-Georg Moeller, *Luhmann Explained: From Souls to Systems* (Chicago: Open Court, 2006), 225의 용어사전 목록을 보라. 루만은 원래 후설에게서 그 개념을 끌어와 그것을 가능성 지평 속에서의 (우연적) 현실성으로 정의했다.

로서 "의미 sense"는 **만들어지는** made 것이다[이하에서는 원서의 sense 는 '의미'로, meaning은 '뜻'으로 옮긴다]. 복잡한 체계-환경 관계로 구성되는 생태계 속에서 의미는 단수형이 아니다. 체계는 어떤 **하나의** a 뜻을 가지고 있는 것도 아니고, 어떤 방향을 추구하는 어떠한 의도를 가지고 있는 것도 아니다. 어떤 하나의 종에게 의미 있는 것이 다른 종에게도 반드시 의미 있는 것은 아니며, 어떤 하나의 종이나 생물학적 체계가 가지는 진화의 방향이 그 환경 속에 있는 다른 종이나 다른 체계의 방향과 일치하는 것도 아니다. 예를 들어 인간들은 현세기에 들어와서 평균적으로 키가 꽤 많이 커졌다. 그러나 이것이 다른 종들도 마찬가지로 키가 더 커졌다거나 그 진화가 일반적으로 키에 맞추어져 있다는 것을 함축하는 것은 아니다. 그럼에도 불구하고 나는 인간의 키가 커짐에 따라 인간의 신체 내부의 여러 가지 하위체계가 교란되고 생물학자들이 추적하고 이해할 수 있는 특정 진화적 발전이 촉발되어왔을 것이라 확신한다. 키가 더 커졌다는 것의 일반적인 뜻(예를 들어 완전한 인간의 키에 접근하는 것)은 없지만, 이러한 변화로 말미암아 생물학자들은 인간의 신체 속의 수많은 진화적 변화(예를 들어 근육 체계의 변화)를 이해할 수 있다. 심지어 이러한 변화를 계기로 사회학자들은 더 긴 침대의 생산과 같은 사회학적 변화가 어떻게 발생했는지를 설명할 수도 있다. 사회적 체계이론가는 가구 크기가 점점 더 다양해지는 것을 이해할 수 있지만, 이러한 변화의 뜻을 맑스주의자들은 지속적으로 팽창하는 자본주의경제 속에서 찾을 것이고, 자유주의자들은 그것을 소비자들의 선택의 자유의 지표로 간주할 것이다.

역사적 진보의 궤적을 정의하려는 전통적 역사주의자들의 시도는 진화론적 관점에서 볼 때 인간 키의 "진보progress"의 궤적을 정의하려는 생물학적 시도와 비슷하다. 생물학적으로 볼 때 인간의 키가 커지는 것을 진화적 목표를 향한 진전으로 간주하는 일은 드물다. 인간 생명의 생물학적 발달을 향상시키고 정화한다는 생각은 사실상 20세기 유럽에서 악명 높게 행해진 사회생물학적 실험들 가운데 하나였다. 그러한 생명 정치적 프로젝트는 결코 포스트 다윈주의의 생태학적 진화관과 양립할 수 없다. 생태학적 진화 이론은 바람직한 것과 그렇지 않은 것에 대한 평가를 피한다. 생태학적 진화 이론은 발전 방향을 규정하려고 하지도 않으며, 진화가 어떻게 지향해나가야 한다고 충고하려고 하지도 않는다. 계몽주의적 관점에서 볼 때 이러한 태도는 참여의 부족으로 비판받을지 모르지만, 지금까지 생물학적 진화나 사회학적 진화가 각각의 목표에 조금 더 빨리 도달할 수 있도록 돕기 위한 시도의 구체적 결과에 문제가 없었던 것은 아니다.

만약 어떤 사람이 하버마스처럼 루만의 사회이론이 "메타 생물학적"이라고 꼬리표를 붙인다면, 오해를 피하기 위해서는 이것이 "메타 진화론"을 뜻하지 "메타 행동주의"를 뜻하는 것은 아니라는 사실이 추가되어야 할 것이다. 하버마스와 같은 사회이론가들은 미완의 "계몽의 기획"과 그 세속화된 창조론적 이상 위에서 작업을 하는 반면, 루만은 그와는 근본적으로 다른 패러다임, 즉 생태학적 진화 패러다임에 동의한다.

제7장
포스트모던 실재론으로서 구성주의:
차이의 가르침

루만이 스스로를 묘사하는 수많은 급진주의 가운데 급진적 구성주의가 있다.[1] 학문적으로 말하면 그 묘사는 루만의 많은 급진주의 가운데에서도 덜 논쟁적이다. 왜냐하면 급진적 구성주의는 루만 이전에도 다른 사람들에 의해 기꺼이 수용되었기 때문이다.[2] 루만은 "구성주의" 개념의 이러한 다소 불필요한 확장을 희화화했

---

[1] GG, 35.
[2] 구성주의적 인식론의 대표적 선집은 *Die erfundene Wirklichkeit: Wie wissen wir, was wir zu wissen glauben? Beiträge zum Konstruktivismus*[구성된 실재: 우리가 안다고 믿는 것을 우리는 어떻게 아는가? 구성주의에 대한 논집], ed. Paul Watzlawick(Munich: Piper, 1981)이다. 이 책은 파울 바츨라빅과 에른스트 폰 글라저스펠트Ernst von Glasersfeld, 하인츠 폰 푀르스터Heinz von Foerster, 프란시스코 바렐라 등의 글을 포함하고 있다. "급진적 구성주의"라는 명시적인 명명은 (내가 알기로는) *Der Diskurs des radikalen Konstruktivismus*[급진적 구성주의 담론], ed. Siegfried J. Schmidt(Frankfurt/Main: Suhrkamp, 1987) 같은 출판물을 통해 독일 학계에서 널리 알려지게 되었다. 루만은 — 그의 빈번한 인용에서 알 수 있듯이 — 폰 글라저스펠트, 폰 푀르스터, 바렐라 같은 초기 구성주의자들에게 많은 빚을 졌다고 느꼈던 것 같지만, 슈미트가 편집한 책에서 표현된 최근의 보다 "유행하는" 구성주의의 발전을 완전히 받아들이지는 않았던 것 같다.

다. 일단 급진주의가 하나의 유행이 되면 그것은 더이상 특별히 급진적이지 않게 된다는 점을 고려할 때, 아마도 루만은 자기 스스로를 하나의 추세와 연결시키는 것을 불편하게 느꼈기 때문에 그러한 확장을 "인식론의 최신 유행"이라고 불렀다.[3] 루만은 상대적으로 확정되어 있어서 더이상 급진적이지 않은 어떤 특정한 지적 움직임으로부터 수사학적으로 거리를 둠으로써 그 자신의 급진주의를 역설적으로 강조하고 싶어했음이 분명하다. 그는 아이러니한 방법으로 급진적 구성주의를 채택함으로써 자신의 고유한 급진적 독창성을 구출하려고 했을 것이다. 루만의 구성주의를 급진적으로 만드는 것은 일종의 자기 극복을 수행할 수 있는 그[루만의 구성주의] 능력이다. 결국 루만의 구성주의는 매우 급진적이어서 그것은 동시에 실재론으로 판명되고 있다. 간단히 말해 루만의 구성주의는 구성이 구성하는 것이 실재라고, 혹은 반대로 실재는 구성이 구성할 수 있는 것이라고 말한다. 실재론과 구성주의는 서로 반대되는 것이 아니라 서로를 함축한다. 그들의 차이는 사라지고 그들은 양립이 가능하다.

그렇다면 그러한 양립은 어떻게 가능한가? 구성주의는 이 주제에 관한 루만의 가장 중요한 논문의 제목인 「구성으로서의 인식」에서 명쾌하게 암시된 것처럼 루만에게는 인식론이지 결코 존재론이 아니다. 다른 한편 실재론은 구성주의적 인식론과 평화롭

---

[3] Cognition, 241. 우리는 이 논문을 루만의 급진적(인식론적) 구성주의를 그가 계획적으로 설명한 것으로 읽을 수 있다.

게 공존할 수 있는 존재론이다. 루만의 급진적 구성주의가 실재론적 존재론을 방해하지 않는다는 것은 "**체계가 있다**Es gibt Systeme"라는 루만의 언명에서 분명하게 드러난다.[4] 이 언명은 사회적 체계이론의 가장 중요한 공리 가운데 하나이다. 이러한 공리에도 불구하고 루만은 그의 이론의 존재론적 차원을 강조하는 데 관심을 기울이기보다는 자신의 인지 이론에 초점을 맞추고 있다. 실제로 루만은 존재와 비존재 사이의 이론적 구별이라는 의미에서 존재론이 이미 낡아버렸으며 더이상 우선적 중요성을 가지지 않는다고 믿고 있다.[5]

구유럽적 존재론 개념에 대한 루만의 용어상의 혐오감에도 불구하고 "체계가 있다"는 진술은 연구의 과학적 혹은 이론적 대상과 사실(독일어로 Sachverhalte)을 언급하는 한 존재론적 진술이라고 말할 수 있을 것이다.[6] 초기 비트겐슈타인[7]과 거의 동일한 용어로 루만은 실재, 즉 **존재하는**is 것을 **사실인**is the case 것으로 규정한다. 그러므로 루만의 존재론은 "사실인 것being the case"으로 관찰된

---

[4] SS, 2.
[5] "존재론"에 관해서는 GG, 893-912를 보라. 그곳에서 루만은 근대 이론에서 "존재론적 형이상학의 완벽한 몰락"을 진단하고 있다.
[6] SS, 2.
[7] 비트겐슈타인의 *Tractatus Logico Philosophicus*[논리 철학 논고], 1: "Die Welt ist alles, was der Fall ist(세계는 일어나는 일의 모든 것이다. 나의 번역)"과 2: "Was der Fall ist, die Tatsache, ist das Bestehen von *Sachverhalten*(사실인 것 ― 실제 존재하는 것the actuality ― 은 사실들의 존재이다. 나의 번역과 나의 강조)"을 보라.

것의 실재론적 존재론이다. 구성주의는 관찰을 가능하게 하는 메커니즘에 대한 인식론적 분석을 제공하는데, 그 관찰이 실재를 구성한다. 따라서 구성주의는 칸트적 용어로 표현하면 실재의 "가능성의 **조건들**conditions of the possibility"을 기술하고 있으며, 이런 식으로 이론적으로 존재론에 우선한다. 루만에게 있어서 이론적으로 가장 흥미로웠던 것은 존재하지 않은 것으로부터 존재하는 것을 존재론적으로 구분하는 것이 아니라 무엇보다 먼저 그러한 존재론적 구별을 만드는 인식론적 기초를 밝히는 것이었다.

그럼에도 불구하고 이러한 맥락에서 볼 때 칸트(그리고 헤겔)와 달리 루만은 관념론자가 **아니다**.[8] 루만에게 인지는 의식과 동일한 것이 아니다. 루만의 인식론은 기능주의적이다. 그것은 인지할 수 있거나 없는 실체와 아무런 관련이 없다. 다시 말하면 정신적 혹은 영적 체계만이 관찰할 수 있는 능력을 가지고 있는 것은 아니다. 생명 체계들과 사회적 체계들도 관찰 체계이며, 정신적, 생물학적, 소통적 과정 외에도 훨씬 더 많은 관찰 양식이 있다. 실재는 관찰의 결과이지만 관찰은 **실체적으로**substantially 규정되지 않는다. (독일) 관념론자들의 경우 인식론은 궁극적으로 어떤 실체, 즉 칸트의 『비판』에서는 **이성**, 헤겔의 『현상학』에서는 **정신**과 **의식**에 대한 탐구였다.[9] 루만의 인식론은 그러한 "관념적ideal" 구상에 기초를

---

[8] 루만과 독일 관념론자들 사이의 관계에 대해서는 이 책 제4장을 보라.
[9] 더 급진적인 구성주의에 대한 칸트의 "철회"를 루만이 분명하게 거절한 것에 대해서는 Hans-Georg Moeller, *Luhmann Explained: From Souls to Systems* (Chicago: Open Court, 2006), 241-260에 실린 「구성으로서의 인식Cognition as

두고 있지 않다. 루만의 존재론은 자신의 인식론의 산물로 기술될 수 있는 반면에, 관념론자들의 인식론은 그들의 존재론의 산물로 기술될 수 있다.

루만이 자신의 일반이론을 최종적으로 개관하기 위해 선택한 제목, 즉『사회의 사회』는 다음과 같은 스피노자의『에티카』의 '1부, 정리 2'의 내용과 일맥상통한다. "그 밖의 다른 무엇인가를 통해 인식되지 않는 것은 그 자체를 통해 인식되어야 한다."[10] 나는 루만이 이 문장을 구성주의적 인식론의 선언으로 읽었을 가능성이 높다고 생각한다. 실재에 대한 초월적 혹은 선험적 접근의 부재를 고려하면 실재적인 모든 것은 구성적 자기 구상constructive self-conception에 달려 있다. 위로부터 주어진 실재도 없고, 실재를 산출하는 그 어떤 아프리오리한 메커니즘도 없다. 스피노자의 이론과 마찬가지로 루만의 이론도 급진적 내재론의 하나로, 실재적인 것, 즉 "사실the case"의 발생은 내재적 구성의 결과임을 뜻한다. 실재는 실재적이기 위해서 스스로를 구성해야 한다. 실재를 구성하는 행위는 인지적 관찰의 행위이다. 그것이 자신의 "고유한 성취물", 즉 독일 구성주의자들의 언어로 말하면 **자기 성과**Eigenleistung이다.

> Construction」을 보라. 루만은『순수이성비판』에서 다음과 같은 명제를 불만스럽게 인용하고 [ ] 안에 주석을 단다. "나의 고유한 존재에 대한 단순하지만 경험적으로[!] 결정된 의식은 나의 외부의 공간[!]에서 대상[!][그리고 무엇인가의 존재. 루만 추가]을 입증한다("Cognition as Construction", 242n3).

10   파킨슨G. H. R. Parkinson이 번역한 Spinoza, *Ethics*(Oxford: Oxford University Press, 2000), 76.

여기에서 강조해야 할 점이 하나 더 있다. 즉 칸트, 헤겔 **심지어 스피노자**와 달리 루만은 형이상학자가 아니라는 것이다. 루만은 스스로를 사회학자로 인식했다. 루만은 상대적인 응용 분야, 즉 진화생물학과 이차-질서 사이버네틱스로부터 자기생산 이론과 더불어 인지적 구성주의도 빌려왔다. 루만에게 있어서 실재를 체계 자신의 "고유한 성취물"로 인식하는 구성주의적 자기 구상은 가장 먼저 소통적이거나 사회적이다. 루만의 급진적 구성주의는 급진적인 **사회적** 구성주의이다. 루만의 이론이 다루고 있는 (그의 비트겐슈타인적 실재 개념에서) "사실"은 사회의 **자기 성과들**이다. 이는 문자 그대로 번역하면 *The Society of Society*[『사회의 사회』]를 뜻하는 *Die Gesellschaft der Gesellschaft*란 애매한 제목이 말하고자 하는 것이다. 즉 일반적인 사회적 실재로서 사회는 사회적 구성의 "고유한 성취물", 다시 말해 구별함에 의한 관찰의 형식 혹은 인식의 형식으로서 소통의 고유한 성취물이라는 것이다. 마치 색각color vision의 실재가 색깔들을 인지적으로 구별할 수 있는 능력의 결과로 발생하고 그래서 색각의 색각으로 기술될 수 있는 것처럼 어떤 특징적인 사회의 실재도 소통적 구별의 결과로 생겨나고 그래서 사회의 사회로 기술될 수 있다는 것이다.

만약 사회의 실재가 사회적 구성의 결과라면, 이러한 구성물의 기술도 또한 **내재적인**immanent 사회적 구성물들이다. 루만의 내재적 인식론은 내재적 존재론을 낳는다. 사회적으로 구성된 실재들은 이러한 실재들을 기술하는 이론들을 포함하여 사회 내부적intrasocial 현상들이다. 초월적 관념론도 선험적 관념론도 모두 부정하는 급진적인 인식론적 구성주의는 사회의 모든 규범적이고 가치평가적인 규준all the normative and evaluative standards뿐만 아니라 구성주의 자신itself조차 "그것들을 규정적인 관념들로 가정하는 대신에 사회의 고유한 성취물로 혹은 소통 개념의 구성요소로 간주할 수 있다."[11]

루만의 사회적 구성주의는 실재론임에도 불구하고 급진적이기보다는 실재론이기 때문에 급진적이다. 루만의 구성주의적 실재론은 자유의지, 인간의 합리성 혹은 인권 등과 같은 관념들의 사회적 실재를 부정하지 않는다. 그러나 칸트에서부터 하버마스와 롤즈에 이르기까지의 사회이론과는 달리 루만의 구성주의적 실재론은 그러한 관념들의 바로 그 실재야말로 우연적인 사회적 구성의 내재적 결과라고 주장한다. 이는 급진적 구성주의가 실재적인 것의 실재the reality of the real를 부정한다는 비난의 가능성을 배제한다. 급진적 구성주의는 실재적인 것의 실재를 부정하지 않는다. 급진적 구성주의는 단지 실재의 인지가 이른바 "실재적인 실재real reality"라고 주장할 뿐이다. 다시 말하면 일반의지, 인권 혹은 이해의 합리성 등과 같은 개념들이 전면에 등장했을 때, 그 개념들이 지시한다고 가정된 것들이 사회적 실재를 구성하기 때문이 아니라 그러한 언어를 사용하는 담론들이 사회적 실재를 구성하기 때문에 그 개념들이 전면에 등장한 것이다.[12]

11 GG, 35; LE, 239.
12 세계화 분석에 이러한 루만의 시각을 사용한 시도는 Jean-Sebastien Guy,

사회에 대한 기술적 분석은 그 자체로 기술된 것의 결과이며 어떠한 아프리오리한 사회규범적 기준이나 평가 기준에 접근하지 않는다. 또는 루만이 표현했듯이 "이러한 방식으로 인식론자는 그/그녀 스스로 미로 속의 쥐가 되어 다른 쥐들을 관찰하는 위치에서 성찰해야만 한다."[13] 이는 루만의 이미지에 머물기 위해서는 쥐의 실재를 부정하는 것이 아니라 쥐를 관찰하는 것 자체가 다소 특이한 사회현상이며, 쥐처럼 순차적으로 관찰될 수 있다는 사실을 인정해야 한다는 것이다. 급진적 구성주의자들은 관찰자를 관찰하며, 바로 그 관찰에 근거해서 일종의 내재성의 미로(혹은 들뢰즈의 표현을 사용하면 "내재성의 평면plane of immanence")를 자기 논리적으로 설정한다.

칸트와 하버마스 같은 이론가들은 자신들은 실재나 현상을 초월적으로 관찰하고 있다고 믿으면서 미로 속의 쥐들을 바라본다. 루만은 그가 쥐들을 관찰하고 있으며, 이것이 우리가 그 일부이며 그 자체의 "고유한 성취물"로 설명되어야 하는 사회적 실재를 구성한다는 기이한 사실에 대해 성찰한다. 설명되어야 하는 것은 쥐 그 자체가 아니라 누군가가 그곳에서 실재를 발견하기 위해 쥐들을 바라보고 있다는 기이한 실재이다. 보다 기술적인technical 언어로 말하면 루만은 이렇듯 "자기 논리적인autological" 구성주의

"The Name 'Globalization'': Observing Society Observing Itself", in Ignacio Farias and Jose Ossandon, eds., *Observando Sistemas*[체계 관찰하기] 2(Mexico DF: Universidad Iberoamericana, forthcoming)를 보라.

[13] Cognition, 250.

적 인식론을 다음과 같이 설명한다. "인지가 어떻게 그 자체에 관해 성찰하는지와 무관하게, 일차적primary 실재는 '그 외부 세계'에 놓여 있는 것이 아니라 인지적 작동 그 자체에 놓여 있다." 오해를 피하기 위해 다시 한 번 더 말하면 사회이론가인 루만에게 있어서 이러한 사회 속의 인지적 작동들은 소통들이거나 담론들이다. 루만은 자신의 존재론을 훨씬 간결하게 다음과 같이 요약했다. "**실재**는 체계 내부에서 의미 구성에 의해 생산된다."[14]

구성주의적 "의미 구성sense-making"에 기반하고 있는 실재론적 존재론의 특수성은 대부분의 고전적(파르메니데스적, 플라톤적, 포스트 플라톤적)인 "변증법적" 존재론들(예를 들어 궁극적으로는 "합synthesis"에 도달하려고 하는 것들)과는 달리 더이상 실재를 하나의 단일한 궁극적 그 무엇 혹은 자기 동일적self-identical 그 무엇으로 가정하지 않는 것에 있다. 나는 루만의 존재론은 다수 위의 일자the one over the many를 선호하는 전통 철학과 단절하고 있다는 바로 그 이유 때문에 "포스트모던적"으로 분류될 수 있다고 생각한다. 데리다처럼 루만은 동일화identification보다는 차이화differentiation의 이론가이다.[15] 『사회적 체계들』 서론의 한 각주에서 루만은 (동일성identity/차이difference의 구별distinction을 자신이 어떻게 활용하는지와 관련하여) 다음과 같이 말한다. "주의 깊은 독자라면 우리가 동일성과 차이의 동일성이 아니라 그것들의 차이를 논의하고 있다는 것을 알

---

14 RM, 6, 7(강조 추가).
15 루만과 데리다에 관해서는 Deconstruction을 보라.

아차릴 것이다. 여기가 — 이따금씩 깨닫게 될 유사성에도 불구하고 — 이후 우리의 성찰들이 변증법적 전통으로부터 벗어나는 지점이다."[16] [루만은] 이 문제에 대해 책 한 권을 썼다. 이 책[『사회적 체계들』]은 루만이 동일성의 우선성primacy에서 차이의 우선성으로 전환함으로써 어떠한 이론적 결과가 도출될 것인가에 대한 질문에 답하고자 한다.[17]

(최소한 나에게는) 충분히 흥미롭게도 동일성과 차이의 구별에 대한 단순한 재평가는 (루만이 Sachverhalte[사실]라는 단어를 기본적인 존재론적 개념으로 사용한 것과 마찬가지로) 비트겐슈타인에게로 거슬러 올라갈 수 있다. 레이 몽크는 비트겐슈타인의 전기에서 1948년 혹은 1949년 더블린에서 있었던 비트겐슈타인과 그의 주치의 모리스 드루리 사이의 대화를 언급한다. 드루리의 기억에 따르면 그는 다음과 같은 무엇인가를 이야기했다. "내가 보기에 헤겔은 다

---

16 SS, 498n19; 원문에는 이탤릭체로 표시됨. 충분히 흥미롭게도 이 문장 다음에 루만은 Alfred Locker, "On the Ontological Foundations of the Theory of Systems", in *Unity Through Diversity: A Festschrift for Ludwig von Bertalanffy*, eds. William Gray and Nicholas D. Rizzo (New York: 1973), 1: 537-572를 긍정적으로 언급하고 있다. 최소한 간접적으로 루만은 로커의 이론의 존재론적 차원을 수용하고 있다.

17 Jean Clam, *Was heißt, sich an Differenz statt an Identität orientieren? Zur De-ontologisierung in Philosophie und Sozialwissenschaft* [동일성보다 차이에 초점을 맞춘다는 것은 무엇을 의미하는가? 철학과 사회과학에서 탈존재론화에 대하여](Konstanz: UVK, 2002). 부제가 말하듯이 클람은 동일성에서 차이로의 전환을 "탈존재론화"로 인식한다. 나는 이 전환을 고전적 존재론에서 포스트모던적 존재론으로의 전환으로 생각하고 싶다.

르게 보이는 것이 실제로는 같은 것이라고 항상 말하고 싶어하는 것 같아요." 비트겐슈타인은 다음과 같이 대답한 것으로 기록되어 있다. "반면에 나의 관심은 같은 것처럼 보이는 것이 실제로는 다르다는 것을 보여주는 것에 있어요." 그다음에 레이 몽크는 비트겐슈타인이 "『리어왕』(1막 4장)에 나오는 켄트 백작의 대사인 '차이를 가르쳐주겠다'를 그의 책[『철학적 탐구』]의 모토motto로 사용할 생각이었다"고 덧붙이고 있다.[18]

루만에게 있어서(아마도 비트겐슈타인에게서도) 실재의 구성은 차이의 구성에서 시작된다. 실재가 출현하기 위해서는 "무표 공간unmarked space"이 침해되어야 한다. "구별을 그려라draw a distinction"는 루만이 자주 인용하는 수학자 조지 스펜서 브라운이 만들어낸 금언dictum이다. 루만에게는 "변증법적 전통dialectical tradition"과 달리 인식론적 구별을 그림으로써 설정되는 차이가 존재론적으로 우선적이다. 그 결과 이는 급진적 차이화의 존재론을 낳는다. 간단히 말하면 실재는 어떠한 형식의 동일성으로도 환원될 수 없다. 실재는 말하자면 상상할 수 없을 만큼 다원적이다. 만약 실재가 우연적인 인지적 관찰 양식의 결과로 등장하는 것이라면, 그것이야말로 서로 공약수를 갖지 않는 다양한 방식으로 등장하는 것이다. 그러므로 루만의 구성주의적 인식론은 다중multiple 실재(그러나

---

[18] Ray Monk, *Ludwig Wittgenstein: The Duty of Genius*(London: Penguin,1990), 536-537. 몽크는 드루리Drury와 비트겐슈타인 사이의 대화에 대한 설명의 원자료로서 *Recollections of Wittgenstein*, ed. Rush Rhees(Oxford: 1984), 157을 언급한다.

다중 세계는 아니다)의 존재론으로 귀결된다.

사회이론과 관련하여 루만이 환원 불가능한 차이의 우선성을 주장하는 것은 동시에 존재하는 다중적 사회적 실재에 대한 개념으로 이어진다. 한편으로는 각각의 사회적 체계가 사회적 실재를 자신의 "고유한 성취물"로 구성할 수 있다. 『국가』에서의 소크라테스나 하버마스의 담론 공동체와 같은 통일된 사회적 전망과 달리 사회는 (선이나 정의와 같은) 통합 관념들이나 일반적 합리성에서 도출된 규범들에 기반을 두고 있지 않다. 루만은 현대사회에 있어서 "체계 합리성의 분리 dissolution of systems rationality"에 대해 다음과 같이 말한다.[19] 루만의 용어로 말하면 모든 사회적 체계는 그 자체의 고유한 체계 합리성을 생산하며, 따라서 거기에는 그것들을 통일시킬 수 있는 최소한의 공통분모도 없다. 루만은 근대사회에 관한 자신의 견해가 "차이-이론적 체계 합리성 개념으로 응축될 수 있다"[20]고 주장한다. 그러나 칸트에서부터 하버마스에 이르는 합리성 개념의 계몽주의적 의미에서 그러한 "차이-이론적" 다중 합리성이 얼마나 합리적인지 질문할 수 있다.

기능적 분화에 기반한 사회가 등장하자마자 다양한 합리성이 등장하고 진화한다. 법적 합리성은 정치적 합리성과 다르고, 정치적 합리성은 경제적 합리성과 다르고, 이런 식으로 계속된다. 체계-환경의 공진화 맥락 속에서 이러한 모든 합리성은 지속적으로

---

[19] "European Rationality" in OM, 23.
[20] Ibid., 35.

변화한다. 이렇듯 공통분모가 없는 합리성들과 더불어 공통분모가 없는 실재들이 등장하고 진화한다. 법적 실재는 정치나 경제의 실재와 다르다. 이러한 모든 실재는 끊임없는 변화에 종속되어 있다. 실재가 다르게 보이고 다르게 느껴지고 그래서 특정한 생태계 내부의 각기 다른 유기체에게 다른 영향을 미치는 것처럼 — 그래서 그 내부에 포함된 모든 다른 유기체마다 실재가 다르다(호수의 실재는 거기에 사는 물고기와 식물마다 근본적으로 다르다) — 사회적 실재도 학문적·과학적 사회이론을 포함한 각기 다른 사회적 하위체계마다 다르다. 사회에 대한 과학적이거나 이론적인 자기 기술에서 출현한 사회의 실재는 "특정한" 사회적 실재가 아니라 이미 존재하는 실재들에 더해지는 또 하나의 실재이다. 일관된 사회이론의 형식으로 사회적 복잡성을 이론적으로 축소함으로써 사회적 실재는 — 마치 행정적 탈복잡화를 위해 행정단위를 창설함으로써 행정 구조를 탈복잡화하려는 시도가 불가피하게도 실제적인 행정 복잡성을 증가시키는 것처럼 — 또 다른 사회적 구성이 이루어졌기 때문에 불가피하게 복잡성을 증가시킨다.

과학 체계로부터 구체적인 하나의 예를 다음과 같이 들어보자. 나는 루만에 관한 이 책을 써서 그의 이론을 명확히 하고, 그 이론의 뜻, 가치, 결과들과 관련하여 그 이론에 대한 이해를 통일시키고 합의를 도출할 수 있을 것으로 예상되는 포괄적인 해석을 마련하려고 한다. 그러나 결과적으로는 일단 이 책이 출판되자마자, 이 책은 — 학문적으로, 그래서 사회적으로 성공한다면 — 해석되어야 하고, 따라서 루만의 이론의 수용과 관련된 복잡성을 증가시킬 것이다. 그러므로 이 책이 사회적으로 성공하기 위해서는 이 책은 역설적이게도 그러나 불가피하게도 그 목적을 달성하지 못하고 합의를 이루지 **못해야** 한다.

또는 비슷한 다른 예를 다음과 같이 들 수 있다. 칸트의 『학문으로서 출현 가능한 미래의 모든 형이상학을 위한 프롤레고메나』는 제목이 약속한 것을 완전히 이루지 못했음에도 불구하고가 아니라 오히려 그 때문에 형이상학적으로 (형이상학에 관한 학술서로서 그리고 결과적으로 사회적 소통으로서) 성공했다. 이 논고의 출판은 "학문으로서 출현 가능한 미래의 형이상학"의 시작을 알리는 것이 아니라, 반대로 그런 주제넘은 형이상학적 시도의 종언을 알리는 신호탄이 되었다. 이 논고 이후 과학 형이상학의 역사, 더 정확히 말하면 과학 형이상학의 계보학이 쓰일 수 있었다. 그것이 이 논고의 주요 효과였다. 헤겔적 용어로 말하자면 그것은 뒤집힌 세계 또는 뒤죽박죽topsy-turvy 세계(verkehrte Welt)의 논리에 따라 기능했다.[21] 칸트는 형이상학에 기초적 토대를 제공함으로써 향후 형이상학의 발전을 결정짓기보다는 형이상학자들이라는 바보들의 배에 합류하여 형이상학의 실재를 근대사회의 진화 내의 기이한 에피소드로 간주할 수 있게 했다. 칸트는 새로운 과학의 창시자라기보다는 『미래의 모든 형이상학을 위한 프롤레고메나』에서의 노

---

[21] 도널드 필립 베른Donald Phillip Verene은 Verene, *Hegel's Recollection: A Study of Images in the Phenomenology of Spirit*(Albany: SUNY Press, 1985) 39-58에 「뒤죽박죽 세계The topsy-turvy world」라는 제목의 (압도적으로 탁월한 책에 포함되어 있는) 탁월한 논문을 썼다.

력이 어리석었다는 것을 명백히 보여준 철학자로 간주될 수 있다. 칸트는 하버마스와 그 후학들과 마찬가지로 이러한 "사회적 존재론"을 이해하지 못했다. 실재는 관찰되고 기술되고 분석됨으로써 관찰되기 전에 관찰되었던 것보다 더 복잡해진다.

우연히도 우리는 이제 "변증법적 전통"과의, 더 정확하게는 헤겔과의 "때때로 발견할 수 있는 유사성" 중 하나에 도달했을지도 모른다. 도널드 필립 베른이 옳다면, 헤겔의 뒤죽박죽 세계 개념은 헤겔과 동시대의 독일 낭만주의 작가인 루트비히 티크Ludwig Tieck의 동명의 희곡에서 차용한 것이다. 이 희곡은 훨씬 이전 작품, 즉 제바스티안 브란트Sebastian Brant의 『바보들의 배Narrenschiff』(1494)와 관련이 있다.[22] 베른의 독해에 따르면 헤겔의 뒤죽박죽 세계 개념은 이러한 연관성을 고려할 때 아이러니를 의도한 것으로 칸트 등의 과학철학에 내재된 기괴한 자기모순과 자기 반박을 폭로하기 위한 것이었다고 한다. 이러한 철학은 실재의 질서를 정의하려고 시도함으로써 실재의 질서를 더욱 혼란스럽게 만들 뿐이었다.

베른이 티크와 『바보들의 배』를 통해 헤겔이 『정신현상학』에서 철학사를 다루는 방식에서 어떤 수준의 아이러니를 발견한 것처럼 우리는 루만의 실재적인 존재론 속에서 어떤 수준의 아이러니를 발견하지 않을 수 없다. 만약 실재가 공통분모가 없을 정도

---

[22] 베른에 따르면 헤겔의 "『정신현상학』은 철학적인 바보들의 배로 보여질 수 있는데, 그 배 내부의 각각의 무대가 그 배의 서로 다른 객실들을 구성하고 있고, 의식 자체라는 근원적 환상의 길을 따라가는 개별 독자들은 지혜를 찾아 고생길을 가고 있다."(*Hegel's Recollection*, 54)

로 복수로 존재한다면, 그리고 실재에 대한 그 어떤 관찰도 이러한 복수성을 덧붙이기만 할 뿐이라면 어떤 존재론도 필연적으로 어느 정도의 자기 반박을 포함할 수밖에 없다. 루만의 존재론이 완전한 한 역설적이게도 그것은 불완전하다. 칸트의 존재론(그리고 하버마스와 같은 사회이론가들의 존재론)과 달리 루만의 존재론은(그리고 베른의 해석에 따른다면 아마도 헤겔의 존재론도) 아이러니하다. 루만의 존재론에 담긴 지혜는 적어도 부분적으로 그 자체의 역설적 한계와 모순을 의식적으로 드러내는 것으로 구성되어 있다. 동일성보다는 차이에 기반하고 있는 존재론은 반드시 다른 존재론들의 가능성을 함축하고 있으며, 따라서 필연적으로 그 자체의 고유한 우연성의 증거를 포함한다. 칸트의 『프롤로그』가 실재를 결정하고 나아가 그 자체의 모순을 제거하려는 진지한 노력을 대표하는 반면 루만의 이론은 그 자신의 시도를 포함하여 왜 그러한 시도가 본래적으로 역설적일 수밖에 없는지를 입증하려고 시도한다.

그러나 내가 루만의 구성주의적 실재론이 구성주의적이기 때문에 실재론으로서 부족함이 없다고 생각하는 것처럼 나는 루만의 포스토모던적 다원주의 실재론이 오직 다원주의적이기 때문에 덜 실재적이라고 생각하지 않는다. 이와 마찬가지로 나는 루만의 이론이 아이러니하거나 역설적이기 때문에 충분히 실재적이지 않다는 비난에 반대한다. 오히려 나는 급진적으로 다원주의적이고 역설적인 실재를 충분히 설명할 수 있는 실재론이야말로 전통적 존재론들보다 더 실재적일 것 같다고 생각한다. 뒤죽박죽 세계에 대한 헤겔의 아이러니한 주제를 다음과 같이 되새겨보자. 만약 실재가 진짜 뒤죽박죽이라면, 이러한 뒤죽박죽함topsy-turvyness을 설명할 수 있는 존재론이 그것을 바로잡을 수 있는 척하는 존재론에 비해 훨씬 더 실재적이다.

루만의 차이의 존재론에 대한 이러한 성찰을 마무리하기 위해 다시 한번 비트겐슈타인에게로 돌아가보자. 비트겐슈타인은 『논리 철학 논고』에서 실재(또는 "세계")를 "사실the case"인 모든 사실facts의 총합으로 간주했다. 따라서 실재는 사물로 구성되는 것이 아니라 관찰의 결과로 구성된다. 초기 비트겐슈타인에게 기정사실을 있는 그대로 규명할 수 있는 관찰 방식은 언어, 특히 정제되고 논리적으로 정확하고 일관된 언어였다. 그러나 비트겐슈타인은 후기 저작에서 자신의 초기 접근 방식에 "심각한 오류"가 있음을 인정했다.[23] 비트겐슈타인은 인위적으로 정제되고 논리적으로 일관된 언어를 확립하여 "이것이 사실which is the case"이라는 것을 명확하게 관찰할 수 있는 가능성을 제공함으로써 이와 유사하게 일관된 세계 또는 실재를 확립하게 하는 대신 이제 "일상언어ordinary language"에 관심을 기울였다. 그는 실제 언어가 반드시 일관되거나 순수한 것은 아니라는 사실을 받아들이게 되었다. 『논리 철학 논고』의 인위적인 "언어게임"은 사실을 명확히 하는 것이 아니라, 단순히 세계에 또 다른 텍스트를 추가함으로써 또 다른 철학함의 방식을 구성하는 것이었다. 후기 비트겐슈타인은 실제 세계를 묘사하기 위한 수단으로서 언어적 순수성에 대한 초기의 집착

---

[23] Wittgenstein, *Philosophical Investigations* 서문.

을 거부하고, 언어에 존재하는 종종 일관되지 않고 공통분모가 없는 차이에 몰두하는 쪽으로 전환했다. 나는 이것이 바로 그가 "차이를 가르쳐주겠다"를 모토로 삼은 이유일 것이라고 생각한다.

비트겐슈타인은 『철학적 탐구』의 한 대목에서 자신이 "미끄러운 얼음" 위에, 즉 사람이 걷기에는 너무 매끄러운 표면 위에 올라섰다고 스스로를 은유적으로 비난한다. 그는 자신에게 다음과 같이 되돌아가라고 촉구한다. "거친 땅으로 돌아가라!"[24] 내가 올바르게 이해했다면 비트겐슈타인이 말하는 것은 다음과 같은 것이다. "일상언어"라는 거친 땅으로 돌아가라. 그래서 『논리 철학 논고』가 구상했던 인위적으로 정제된 언어의 너무 매끄럽고 미끄러운 땅에서 벗어나라. 비트겐슈타인은 논리적 일관성과 동일성에 기초한 언어철학에서 차이와 다원성에 기초한 언어철학으로 즉시 전환하였다. 언어와 사실인 것, 그리고 따라서 세계 혹은 실재는 매끄럽지 않다. 그것은 "거친 땅"이다.

루만은 언어철학자가 아니었다. 루만은 사회이론가였고, 그것은 그에게는 소통이론가임을 뜻했다. 언어는 소통이 작동할 수 있도록 하는 하나의 수단일 뿐이다. 그럼에도 불구하고 루만에게 있어서 실제적이고 일상적인 소통도 "거친 땅"이었다. 하버마스의 경우와는 달리 루만의 경우 그 땅을 매끄럽게 만들어서 평평한 표면이 되도록 하는 것은 아무런 의미도 없었다. 비트겐슈타인은 완

---

24 그가 사용하는 원래의 독일어 표현은 "Zurück auf den rauhen Boden!"(*Philosophical Investigations*, 107)이다.

전히 매끈하고 미끄러운 표면이야말로 이상적인 땅이다 — 그러나 그것은 또한 걸을 수 없는 땅이다 — 라고 말했다.[25] 만약 내가 실수한 것이 아니라면, 동일성보다는 차이에 기반을 두고 있는 사회적 실재에 대한 루만의 구성주의적 존재론은 사회, 소통, 실재를 "매끈하게 하려는" 칸트와 하버마스 같은 전통적 "합리주의" 이론가들의 시도에 반대한다. 루만은 겉보기에 이상적인 사회가 너무 **비실제적**이어서 거주에 적합하지 않게 되는 것을 두려워했다.

---

[25] Ibid., 107.

제8장
유토피아로서의 민주주의:
정치의 해체

　루만은 민주주의가 "인민의 통치"라는 의미로 존재한다고 믿지는 않았지만, "민주적"이라 불릴 수 있는 현대사회의 지배 양식이 존재하며, 따라서 이 말이 통상적으로 정치체계의 "특수한 구조적 배열"을 가리킨다는 사실을 부인하지 않았다.[1] 즉 루만에게 민주주의는 폐기되어야 할 용어가 아니다. 민주주의는 실로 무엇인가를 말하고 있지만, 그 무엇은 민주주의라는 말이 실제로 뜻하는 것과 다르다. 민주주의라는 개념이 오늘날 세계의 정치 기능을 설명하는 데는 적합하지 않은 것처럼 보이지만, 그럼에도 불구하고 이 용어는 특정한 정치함doing politics의 방식을 의미한다. 그러나 인민의 통치가 아니라면 민주주의는 정확히 무엇을 의미할까? 사회학적으로 말해 "실제로 존재하는 민주주의"란 무엇인가? 나는 이 질문에 대한 루만의 대답을 세 가지로 나누어 볼 수 있다고 생

1　이는 에드빈 체르빅Edwin Czerwick이 자신의 책 *Systemtheorie der Demokratie: Begriffe und Strukturen im Werk Luhmanns*[민주주의의 체계이론: 루만 저작 속 개념과 구조](Wiesbaden: Verlag für Sozialwissenschaften, 2008), 134에서 사용한 표현이다.

각한다. 첫째, 정치의 한 유형으로서 민주주의는 권력을 행사하는 형식, 더 정확하게는 사회에서 "집단적으로 구속력 있는 결정"을 내리는 형식을 나타낸다. 둘째, 보다 구체적으로는 정부와 야당 간의 지속적인 교체를 허용하여 정치체계에 안정성과 다양성의 균형을 제공하고, 그래서 체계의 지속성을 유지한다는 의미에서 성공적으로 입증된 정치구조를 나타낸다. 셋째, 집단적으로 구속력 있는 결정을 내리는 사회적 기능을 지속적 방식으로 수행하기 위해 정치체계가 가장 필요로 하는 것을 제공하는 상징성을 나타낸다. 곧 민주주의는 정당성을 나타낸다.

루만에 따르면 정치권력은 집단적으로 구속력 있는 결정을 내릴 수 있는 힘power이다. 이 권력은 일반적으로 정부에 달려 있다. 이러한 결정은 (예를 들어 머리에) 무엇을 써야 하는지에 대한 규정부터 학교에서 무엇을 가르칠지, 심지어 달나라에 갈 계획을 세우라는 제안에 이르기까지 사회의 모든 것에 관한 것일 수 있다. 이러한 결정은 특정한 정치적 의지를 표현하는 것이며, 이러한 의지를 표현하고 집행할 권한이 있는 정부에 의해 이루어진다. 민주주의 정치를 포함한 정치에 대한 이러한 정의는 급진적이라기보다는 상식적이다. 그러나 사회적 체계이론의 맥락 및 기능적 분화이론과 관련하여 볼 때, 이는 정치권력이 그다지 강력하지 않으며 정치적 결정이 많은 것을 결정하지 않는다는 다소 역설적인 결론에 이르게 된다.

나는 현행 민주주의 체제에서(뿐만 아니라) 상당히 연관성이 있었던 정치적 의사 결정의 두 가지 사례, 즉 정부 규제와 전쟁을 언급함으로써 이 두 가지 결과에 대해 논의하고자 한다. 공공 기관을 규제할 수 있는 권력은 — 비록 공공 기관들이 다른 체계 내에서 기능하더라도 — 정치체계에 달려 있다. 그 권력은 대학과 병원, 법체계, 심지어는 예를 들어 민간 은행이나 다른 기업을 지원하는 등 경제까지 정치적으로 규제할 수 있다. 그럼에도 불구하고 최소한 민주적 조건하에서 규제할 수 있는 권력은 동시에 다른 비정치적 권력의 창출로 이어진다 — 교육체계, 군대 체계, 경제 체계를 정치적으로 규제함으로써 바로 그 체계들은 독자적으로 기능할 수 있는 권한을 부여받는다. 정치적 권력의 행사는 제로섬 게임이 아니다. 그것은 모든 사회적 권력을 흡수하는 것이 아니라 역동적인 사회적 권력 구조를 강화한다. 예를 들어 정부가 아닌 병원은 사람들이 제정신이 아니거나 제정신이라고 선언할 수 있는 권한을 가지고 있다. 학교는 사람들을 졸업시키거나 졸업시키지 않을 수 있는 권한을 가지고 있다. 법원은 사람들을 유죄나 무죄로 선언할 수 있는 권한을 가지고 있다. 경제는 사람들을 부유하거나 가난하게 만들 수 있는 권한을 가지고 있다. 이러한 권한은 직접적인 정치적 권력이 아니다. 기능적 분화의 조건하에서 정치체계 내에서 집단적으로 구속력 있는 결정을 내릴 수 있는 힘은 그 체계의 사회 내적intrasocial 환경과 사회 외적extrasocial 환경이 발휘하는 복합한 사회적 힘에 의해 필연적으로 제한된다. 예를 들어 그것은 법과 과학의 힘뿐만 아니라 자연의 힘(예를 들어 석유 매장량이 무한하지 않다는 사실)에 의해서도 제한된다. 기능적 분화의 조건하에서, 즉 수많은 자기생산적인 사회적 하위체계의 공존하에서 사회적 중심은 존재하지 않으며, 따라서 사회에서 절대적인 권력 중심도 존재하지 않는다. 권력의 확산은 단순히 중심-주변 구조를 따르는 것이 아니라(물론 중심-주변 권력 구조가 전혀 없다는 것은 아니다) 일군의 고도로 복잡한 권력 피드백 메커니즘a highly complex assemblage of power feedback mechanisms을 따른다. 정치권력은 사법 권력, 경제 권력, 미디어 권력 등을 규제하는 동시에 규제받으며, 제한하는 동시에 제한받는다.

이와 마찬가지로 예를 들어 참전 결정과 같은 중요한 결정을 내릴 수 있는 정치체계의 힘을 결정이 내려진 후에 발생하는 일을 결정할 수 있는 힘과 혼동해서는 안 된다. 전쟁을 선포할지 말지를 결정할 수 있는 힘이 전쟁에서 누가 이길지를, 심지어 원할 때 전쟁을 끝낼 수 있는지를 결정할 수 있는 힘으로 해석되지는 않는다. 기능적 분화 조건하에서는 사회적 결정요인의 수를 통제할 수 없다. 전쟁을 하기로 한 정치적 결정은 다시금 경제, 미디어, 법체계 등 다른 체계의 결정에 어떤 식으로든 반응하는 또 다른 정치적 결정을 필요로 할 뿐이다. 정치체계가 사회에서 권력을 독점하지 않는 것처럼 결정도 독점하지 않는다. 정치체계는 정치적 결정을 내리고 정치적 권력을 행사하는 데는 독점권을 가지고 있지만, 이러한 독점은 다른 체계에 의한 지속적이고 동시적인 의사 결정과 권력 행사의 맥락에서만 존재한다. 이런 의미에서 정치적 결정은 아무것도 궁극적으로 결정하지 않으며(다른 체계의 결정도 마찬가지이다), 단지 정치체계가 후속 결정을 내릴 수 있도록 만들 뿐이다. 일단 군대가 다른 나라에 파견되면 그곳에서 무엇을 할 것인지, 얼마나 오래 머물 것인지, 병력을 늘리거나 줄일 것인지 등 다른 결정이 내려져야 한다(내려질 수 있고, 내려질 것이다).[2] 분명히 이러한 모든 결정으로 인해 정치체계는 차례로 후속 결정을 내릴 필요에 직면한다.

정치체계의 무력함과 결정적인 결정을 내리지 못하는 정치체계의 무능함을 보여주는 예가 바로 현재 지구온난화 문제이다. 기후변화에 도움이 되거나 심지어 기후변화를 멈추게 할 수 있는 정치적 결정에 대한 상당한 요구가 있다. 하지만 정치체계가 어떻게 기후를 "통제"할 수 있겠는가? 지구온난화와의 전쟁의 결과는 테러와의 전쟁이나 마약과의 전쟁의 결과보다 더 예측하기 어렵다. 일단 정치체계가 자신의 권력을 행사하고 자신의 결정을 내리면, 미디어 체계, 경제 체계, 법체계 그리고 분명히 사회 외적 환경(중국인들이 흔히 말하는 "하늘과 땅")은 자신의 고유한 권력을 행사하고 자신의 고유한 결정을 내리는 것을 멈추지 않으며 멈출 수도 없다. 정치체계가 기후변화와 관련하여 힘을 행사하고 집단적으로 구속력 있는 결정을 내릴 수 있고 내린다는 것은 의심의 여지가 없지만, 정치체계가 이러한 결정 때문에 생겨날 결과까지 결정할 수 있다는 것은 상상할 수 없는 일이다. 만약 정치체계가 최종 결정을 내릴 수 있다면, 바로 그 사실이 역설적으로 사회에서 정치체

---

[2] 사적인 대화에서 제이슨 닥스테더Jason Dockstader는 이런 결정들이 내려져야 한다는 사실, 그리고 그 결정들이 정치체계에 의해 내려지지 않는다는 사실은 루만이 결코 저술하지 않았던 하나의 사회적 체계, 즉 전쟁 체계 혹은 군사 체계가 존재한다는 것을 가리킨다고 말했다.

계의 기능을 약화시키게 될 것이다. 정치적 결정이 최종적인 것이라면 더이상의 정치적 결정이 불필요해질 것이고, 따라서 정치는 무용지물이 될 것이다. 최종 의사 결정은 — 특히 실제로 존재하는 민주주의에서 — 정치의 종말이 될 것이다. 정치체계가 전적으로 무력하거나 전적으로 비결정적인 것은 아니지만, 정치적 힘과 결정은 사회와 세계에서 특권이 아니며 특권이 될 수도 없다.

비민주적 체계든 민주적 체계든 다양한 정치체계가 집단적으로 구속력 있는 결정을 내릴 수 있고 정치적 권력을 행사할 수 있다. 그러나 전반적으로 민주주의국가는 다음과 같은 두 가지 중요한 측면에서 더 큰 성공을 거두었다. 민주주의국가는 적어도 현재는 안정적이고 지속적인 정치구조를 확립하고 있다는 점에서 그리고 통상 (오늘날 대중매체 체계가 전형적으로 뜻하듯) 민주주의가 정당한 것으로 인식되고 있다는 점에서 우월한 것으로 보인다.

루만이 대중매체 체계를 분석할 때 사용한 용어로 표현하자면, 민주주의 과정은 "중복성과 다양성의 관계의 안정화"를 낳는다고 할 수 있다.[3] 민주주의는 어느 정도의 불안정성을 허용함으로써 안정성을 생산한다. 즉 정부는 바뀌지만, 바로 그렇기 때문에 체계는 온전히 남는 것이다. 이러한 안정성은 "유연성에 의한 안정성" — 너무 단단하지 않아서 부러지지 않는 비행기 날개와 같은 종류의 안정성 — 이라고 일컬어진다. 이와 마찬가지로 우리는 경제적 안정성도 유연성에 기반한 안정성이라고 간주할 수 있다. 예

---

[3] RM, 50.

를 들어 자본주의경제에서는 물가가 안정적이지 않다. 일부 공산주의국가에서 실패한 것처럼 인플레이션을 완전히 없애려고 시도한 경제보다 어느 정도의 가격 유연성을 용인할 수 있고 적당한 인플레이션으로 작동할 수 있는 경제가 더 지속 가능한 것으로 입증되었다.

정치체계에서 "중복성과 다양성의 관계의 안정화"를 가능하게 하는 코드는 정부와 야당의 구별이다. 현재의 민주주의는 총선거를 통해서 이러한 역할을 정기적으로 교체할 수 있는 메커니즘을 구축함으로써 정부에 속한 사람과 야당에 속한 사람이 자주 (너무 자주는 아니지만) 자리를 바꿀 수 있도록 하고 있다. 한편으로는 통상적으로 적어도 두 개의 조직, 즉 권력을 놓고 진지하게 경쟁하는 정당들 또는 후보들이 있다. 반면에 개별 정당, 심지어 정치인들도 장기간에 걸쳐 안정적으로 유지되는 경향이 있다. 말하자면 우리는 다음과 같은 두 가지 세계의 장점을 모두 누릴 수 있다. 즉 상황이 변화하여 무언가가 일어나고 있고 발전하고 있다는 인상을 유지할 수 있는 반면, 다양한 정치조직과 극적인 이념 차이들이 혼란스럽지 않아서 매일매일 우리 자신을 재조정할 필요가 없는 것이다.

과거에는 다양성의 과잉으로 인해 민주주의가 무너진 경우가 있었다. 독일의 양차 세계대전 사이의 시기를 떠올릴 수 있다. 바이마르공화국의 정치체계는 공존에 합의하기보다는 궁극적인 패권을 두고 싸우는 경향이 있었던 이념적 진영들(자유주의, 보수주의, 사회주의, 공산주의, 파시스트) 사이의 공개적인 적대감으로 인해 어려움을 겪었다. 각 정당의 강력한 이념적 정체성은 정치에 대한 온건한 접근 방식을 선호하지 않았다. 어떤 면에서 정당들의 교조성seriousness, 그들의 각각의 이념에 대한 헌신commitment은 정치적 다양성의 스펙트럼을 만들어 정치판을 전쟁터로 만들었고, 정치체계가 집단적으로 구속력 있는 결정을 내리는 주요 기능을 수행하는 것을 불가능하게 만들었다. 오늘날 이라크나 아프가니스탄과 같은 국가에서 민주적 정치체계를 구축하는 과정에서 직면하는 어려움은 다양성을 줄이기 위한 현재의 투쟁과도 관련이 있을 수 있다. 만약 상호 적대적인 이념, 민족 또는 종교 집단을 대표하는 다양한 정치 세력이 권력을 놓고 경쟁한다면, 정치적 다양성은 모든 정치적 중복성을 제거할 정도로 증가할 수 있다. 만약 누가 통치하고 누가 통치하지 않는지가 말 그대로 모든 정치 세력에게 매우 중요하다면 — 즉 그것이 삶과 죽음의 문제라면 — 정부에 들어가기 위한 투쟁 자체가 정치체계의 붕괴로 쉽게 이어질 수 있다. 역설적으로 현재 기능하고 있는 민주주의 체계는 상당한 중복성을 기반으로 하는 것 같다. 정치가 상대적으로 중복성이 있는 한 — 내일이면 상황이 달라질 수 (그러나 너무 많이 달라지지는 않을 수) 있기 때문에 오늘 누가 정권을 잡는지에 대해 **실제로** 아무도 신경 쓰지 않는 한 — 민주주의는 번성하는 것처럼 보인다. 이탈리아처럼 정당이 많고 정부와 야당이 자주 바뀌는 혼란스러운 정치 풍경조차 이러한 혼란이 중복적이고 너무 심각하게 받아들여지지 않는 한 놀라울 정도로 안정적으로 유지될 수 있다.

반면에 다양성의 결여가 민주주의와 정치적 안정을 위협할 수도 있다. 스스로를 민주주의국가라고 부르지만 사실상 일당 체제를 기반으로 운영되는 국가의 정부는 전형적으로 스스로를 정당화하는 데 큰 어려움을 겪었다. 다양성의 완전한 결여, 끝없는 것처럼 보이는 정부의 지속[장기 집권] 그리고 경우에 따라서는 유력한 야당 탄압은 정치체계가 그 체계의 인지된 정당성을 잃어버릴 뿐만 아니라 다른 사회적 체계와의 기능적 연동을 무너뜨림으로써 집단적으로 구속력 있는 결정을 **집행하는** 능력에 손상을 입는 상황을 초래했다. 집권당은 자신의 이익을 위해 정치체계를 장악하는 이기적인 조직으로 효과적으로 기능했다. 그로 인해 경제, 법, 언론과 같은 다른 사회적 체계는 독립적으로 발전할 수 없었다. 경제는 정치적 꿈, 즉 소위 평등을 달성해야 했고, 법은 정치적 정의를 실현해야 했고, 과학은 정치 이념의 진실을 증명해야 했다. 이러한 사회에서는 기능적 분화가 잘 작동하지 않았다. 그 어떤 목표도 실현되지 않았다. 그 대신 집권당이라는 한 조직이 모든 사회적 체계에 기생하게 되었고 — 그리고 정치뿐만 아니라 경제, 법, 과학을 장악했고 — 이들을 조종하려 했지만 실패했다. 실제로 일어난 일은 정치가 사회를 조종하고 통제하는 것이 아니라, 세계사회 차원의 기능적 분화라는 풍차에 맞서 싸우는 돈키호테식 싸움이었고, 이는 어느 정도 완전한 사회적 붕괴를 초래했다.

민주정치를 떠받치고 있는 기본 코드는 정부와 야당의 구별이다. 민주정치의 안정성은 "중복성과 다양성의 관계의 안정화" — 특히 정부/야당 구별과 관련하여 — 와 관련이 있는 것으로 보인다. 안정으로 이어지는 중복성과 다양성의 구체적인 정도를 최종적으로 정의해줄 일반적인 원칙이나 비율은 없다. 그러나 이 두 가지 요소 중 어느 하나의 제거는 특정 정치체계가 심각한 위해danger에 처해 있다는 것을 알리는 것처럼 보인다. 민주주의는 이러한 안정성을 유지하기 위해 매우 효과적인 사회적 메커니즘, 즉 정기 선거를 개발했다.

총선은 민주주의에서 정부와 야당을 일정 기간 동안 결정하고 구체적으로 구분할 수 있도록 해주며 — 따라서 중복성을 허용할 뿐만 아니라 — 다양성의 가능성, 즉 정부와 야당 간의 역할 교대를 허용한다. 정치체계의 안정화와 관련하여 아마도 훨씬 더 중요한 것은 루만이 말하는 "권력관계의 성찰(Reflexivwerden der Machtverhältnisse)"을 생산한다는 점인데, 이는 루만이 말하는 "정치체계의 차별화에 청중을 포함시키는 것"이다.[4] 이 다소 어색한 공식은 본질적으로 총선거와 자유선거를 통해 청중(또는 공중)이 정치권력을 분배하고 정당화하는 요소가 된다는 것을 뜻한다. 청중은 중복성과 다양성을 확립하는 데 참여한다. 물론 청중은 유권자이다. 선거에서는 관찰이라는 수동적 역할에 한정된 유권자들이 활동적이게 되며 엄격하게 규정된 절차와 규칙에 따라 실제로 정치적 기능을 위임하는 데 기여한다. 선거의 구체적인 규칙(개표 방법, 투표 자격, 유권자의 투표 횟수, 선거 실시 빈도, 선거를 통해 배분되는 정치적 기능의 유형, 후보자 지명 방법 등)은 주마다, 국가마다 다르며, 따라서 상당 부분 우연적이고 자의적이며 변경될 수 있다. 특

---

[4] Semantik, 80. 또한 Czerwick, *Systemtheorie der Demokratie*, 65를 보라.

정 선거 결과를 정치적 지위와 권력의 "올바른" 배분으로 합리적이고 논리적으로 해석할 수 있는 구체적인 공식은 없다. 민주적으로 선출된 대통령 중 상대 후보보다 훨씬 적은 표를 얻은 대통령도 있다. 민주적으로 선출된 대통령 중 전체 유권자의 20% 미만을 득표한 대통령도 있다. 5% 정도의 득표율만 얻은 정당이 정부에 참여하고 있는 반면, 30% 이상을 득표한 야당도 있다. 이러한 사례는 예외가 아니라 오히려 흔한 일이다. 이것이 아마도 루만이 선거 과정을 "주사위 놀이"에 유권자들을 주기적으로 초대하는 것이라고 말하는 이유일 것이다.[5]

유권자는 개별 선거 규칙에 따라 특정 정당이 의회에서 특정 의석 수를 차지하는 결과로 이어질 수 있는 특정 수적 관계를 만들어낸다. 유권자는 일반적으로 실제로 의회에 진출한 개별 대표자에 대해 거의 알지 못하며(소수의 유권자만이 대여섯 명 이상의 이름을 댈 수 있을 것이다), 선거와 선거 사이에는 이러한 대표자들의 실제적인 정치적 결정을 통제할 힘이 없다. 또한 개별 유권자가 투표할 때 가졌던 어떤 의도라도 그것은 선거의 숫자상의 결과가 가져다주는 구체적인 정치적 효과와는 아무런 상관관계가 없다. 선거에 따른 의회 의석 및 정부 직책의 특정한 배분이나 일련의 정치적 결정을 의도한 유권자는 단 한 명도 없을 것 같다. 이것이 바로 루만이 보기에 선거가 주사위를 던지는 것만큼이나 무작위적인 이유이다. 예를 들어 어떤 기술적technical 이유로 일주일 후에

5   Wahl.

선거를 다시 치른다면, 세상은 거의 변하지 않았을지라도 결과는 분명 달라질 것이다. 민주적 선거 과정은 정치권력을 배분하는 과정에 청중을 포함하지만, 그 방식은 매우 우연적이다. 다시 말해 선거를 통해 창출된 숫자로 정치체계가 무엇을 할 것인지는 정치체계 자체에 달려 있다. 정치체계 고유의 개별 규칙과 절차에 따라 숫자를 정치적으로 해석하는 것은 정치체계가 처리할 일이다. 일단 숫자가 생성되면 유권자가 아닌 정치체계만이 그 숫자를 정치적 결정으로 바꿀 수 있다.

경험적으로 말하자면 민주적 선거 과정은 무작위적인 절차가 아닐 뿐만 아니라 민주적 정치를 만드는 데 있어 하나의 핵심적인 (그리고 그보다 훨씬 덜 핵심적인) 요소도 아니다. 루만은 에드빈 체르빅의 말을 빌려 "권력 서클 circle of power"에 대한 공식적인 (그러나 대부분 상상적인) 서사와 비공식적이지만 실제적인 서클을 구분한다. "공식적인 권력 서클에 따르면 청중은 선거를 통해 의회 대표자가 될 사람을 결정한 후에 정부 government를 선출한다. 정부는 ― 의회 및 행정부 administration와 함께 ― 행정부가 실행할 그리고 청중과 관련될 의사 결정을 한다. 비공식적인 권력 서클 내에서 ― 루만에 따르면 이것이 규칙이다 ― 공식적인 행정부는 의사 결정들을 준비하고 그 준비에 따라 정부와 의회는 구속력 있는 결정을 한 다음 청중에게 자신들의 결정을 정당화한다. 그러면 청중은 승인 또는 불승인을 통해 반응한다."[6]

---

6   Czerwick, *Systemtheorie der Demokratie*, 98. 체르빅(과 루만)은 이러한 기술에서

루만의 민주주의 분석과 "공식적인 권력 서클"에 대한 일반적인 이해 사이의 결정적인 차이점은 그에게 있어서는 유권자가 모든 정치권력의 원천으로서 인민을 대표하지 않는다는 것이다. 유권자는 주기적으로 활동하는 정치체계의 청중일 뿐이며, 바로 이러한 활동을 통해 정치적 의사 결정의 서클 속으로 통합된다. 선거는 정치권력을 구성하는 것이 아니다. 선거는 단지 진행 중인 정치과정의 한 요소일 뿐이다. 실제로 존재하는 민주주의는 인민과 그들의 선거에 의해 운영되는 것이 아니라, 예를 들어 정부와 야당 간의 원활하고 때로는 비교적 중요하지 않은 정권 교체를 가능하게 함으로써 비교적 스스로를 안정적으로 유지할 수 있도록 하는 수많은 정치조직, 절차 및 제도의 "특정한 구조적 배열"이다. 선거에서 패배하자마자 야당은 다음 선거 준비를 시작할 수 있다.

이러한 상황에서 인민의 역할은 주로(그러나 "단순히"는 아니다) 상징적이다. 다시 말해 민주주의의 서사는 앞에서 설명한 정치적 서클political circle을 폐쇄하는 기능을 하는 신화이다. 루만은 정부/야당 구별에 기초한 민주주의에서 인민은 단지 차이를 교대시키는 단순 기제로서만 필요하다고 설명한다. "18세기에 그랬던 것처럼 인민은 정치이론이 완성되는 데 필요한 구성요소일 뿐이다. 아니 달리 말해 인민이 전혀 존재하지 않는다면 누가 그것[*정치적

> 분명히 유럽적 민주주의를 염두에 두고 있다. 미국에서는 정부와 대통령이 의회에서 선출되는 것이 아니라 다른 정치기구에서 선출된다 — 하지만 이 기구 역시 선출되므로 그 "서클"은 미국과 유럽에서 기본적으로 동일하다.

상황]을 알아차리겠는가?"⁷ 하나의 단위로서 인민은 선거 과정이라는 준마술적quasi-magical 사건이 만들어낸 허구이다. 말하자면 하나의 단위로서 인민은 다른 어떤 것보다도 수학적 효과에 가깝다. 선거는 하나의 결과, 즉 하나의 "민의"를 낳는다 — 정치인들은 이에 분명하게 준거하고 이를 통해 자신들의 정당성을 도출한다. 그러나 경험적으로 볼 때 이 "민의"를 특정 개인의 의지와 동일시하기는 어렵다. 작동하는 민주주의에 필요한 것은 실제로 인민이 아니라 선거를 통해 생성되는 수치적 관계의 상징적 구성이다.

루만은 종교적 신념을 풍자적으로 시사하면서 다음과 같이 말했다. "자기 기술의 텍스트 속에서 민주주의는 여전히 '인민'을 개인의 의지가 일반의지에 녹아드는 기적이 일어나는 일종의 우월한 사례superior instance로 전제하고 있다." 여론은 개인의 마음가짐mindsets이나 이해관계를 대변하는 것이 아니다. 여론은 수치로 나타난 선거 결과라는 형식으로 통일성을 생산하는 "기적"이다. "개인이 투표용지에 기표할 때, (만일 무엇인가가 있다면) 실제로 무엇을 염두에 두었는지는(meinen) 여전히 알 수 없다. 이것만으로도 여론(Meinung)을 개인들의 일반적인 의견 표현으로 생각하지 … 않을 수 있는 충분한 이유가 된다."⁸ 사람들이 어떤 의견을 가지고 있는지, 즉 그들이 "무엇을 염두에 두는지" 또는 그들이 "무엇을 뜻하는지(meinen)"는 "여론(öffentliche Meinung)"과는 큰 관련이 없다.

7   PG, 366.
8   PG, 366, 283.

(사람들의 생각, 믿음, 느낌 등의 의미에서) 그들의 의견은 너무나 다양하고 독특해서 투표라는 형태로 적절하게 표현할 수 없다. 선거 결과가 수백만 명의 사람들의 이해할 수 없을 정도로 복잡한 정신적 또는 의지적 상태를 나타내는 것은 아니다. 오히려 그것은 (루소에게 있어서는 이미 개인 의지의 단순한 총합으로 오인되어서는 안 되는 "일반의지"를 대신하는 것으로서) 여론이라고 불리는 것을 확립하는 수단으로 사용된다. 여론은 정치체계가 지위와 역할을 배분할 수 있게 해주는 소통적 구성물이다. 그것은 인간적이거나 정신적인 현상이 아니라 소통적 현상이다 — 그것은 사회적 구성물이다(현행 선거 절차를 고려할 때 정치체계와 대중매체 체계의 "구조적 연동"에 의해 산출되는 구성물이다). 자유선거라는 상징적인 행위를 통해 사회는 이 기능을 수행할 정부를 정당화하고, 기적적으로 "신비한 변환mystic transformation"의 형태로 인민의 일반의지를 낳는다.[9]

루만이 마지막으로 출간한 논문 중 하나에 민주주의 정치의 상징적 핵심을 강조한 다음과 같은 구절이 있다.

> 오래된 관습에 따라 이것을 인민의 "통치rule"로 규정하고 싶다면, 상징적 정치와 도구적 정치 사이의 오래된 구별을 채택하는 것이 적절해 보인다. 이렇게 볼 때 우리가 다루는 것은 상징적 통치일 뿐이다. 상징적인 것은 분리된 것의 통일성을 실행하고 그것에 영향을 미치는 작동들이다 — 이 경우 통

---

[9] Parteien, 52.

일성은 국가, 정당 및 청중 조직의 구조적 분화의 통일성이다. 이러한 구별의 문제점은 그것이 상징적인 것과 도구적인 것의 경계를 넘나드는 비판과 요구, 즉 "더 많은 민주주의"에 대한 요구와 연결되어 있으며, 선거의 잠재적 기능, 즉 미래를 알 수 없도록 보장하는 기능이 간과되고 있다는 점이다.[10]

이 매우 이해하기 힘든 구절은 약간의 해부가 필요하다. 첫째, 루만은 민주주의라는 개념이 "인민의 통치"를 가리키는 것을 뜻한다면, 그것은 매우 심각하게 여길 필요가 없는 다소 낡은 "오래된 관습"이라고 약간 냉소적으로 언급하고 있다. 그러나 우리가 이 용어를 살리고 싶다면, 루만에 따라 이 용어가 사회의 실제적 또는 도구적 통치를 가리키는 것이 아니라 상징적 통치를 가리킨다는 점을 인정해야 할 것이다. 고대 그리스어의 뜻에 비춰보면 "상징"은 서로 떨어져 있는 것을 연결하거나 통합하는 어떤 것으로 이해할 수 있다. 루만은 그의 후기 저작에서 명시한 정치체계의 세 가지 요소, 즉 국가(정부, 의회, 행정부), 정치조직(정당), 청중, 즉 유권자를 언급한다. 이것들은 기능적으로 분화되어 있지만 서로 연결되어 있으며, 구별되지만 정치체계 내에서 서로 협력한다. 민주주의는

---

10 Meinung, 107. "상징적 통치"라는 개념과 관련하여 루만은 각주에서 다음 문헌들을 언급하고 있다. Thurman W. Arnold, *The Symbols of Government* (New Haven: Yale University Press, 1935); Murray Edelman, *The Symbolic Uses of Politics* (Urbana: University of Illinois Press, 1967); Marcelo Neves, *A Constitucionalização Symbólica* [상징적 헌법화] (Sao Paolo, 1994).

권력 구성에 청중을 통합하는 "통치"(엄밀한 의미에서 우리 사회에는 "통치" 체계가 존재하지 않는다는 점을 고려하면 이 용어는 신중하게 사용해야 한다)의 한 형태이기 때문에 그 본질적인 특징은 총선을 통해 이 세 가지 정치 영역이 하나의 서클로 통합된다는 것이다. 선거에서 청중은 다양한 정당의 정치적 힘을 결정하는 수치적 결과를 산출하고, 그 결과 정치체계가 의회, 정부 등을 구성할 수 있도록 한다. 루만에 따르면 이러한 통일성은 정치에서 어떻게든 자신을 표현하는 신비한 "민의"와 같은 서사에 기반하기 때문에 "신화적인" 성격을 띠고 있다. 그러나 상징적 신화 위에서 작동한다고 해서 민주주의가 제대로 기능하지 못하는 것은 아니다.

민주주의의 신화적 측면을 너무 문자 그대로 받아들이면 문제가 발생할 수 있다. "단지" 신화적인 인민의 통치 이상을 구성하는 "도구적 민주주의"에의 요구는 불가능한 요구이기 때문에 사실상 민주주의에 위험을 초래할 수 있다. 어떤 의미에서 민주주의의 가장 큰 위험은 민주주의의 상징적 성격을 실재하는 것으로 착각하고 인민들이 이를 장악하려고 시도하는 것이며, 이는 무정부 상태, 과두정치, 자칭 "인민당people's party"의 독재 또는 무의미한 민주적 미디어 극장media theatre을 초래할 수 있다. 역설적으로 민주주의의 기능에 대한 중대한 위험은 더 많은 민주주의에 대한 요구이다.

루만은 그러한 요구가 선거와 같은 민주적 절차가 더 결정적인 사회적 영향을 미쳐야 한다는 촉구라고 결론지었다. 그러나 루만에게 있어서 민주적 절차의 제한적인 사회적 영향이야말로 바로 민주적 절차가 제대로 기능하게 만드는 근거이다. 프로스포츠의 한 시즌이 항상 다음 시즌에 대한 희망을 남기는 것처럼 기능적인 민주주의 체계에서 모든 선거는 다음 선거 이전의 하나의 선거일 뿐이며 사회나 국가의 미래를 영원히 결정하지는 않는다. 민주주의 선거가 민의를 "실현"하는 실제적인 도구라고 전제한다면, 선거가 민주주의의 종말이 될 수도 있다. 민주적 선거의 가장 중요한 기능 중 하나는 선거가 한 사회의 운명을 단번에 결정하지 **않는**다는 것이다.

루만의 민주주의 이론의 급진적 측면에 대한 기술적 분석을 넘어서는 두 가지 쟁점을 다루면서 이 장을 마무리하겠다. 첫 번째 쟁점은 루만의 분석에서 도출되는 암묵적인 결론, 즉 사회를 너무 격렬하게 정치화하는 것은 "실제로 존재하는 민주주의"에 위험을 초래할 수 있다는 것과 관련이 있다. 두 번째는 루만이 실제로 정치적으로 어떤 입장을 취했는지에 대한 문제이다.

기존의 민주주의에서는 정치교육에 대해 상당한 관심이 있다. 자유주의적 관점에서 볼 때, 정치교육은 선전이나 세뇌로 이해되기보다는 젊은이들에게 다양한 정치적 선택지, 민주주의의 기능과 뜻, 정치에 적극적으로 참여하는 방법, 민주주의 발전에 건설적으로 기여하는 방법에 대해 가르치는 것으로 이해된다. (대중매체에서는) 시민들의 정치 활동 부족을 종종 한탄한다. "놀라울 정도로" 낮은 투표율이 발표되면 언론과 정치인들은 걱정하는 것 같다. 투표를 독려하기 위해 세금으로 자금을 지원하는 공공 캠페인도 있다. 어떤 (민주적) 정당에 투표하느냐는 중요하지 않다고 말한다. 선거에서 정말 중요한 것은 올림픽의 경우처럼 참여이다. 독일어로 **참여가 전부다**Dabeisein ist alles라는 슬로건이 있듯이 말이다. 역사적으로 정치교육에 대한 관심은 미국혁명과 프랑스혁명의 초석이 된 민주적 시민권이라는 이상과 많은 관련이 있다. 정치적으로 적극적인 사회 구성원만이 훌륭한 사회 구성원이며, 그(그리고 다소 늦게 그녀)만이 진정으로 자유로운 자기 관리self-managing 국가에서 살 수 있는 영광을 누릴 자격이 있다. 시민이 진정한 시민이 되기 위해 민주주의가 필요한 것처럼 민주주의가 진정한 민주주의가 되기 위해 정치적으로 적극적인 시민이 필요하다. 그 둘 사이의 관계는 상호 의존적이다.

(학교에서, 대중매체를 통해, 정치적 조직들을 통해) 정치교육이 민주주의가 기능하는 데 결정적인 것처럼 보이는 이유는 루만의 관점에서 볼 때 아주 명백하다. 첫째, 정치적 참여 시민 — 선거일에 투표하는 것만으로도 이미 정치에 참여하는 것으로 간주한다면 — 이 없다면, "민의"를 결정한다는 신화는 그 마법의 힘을 잃게 된다. 인민의 3분의 1만이 투표에 참여한다면, 그때는 인민의 의지력people's willpower에 문제가 있는 것처럼 보인다. 민의를 생성하는 가장 중요한 행사에 제대로 참여하지 않는다면 민의는 위태로워진다. 납세자들이 투표를 독려하는 텔레비전 광고를 구매하는 이유도 여기에 있다. 낮은 투표율에는 수학적 또는 절차적 문제가 없지만(의회 의석수는 1만 표를 기준으로 하든 1,000만 표를 기준으로 하든 똑같이 잘 계산할 수 있다), 신화적인 문제가 있을 수 있다. 선거에서 적절한 투표율만이 민주주의의 신화의 생존과 힘을 보장한다. 정부

의 정당성뿐만 아니라 민주주의국가 전체의 정당성은 이 신화에 달려 있다.

비슷한 이상이 공산주의국가와 파시스트국가의 전체주의적 "민주주의"에 대한 정치적 자기 기술에서 가장 중요했다. 이들 국가를 통치한 "인민의 정당"은 스스로를 제도화된 공적 정치 활동의 형태이자 사회의 철저한 정치화의 원천으로 간주했다. 적극적인 정치 참여를 주장하는 것은 여전히 자유민주주의를 특징짓고 있는, 계몽주의에서 유래한 바로 그 혁명적인 민주적 요구 — 적극적 시민권의 요구 — 에 따른 것이다. 좌파와 우파의 전제적 민주주의국가들은 자신들을 자유주의적 민주주의국가들보다 덜 민주적이 아니라 더 민주적이라고 생각했다. 그리고 그들은 정치 활동의 우선성을 훨씬 더 크게 믿었다. 이러한 국가에서는 모든 활동이 (잠재적으로) 정치적인 것이었다. 학교에 가는 것, 스포츠에 참여하는 것, 직장에 가는 것 등 모든 것이 어쨌든 인민의 정치적 진보를 강화하는 데 기여하는 것으로 여겨졌다. 정치적 해방은 끝이 없는 프로젝트였다. 학생, 운동선수, 노동자, 교사 모두 인민의 정치화와 정치적 해방을 위해 끊임없이 참여하고 있었다. 대중은 영구적으로 정치적 자기 교육에 참여해야 하는 것으로 전제되었다. 정치적으로 해방된 노동자들은 노동을 정치 참여로 생각해야 했고, 정치적으로 해방된 운동선수들은 (좌파 사회주의든 우파 사회주의든) 사회주의적 사회 재건의 맥락에서 자신의 노력을 생각해야 했다. 이러한 사회들은 또한 시민들의 정치 참여로 정치적 성공을 측정했다. 대규모 퍼레이드와 (조작된) 선거와 같은 대중적인 정치적 의식ceremony은 자유민주주의에서 (자유)선거가 그러하듯 전제적 국가에서도 민주주의의 신화를 구축하는 데 핵심적인 요소로 간주되었다.

전제적 민주주의국가들에서 강제된 정치적 행동주의는 실제로 존재하는 민주주의국가들에서 단순히 장려된 정치적 행동주의보다 덜 안정적이었다. 선거가 조작된 것처럼 그리고 조작된 것으로 **알려진** 것처럼 대규모 퍼레이드도 마찬가지였다. 이는 서양에서 단순한 정치적 무관심이 가져온 것보다 훨씬 더 정치 신화에 해로운 것으로 판명되었다. 정치적 참여를 조종할 수 있다는 집권당의 믿음은 잘못된 것으로 드러났다. 역설적이게도 이러한 국가들은 궁극적으로 과도한 정치교육과 선동의 희생양이 되었다. 기능하는 민주주의를 보장하는 정치적 신화는 소통적 기후변화communicative climate change에 다소 민감하다. 즉 그것은 인민에게 잊힐 위험이 있을 때는 지나친 냉정함으로 위협받을 수 있지만 과다 복용 방식으로 처방될 때는 지나친 열기로 위협받을 수도 있다. 신화는 무시되지 않거나, 신화 이상의 어떤 것, 즉 진실로 변질되지 않을 때만 신화로 남는다. 진정한 민주주의는 민주주의의 신화가 감당할 수 있는 것 이상이다 ― 그것은 민주주의의 죽음이 될 수도 있다. 따라서 진정한 민주주의에 대한 요구와 격렬한 사회의 정치화는 신중하게 이루어져야 한다.

루만의 정치적 입장에 대해서 통상적인 두 가지 분류 방식이 있는데, 나는 두 가지 모두 의문의 여지가 있다고 생각한다. 첫 번째, 더 잘 알려진 것은 그가 보수주의자라는 비난이다. 보수적이라는 분류가 어떻게 생겨났는지 쉽게 알 수 있다. 독일에서 루만을 어느 정도 유명하게 만든 1970년대 하버마스와의 논쟁에서 그는 분명히 (하버마스로 대표되는) 좌파에 속하지 않았고, 그래서 좌파의 즉각적인 결론은 그가 우파에 속한다는 것이었다. 이러한 결론은 좌파의 관점에서 볼 때 좌파가 아닌 모든 것은 사회 진보에 장애물이었고, 그래서 반드시 우파 또는 보수적이었기 때문이다. 루만에 대한 좌파의 다양한 비판은 마이클 킹과 크리스 손힐이 간결하고 심도 있게 나열, 분석, 반박했으며, 그들의 말에 내가 더 이상 덧붙일 것이 없다.[11]

루만의 정치적 입장에 대한 두 번째, 여전히 다소 제한적이지만 보다 적절한 평가는 그가 기능적 분화의 옹호자이며, 이러한 옹호가 기능적 분화를 영속화하고 따라서 사회적 안정과 진화에 기여하기 때문에 그를 "실제로 존재하는 민주주의"의 옹호자로 만든다는 것이다. 간단히 말해서 이는 루만이 현대사회를 설명하려고 노력했을 뿐만 아니라 그 설명의 결과에 만족하고 있으며, 현재의 (서양) 사회를 — 비록 반드시 라이프니츠적인 방식으로 "가능한 모든 세계 중에서 가장 좋은 세계"로 찬양하지는 않지만 — 찬양하고 있으며, 현재의 사회구조가 지속되기를 바라면서 그것을 긍정하고 있다고 말하는 것과 같다. 기능적 분화 내에서 민주적

---

11 Michael King and Chris Thornhill, *Niklas Luhmann's Theory of Politics and Law* (New York: Palgrave MacMillan, 2003), 203–225. 킹과 손힐의 분석에 대한 더 자세한 논의는 부록을 보라.

정치의 기능은 자기생산적 작동을 잘 유지하고 다른 체계의 기능에 너무 능동적으로 간섭하지 않는 것이다. 이러한 입장은 정치에 대한 — 특히 정치의 경제와의 관계에 대한 — 자유방임주의적 접근 방식과, 정확히 같지는 않지만, 양립할 수 있다.

나는 루만이 기능적 분화의 특정 측면에 대해 종종 긍정적인 태도를 보였으며, 사회가 "혁명적인" 변화를 도입하려 하기보다는 이러한 노선을 따라가는 것이 더 나을 것이라고 암시했다는 사실을 인정한다. 그는 특히 기능적 분화의 축소가 미칠 수 있는 부정적인 영향에 대해 우려했다. 그러나 나는 명백히 반규범적이고 엄격하게 설명적인 이론가의 이러한 규범적 실수는 이데올로기적 신념이라기보다는 실용적인 상황적 발언으로 이해해야 한다고 주장하고 싶다. 나는 에드빈 체르빅이 내린 다음과 같은 결론이 루만의 민주주의에 대한 긍정을 과장하고 있다고 생각한다. "그[루만]의 체계이론에서 영감을 받은 민주주의 개념은 오늘날 민주주의를 실천해야만 자신들의 사회적 기능을 적절하게 수행할 수 있는 정치체계들의 논리 혹은 합리성의 관점에서 서양 세계의 민주주의를 (재)구성하려는 중요한 시도로 보아야 한다. 따라서 민주주의는 결국 특정 진화 단계에 도달한 정치체계의 존속을 위한 가장 중요한 조건이 된다."[12]

한편으로 루만은 민주주의가 신화에 기반을 두고 있다거나

---

12   Czerwick, 191-192. 나는 체르빅의 책이 전반적으로 루만의 민주주의 개념에 대한 탁월하고 매우 정확한 연구라고 생각한다.

잘 작동하지 않을 것이라는 이유로 그것을 포기하려 한 것은 분명 아니었다. 다른 한편으로 그는 민주주의가 현대사회에서 정치의 생존을 가능하게 하는 유일한 정치구조라고 믿지도 않았다. 그의 민주주의에 대한 옹호는 훨씬 덜 구체적이며, 내가 생각하기에 민주주의를 위한 청원으로 의도된 것이 아니었다. 그것은 오히려 민주주의에 너무 많은 것을 기대하는 사람들과 사회를 더 민주적으로 만들고자 하는 사람들에게 경고하는 뜻을 담고 있었다. 나는 그가 민주주의를 너무 진지하게 받아들이려는 이데올로기적 시도에 상당히 불안을 느꼈고, 그러한 시도가 역설적으로 민주주의의 존립에 위험을 초래할 수 있다고 생각했다고 믿는다. 나는 루만이 규범적 prescriptive 사상가가 아니었고, 어쩌면 더 중요한 것으로 매우 비이념적이거나 심지어 반이념적인 사상가였다고 생각한다. 그는 좌파 또는 우파 이데올로기의 토대 위에 세워진 전체주의적 정치체계를 매우 실망스럽게 바라보았다. 그는 또한 자유민주주의의 "이데올로기화" 문제에 대해서도 매우 민감했다. 현재의 자유민주주의를 비판하고 "진짜" 민주주의가 되어야 한다고 요구하는 것은 민주적 "근본주의"를 연상케 하고, 그래서 이데올로기적 열병의 기미를 풍긴다. 나는 루만이 민주주의와 기능적 분화를 긍정하는 것은 기능적 분화가 사회 진화의 견딜 수 있는 결과이며, 진화를 돕기 위해 진화 과정에 간섭하려는 시도는 일반적으로 그다지 유망하지 않다는 사실을 말하는 것일 뿐이라고 생각한다. 따라서 루만의 민주주의 옹호는 실질적인 친민주주의 prodemocratic 이데올로기의 표현이 아니다. 그 대신에 그것은 정치적으로 덜 의무적인 정치체계가 고도로 이데올로기적인 성격이 강한 정치체계보다 사회적으로 덜 해로운 방식으로 기능하는 것처럼 보인다는 역설적인 통찰에 기초하고 있다. 실제로 존재하는 민주주의의 장점은 그것이 어떤 가정된 역사적 목표를 어떻게든 실현한다는 것이 아니라 사회적 안정을 가능하게 한다는 것이다. 루만은 "상징적 민주주의"가 "진정한 민주주의"를 실현하려는 어떤 시도보다 경험적으로 더 성공적인 것으로 입증되었다고 믿었다.

제9장
결론:
희망도 두려움도 아니다

내 독일인 친구는 사회적 체계이론에 대체로 공감하지만, 루만을 연구할 때 자신뿐만 아니라 다른 많은 사람이 경험했던 어떤 좌절감을 표현한 적이 있다. 그는 매우 적절한 비유를 들어 루만의 저작이 독자들에게 **쿠슐레케**Kuschelecke, 말 그대로 "껴안고 쉬는 아늑한 공간cuddling corner", 즉 독자들이 편안하고 아늑하며 느긋하고 따뜻함을 느낄 수 있는 쿠션이 좋은 가구가 있는 공간을 제공하지 못한다고 지적했다.[1] 그 발언 이후 나는 루만의 아늑한 구석을 찾기 위해 노력해왔지만 지금까지 아무 소용이 없었다. 아마도 바로 이 완전한 결핍이 루만을 그렇게 급진적으로 만들었을지도 모른다 — 그렇지 않을까?

루만을 좀더 편안하고 안락하게 만들려는 시도는 그의 해설자들 사이에서 드물지 않게 있어왔다.[2] 분명 그들에게 **쿠슐레케**에

---

[1] 내 친구 이름은 야리 그로세-루이켄Jari Grosse-Ruyken이다.
[2] 한 예가 John Mingers, "Can Social Systems be Autopoietic? Assessing Luhmann's Social Theory", *Sociological Review* 50(2002): 278-299이다.

대한 갈망은 거부할 수 없는 유혹이다. 내가 생각하기에 루만을 부드럽게 하려는 이러한 노력은 일반적으로 도움이 되지 않는다. 내 생각에 희석된 루만, 급진성이 무시되거나 완화된 루만은 오해와 왜곡을 초래할 뿐이다. 이것은 그의 "슈퍼 이론"이 마땅히 받아야 할 대접이 아니다. 나는 루만의 급진주의를 변명조로 부정하기보다는 그것을 가혹하게 비판하는 것이 더 낫다고 생각한다. 루만의 급진주의를 살리고, 보존하고, 명확히 밝히는 것이 이 책을 쓴 나의 주된 목적이었다.

지금까지 나는 루만의 이론이 패러다임의 전환을 나타내는 몇 가지 구체적인 영역을 지적함으로써 주류 사회이론과 현대 서양철학으로부터 루만의 급진적 이탈을 설명하려고 시도했다. 이러한 영역은 그의 반인간주의 또는 포스트 인간주의에서부터 민주주의의 해체에 이르기까지 다양하다. 나는 마지막으로 루만의 급진주의에 대한 보다 일반적인 설명으로 마무리하겠다. 이 마지막 장에서 내가 다루고자 하는 질문은 다음과 같다. 루만의 급진주의는 [우리를] 어디로 이끄는가? 루만을 이해하고 나면 우리는 어떤 방식으로 세계를 다르게 볼 수 있는가? 사회와 세계, 나아가 자신의 삶에 대한 루만의 태도는 무엇으로 구성되는가? 이러한 질문은 이론의 범위를 넘어서는 것이기 때문에 루만 자신에게는 거의 문제가 되지 않았고, 따라서 질문하기에는 불손하거나 부적절한 것으로 간주될 수도 있다. 그럼에도 불구하고 **쿠슐레케**는 아니더라도 적어도 **쿠슐레케**의 부족을 보완할 수 있는 무언가를 찾고 확립하기 위해서라도 나는 이런 질문을 하지 않을 수 없었다.

내가 루만의 공적이라고 생각하는 주요 패러다임의 변화는 철학의 종말과 이론의 시작이다.[3] 이러한 변화는 다음과 같은 이론적 결과를 가져온다. 근대 초기 유럽에서 종교에서 철학으로, 성스러운 것에서 세속적인 것으로의 전환이 사회적 의미론과 사회구조의 변화를 동반한 것과 마찬가지로 철학에서 이론으로의 전환은 더 나은 표현이 없기에 태도의 변화라고 불릴 수 있는 것을 수반할 것이다. 신학의 성스럽고 신성한 세계에 대한 탈주술화disenchantment나 해방은 철학의 이성적이고 도덕적인 세계에 대한 각성 혹은 해방으로 이어질 수 있다. 포스트 철학적postphilosophical 의미론이 어떤 모습일지 예측하는 것은 어리석은 일이지만, 루만을 최초의 포스트 철학적 이론가 중 한 명으로 관찰할 때 드러나는 태도의 몇 가지 특징을 개관하는 것은 가능할 수 있다. 서로 밀접하게 연결된 이 태도의 세 가지 특징은 신중함,[4] 아이러니, 평정심이다. 말하자면 이 세 가지가 사회적 체계이론의 덕 윤리의 핵심을 구성한다.[5]

[3] 이하에서 나는 루만의 (슈퍼) 이론 개념과 관련하여 "이론"이라는 용어를 사용한다.
[4] Michael King and Anton Schutz, "The Ambitious Modesty of Niklas Luhmann", *Journal of Law and Society* 21(1994): 261-287을 보라.
[5] 나는 이 문장의 아이러니한 특성을 이 각주를 읽는 독자들만 눈치채는 일은 없기를 바란다.

신중함

유럽 르네상스와 계몽주의 시대는 "위대한 과학greater science" — 독일어 용어 **학문**Wissenschaft의 의미에서 지식을 생산하고 그 지식을 사회에 유용하게 하기 위한 모든 학문 분야, 즉 자연과학, 사회과학, 인문학 등을 포함하는 조직적이고 제도화된 노력 — 의 재등장과 재창조를 가져왔다. 근대 초기에 철학은 여전히 이러한 노력을 주도하는 것으로 인식되었고, 스스로도 그렇게 생각했다.[6] 이는 칸트와 헤겔에게도 분명한 사실이었으며, 맑스나 다윈에게도 본질적으로 다르지 않았다. 최소한 19세기까지 근대 철학은 인식론적으로 낙관적이었다. "위대한 과학"이 모든 종류의 진리를 발견하여 인류를 계몽하고 역량을 강화시켜줄 것이라는 일반적 믿음이 있었다. 위대한 과학은 사회적, 기술적technological, 윤리적 개선의 배후 원동력이 될 것이라고 믿었다. 역사적으로 말하면 철학은 지식을 생산하고 이를 통해 진보하려는 근대적 야망의 중심에 있었다.

20세기에 들어서면서 철학은 점점 더 이른바 과학적 활동의 주변부로 밀려났다. 이러한 쇠퇴뿐만 아니라 철학이 과학에서 점점 더 분리되고 있음에도 불구하고 우리 시대를 "정보 시대" 또는 "지식 사회"와 같은 용어로 규정하는 것은 여전히 흔한 일이다. 이런 식으로 계몽주의 철학의 의미론은 여전히 살아 있다. 지식을 갖고 정보를 소유하는 것이 사회적 성공과 개인적 발전의 열쇠로

---

6   제4장을 보라.

여겨진다. 민주 시민, 자율적인 인간, 자유로운 개인이 되기 위해서 우리는 사물을 알고 정보에 접근할 수 있어야 한다. 교육은 일반적으로 번영하는 사회를 건설하고 독립적인 개인이 되기 위한 가장 중요한 토대라고 여겨진다. 헤겔 철학에서 중심적인 역할을 한 독일어 용어 **빌둥**Bildung은 이를 다음과 같이 멋지게 표현하고 있다. 그것은 교육과 교화, 지식의 전달과 습득, 그리고 개인 인격 혹은 국가 문화의 "형성building"(독일어 용어에 어원적으로 상응하는 영어 단어) 등을 모두 뜻한다. 한때 철학과 동일시되었던 **빌둥**은 이제 모든 근대사회의 일반적인 기획이자 야망이 되었다. 이런 식으로 우리는 여전히 "철학적" 사회에 살고 있다. 근대사회는 스스로 지식의 생산과 자기 계발 및 진리 발견을 위한 끊임없는 탐구를 통해 자기 자신의 **빌둥**에 영구적으로 관여하고 있다고 생각한다.

그러나 이론의 관점에서 볼 때 "지식 사회"와 관련된 인식론적 낙관주의는 의문의 여지가 있다. 이론은 지식의 생산을 소통의 한 형식, 즉 사회 구성의 한 형식으로 기술한다. 물론 그것이 철학적인 인식론적 낙관주의를 지식의 유용성을 완전히 부정하는 단순한 비관주의로 대체하는 것은 아니다. 그러나 이론의 관점에서 볼 때 지식 생산의 증가와 관련된 구원론적 희망은 보장된 것이 아니다. 사회적 구성물로서 지식은 사회와 개인이 그것이 없었다면 할 수 없었을 많은 일을 가능하게 하는데 ― 예를 들어 사회가 지식 생산에 관심이 없었다면 나는 이 책을 쓰고 출판할 수 없었을 것이다 ― 그러나 이것이 사회나 개인이 실제로 진리에 더 가까워진다는 것을 뜻하지는 않는다. 기능적으로 분화된 사회에서 과학은 한때 철학이 할 수 있다고 여겨졌던 것, 즉 위에서 언급한 의미의 포괄적 **빌둥**의 과정을 시작하는 것을 할 수 없다.

지식 생산에 대한 전통적인 철학적 접근 방식은 계몽되어야 할 집단적 주체와 개인적 주체가 모두 존재한다고 가정했다. 이론의 관점에서 볼 때 그러한 주체는 존재하지 않는다. 아무도 지식을 그 혹은 그녀 자신의 내부 구성요소로 "갖고has" 있지 않다. 지식은 돈과 권력처럼 일반화된 소통 매체로 기능한다. 그리고 우리는 구체적인 사회적 맥락에서 특정 가치를 부여하는 (체계이론적 용어로) 다른 매체를 갖는 방식으로 지식을 "갖는다". 지식은 사회가 기능할 수 있게 해주지만, 개인이나 사회 전체를 근본적으로 개선하지는 못한다. 이론의 관점에서 볼 때 더 많은 돈이나 더 많은 권력과 마찬가지로 더 많은 지식이 더 많은 **빌둥**으로 이어지는 것은 아니다.

지식의 인플레이션이 그 좋은 예라고 할 수 있다. 어떤 개인도 — 그리고 어떤 국가나 사회적 체계도 — 지식을 일관성 있게 축적하거나 저장할 수 없다. 사실상 지식은 **교환을 통해** 전달되거나 소비될 때만 중요하다. 지식은 시간적으로뿐만 아니라 소통적으로도 (예를 들어 학문적 출판물에서) 교환된다. 즉 새로운 지식이 오래된 지식을 대체하는 것이다.[7] (헤겔의 용어로) "절대지"라는 관념은

---

7   근대과학이 지식을 축적함으로써 단순히 "성장하는" 것이 아니라 매우 다르게 기능하는 방식은 토마스 쿤의 저작에서 가장 뛰어나게 개관되어 있다.

이론의 관점에서 볼 때 더이상 지지될 수 없다. 지식이 돈이나 권력과 같은 매체라면 지식 생산에 참여하는 사람들은 자신이 궁극적으로 자기 발전을 위한 노력에 참여하고 있다고 믿을 이유가 없다. 다시 말해 이론가들은 과거의 철학자들보다 더 신중해야 한다. 그들은 더이상 스스로를 지혜의 가장 중요한 애호가라고 거만스럽게 생각할 수 없다. 그 대신에 그들은 스스로를 지식 교환 시장의 상인이라고 생각해야 한다. 이론가들은 철학이라는 직업에 종종 붙어 있었던 많은 가식을 버려야 할 것이다.

맑스가 헤겔을 머리에서 발로 뒤집었다고 주장했을 때, 그는 헤겔의 관념론을 유물론으로 전환했을 뿐만 아니라 마침내 "철학적 과학philosophical science(헤겔의 philosophische Wissenschaft [철학적 과학])"을 단순히 영적으로 계몽하는 것이 아니라 실천적으로 응용할 수 있게 만들었다는 것을 뜻했다. 맑스는 「포이어바흐 테제」의 11번째에서 이를 다음과 같이 간결하게 표현했다. "철학자들은 지금까지 세계를 다양한 방식으로 해석했을 뿐이다. 중요한 것은 세계를 변화시키는 것이다."[8] 그러나 철학적 과학을 통해 세계를 변화시킨다는 관념은 맑스주의적일 뿐만 아니라 헤겔적이다. 헤겔과 그의 선배들에게 철학적 해석은 항상 세계를 변화시키는 것으로 가정되어 있었다. 그것은 바로 "철학적 과학"의 기획, 즉 칸트의 용어를 빌리자면 "과학으로서 자신을 드러낼 수 있는 미래 형이상

---

8 www.marxists.org/archive/marx/works/1845/theses/에서 시릴 스미스Cyril Smith의 번역.

학"의 기획이었다. 철학이 "철학의 스캔들"을 극복하고 스스로를 과학으로 전환하는 데 성공한다면 세계를 바꿀 수 있을 것이다. 헤겔은 종종 *wirkliches Wissen*[비르클리헤스 비센]이라는 표현을 사용하는데, 이는 (표면적이고 그래서 거짓인 지식과 반대되는) "참된 지식"을 뜻하며 "효과적인 지식"(wirken은 "효과적임"을 뜻한다)을 나타낸다. 과학적 철학이 참이라면 세계에 직접적인 효과를 가질 수 있다. 이런 식으로 계몽주의 철학은 지식의 생산에 관한 것일 뿐만 아니라 처음부터 (그리고 맑스에 이르러서만이 아니라) 세계를 변화시키는 것에 관한 것이기도 했다.

철학은 세계를 아는 것뿐만 아니라 사회에 개입하여 그 변화와 발전을 예측하고 지시하는 것도 가능하다는 것을 암시했다. 칸트의 경우 철학은 궁극적으로 "영구 평화eternal peace"의 길을 보여주는 것이다. 맑스의 경우 철학은 계급적 적대감을 종식하는 데 도움이 되는 것이다. 따라서 철학자의 모습은 종교적 구세주의 세속적 대안인 선지자visionary와 자주 동일시되어왔다. 철학자의 선지자적 태도는 칸트나 맑스처럼 "거대이론"의 수준에서 찾을 수 있지만, 오늘날 수많은 규범 철학자의 선언에서 훨씬 더 작은 규모로도 발견할 수 있다. 정치철학자와 응용윤리학자들은 전형적으로 사회적 또는 도덕적 변화를 위한 제안을 제시할 능력을 가지고 있다고 느낀다.

이론은 자기 자신을 철학적 과학의 개입주의적 유산과 단절한다. 하지만 이론은 그것[이론]이 세계를 변화시킨다는 사실을 인정한다. 예를 들어 일단 이 책이 출간되면 세계 ― 그리고 특히 사회 — 는 조금 달라질 것이다. 생태계에서 일어나는 모든 일이 생태계의 후속 발전에 영향을 미치는 것처럼 사회에서 일어나는 모든 일은 사회의 진화에 기여한다. 개입주의 철학과 비개입주의 이론의 차이점은 비개입주의 이론이 철학하기philosophizing와 이론화하기theorizing가 변화를 만든다는 것을 부정하는 데 있지 않고, 그것들이 자신들의 변화 만들기를 어떻게 평가하고 분석하는가에 있다.

　루만의 이론은 관념론도 유물론도 아니다. 그것은 구성주의이다. 다양한 관념이 사회를 변화시킨다고 주장하는 관념론과 물질적 변화가 사회를 변화시킨다고 주장하는 유물론처럼 구성주의는 다양한 사회 구성이 사회 변화를 구성한다고 주장한다. 이것은 쟁점이 아니다. 쟁점은 관념과 물질적 조건이 사회 구성보다 더 본질적인 것으로 여겨지는 것이다 — 다시 말하면 관념이나 물질적 조건이 사회 변화의 근본적인 제일원인이라고 여겨지는 반면에, 사회 구성은 사회 내에 근본적으로 내재되어 있으며 사회 변화의 원인이라기보다는 그 결과일 뿐이라는 것이다. 이론은 동시에 사회에 관한 것이기도 하고 사회 내부에 관한 것이기도 하다. (**사회의 객관성**genitivus objectivus과 **사회의 주관성**genitivus subjectivus이라는 문법적으로 모호한 의미에서) 사회의 이론은 이론이 이론화하는 바로 그 사회의 산물이다.[9] 이론은 특정 목표를 향한 특정한 변화를 일으킬 수

9　제4장에서 루만의 수많은 책의 문법적으로 애매한 제목(예를 들어 『사회의 사회』)에 대한 논의를 보라.

없다. 그것은 단지 사회의 지속적인 자기 수정에 (상대적으로 미미한) 역할을 할 뿐이다.

"이론"이라는 단어의 엄격한 의미에서 사회이론은 정치철학과 달리 세계를 "단순히" 해석하는 것과 세계를 변화시키는 것 사이의 차이를 인지할 수 없다. 맑스(그리고 많은 비맑스주의 정치철학자)에게 있어서 정치이론은 단순히 사회에 대한 또 다른 공허한 해석을 제공하는 것이 아니라 본질적으로 다른 것, 즉 물질적 변화를 초래하는 것이어야 한다. 그러나 이론에 있어서 사회는 소통으로만 구성된다. 따라서 이론은 세계를 직접 변화시킬 수 없고 사회만 변화시킬 수 있으며, 이론은 매우 복잡한 세계에서 사회 변화가 어떤 방식으로 세계를 변화시킬지를 결코 예측할 수 없다. 한편으로 이론이 사회와 세계를 변화시키는 것은 피할 수 없는 일이지만, 다른 한편으로 이론의 변화와 세계의 변화 사이에는 기계적인 인과관계가 존재하지 않는다. 따라서 엄밀한 의미에서 세계에 대한 규범적인 이론적 개입은 불가능하다. 이론가들은 세계를 변화시키지만, 이러한 변화를 통제하거나 예측하거나 심지어 진실하게 말할 수 있는 위치에 있다고 주장할 수는 없다. 이것이 바로 루만의 급진적인 이론적 신중함을 구성하는 요소이다.

아이러니

이론은 지식의 생산과 그 교환에 관여함으로써 뜻meaning, 즉 의미sense(이는 아마도 루만이 사용하는 독일어 용어인 *Sinn*[진]을 더 잘 번역한 것일 수도 있다)를 생산하고 소통한다. 확실히 모든 소통은 이 용어의 체계이론적 뜻에서 의미를 구성한다. 의미는 루만이 생각한 사회의 가장 일반적인 매체이며, 더 나아가 심리적 체계와 소통 체계 사이 — 인간의 정신과 사회 사이 — 의 구조적 연동을 가능하게 하는 데 필수적이다. 의미는 우리가 생각할 때와 소통할 때 구성된다. 특정한 사회적 체계는 특별히 중요한 매체(예를 들어 경제 체계의 경우 화폐)를 구성함으로써 작동한다. 이런 식으로 경제에서 가장 중요한 것은 돈을 버는 것이다. 이와 마찬가지로 (이론과 철학이 포함되어 있는) 과학 체계에서 가장 중요한 것은 진리를 만드는 것이다. 이러한 체계들의 뜻은 체계들이 구성한 사회적 의미의 특정한 구성물이다. 이러한 체계들은 고유한 의미의 원천들을 사회에 제공한다. 다른 체계도 마찬가지이다. 예를 들어 종교는 사회에 종교적 의미를 부여하고, 법체계는 합법과 불법의 구별을 중요하게 만들고 그리고 보건 체계는 건강을 의미 있는 사회적 관심사로 만든다.

    그러나 사회에서 의미의 복수성과 통약 불가능성 incommensurability은 어떤 면에서는 의미를 쓸모없게 만들며, 아마도 가장 단순화된 전통적인 철학 정의와 상반되게 만드는 것 같다. 플라톤의 『소크라테스의 변명』에서 소크라테스는 성찰하지 않는 삶은 살 가치가 없다고 선언한 것으로 유명하다.[10] 이 선언은 철학을 뜻, 즉 여기서 내가 말했듯이 "삶의 의미(Sinn des Lebens)"를 발견하기 위한 체계적인 노력으로 이해하는 데 필요한 고전적인 기준점이 될 수

---

10 *Apology*, 38a.

있다. 이 전통적인 철학적 맥락에서 의미는 문법적으로 단수이다. 엄밀히 말하면 철학의 경우 — 특히 루만이 반응한 독일어권 맥락에서 — 의미는 무의미nonsense가 될 위험 없이는 다양화될 수 없다. 독일어 단어 der Sinn[데어 진]은 복수형에서 die Sinne[디 지네]로 바뀌는데, 이는 "뜻들meanings"이 아니라 "의미들the senses"을 뜻한다. 플라톤의 관점에서 볼 때 이는 복수화된 의미가 지적이고 이성적인 뜻을 잃고 신체적이고 비이성적인 것으로 퇴보한다는 것을 나타낸다. 따라서 의미의 복수화는 의미의 사생아화bastardization이자 그 반대로의 역설적 반전에 해당한다.

후기 저술에서 루만은 Sinn이라는 용어를 사용할 때 후설을 언급하지 않고 그 대신 들뢰즈의 『의미의 논리Logique du Sens』를 참조했다.[11] 이론에서 "의미의 논리"는 말하자면 철학적으로 계승된 의미의 논리를 전도시킨 것이다. 이론은 (단수형인) **논리**die Logik와 (단수형인) **의미**der Sinn에 몰두하는 대신 다양하고 동시적인 논리적 구성과 의미 구성의 여러 가능성을 탐구한다. 의미의 급진적 복수화는 삶의 뜻을 발견하려는 전형적인 철학적 시도에서 눈에 띄게 벗어난 것일 뿐만 아니라 스타일이나 태도의 변화이기도 하다. 소크라테스는 때때로 소크라테스적 아이러니를 구사하기도 했지만, 『소크라테스의 변명』에 잘 드러나 있듯이 삶에 대한 성찰에 매우 진지했다. 소크라테스적 아이러니와 비교하여 이론은 의미의 복수성으로 전환할 때 아이러니해지는 훨씬 더 급진적인 방식을 도

---

[11] Gilles Deleuze, *Logique du sens*[의미의 논리](Paris: Les Editions de Minuit: 1969).

입한다. 루만은 다음과 같이 말한다. "자기비판적 이성은 아이러니한 이성이다. 그것은 '유럽을 끊임없이 떠도는 집시들의 이성'이다."[12] 그의 초기 스승 후설과는 정반대로 루만은 말년에 이르러 자신을 이성의 집시들 — 통일된 의미 구성 유형을 위반하고 일반적으로 규범으로 간주되는 것 바깥에서 사는 사람들 — 과 동일시했다. 루만이 후설의 *Sinn*에서 들뢰즈의 *sens*[상]으로 전환한 것은 내가 철학에서 이론으로의 전환이라고 부르는 것을 보여주는 지표로 이해할 수 있다. 그것은 이성을 아이러니하게 만드는 것과 마찬가지이다.

내 개인적인 정의에 따르면 아이러니는 (명백히 좋지 않은 일이 일어나고 있는데 "대단하다!"라고 말하는 것처럼) 단순히 실제로 말하고 있는 것과 반대되는 것으로 이해되어야 하는 것을 말(또는 소통)하는 것이 아니라, 동시에 그리고 같은 정도로 엄숙하고 엄숙하지 않은 것, 유효하고 유효하지 않은 것을 말하는 것이다. 그것은 의미를 만들지만, 동시에 그리고 같은 정도로 "무의미를 만들기"도 한다. 그 예로 루만의 『사회의 과학』 서문의 마지막 문장을 들 수 있다. "통상 그렇게 하듯이 남아 있는 어떤 오류도 내 책임이라고 말하는 것만이 남았다 — 이 문장의 오류를 제외하고, 명백히!"[13] 분명히 루만은 말과 달리 자신의 책에서 오류에 대한 책

---

12 루만의 *Die neuzeitlichen Wissenschaften und die Phänomenologie* [현대 과학과 현상학](Vienna: Picus, 1996), 45-46을 보라.
13 제4장에서 이 문장에 대한 논의를 보라.

임이 방금 도움과 협조에 감사한 사람들에게 있다고 말하지 않았다. 그 대신 그는 자신의 책에 남아 있는 오류에 대한 책임을 전적으로 감수하지만, 동시에 그리고 같은 정도로 그러한 수사적 제스처의 전형적이면서도 이론적 관점에서 무의미한 특성을 지적한다. 이 문장은 의미(오류에 대한 책임을 가정함)와 무의미(그러한 책임을 가정하는 것이 쓸모없는 일임을 지적함)를 동시에 그리고 같은 정도로 구성한다. 따라서 이 문장은 수행적으로 아이러니할 뿐만 아니라 루만의 이론의 아이러니한 측면을 다음과 같이 표현하고 있다. (이 문장이 포함된 과학 서적의 바로 그 주제인) 지식의 과학적 구성이 (전통적인 철학적 의미에서) 궁극적으로 무의미한 의미의 우연적 구성이라면, 과학적 이론 논문의 맥락에서 이를 지적하는 것 역시 궁극적으로 무의미하다. 그러나 동시에 이것을 소통한다는 사실 자체가 큰 의미가 있으며, 이것이 바로 이론의 핵심이다. 아이러니하게도 이 점이 이론의 궁극적인 뜻이 된다.

    루만의 이론은 궁극적인 뜻도 없고, 초월적이거나 선험적인 정박지도 없으며, 통일된 이성을 드러내거나 따르지 않는 우발적인 사회적 의미 구성에 관한 이론이다. 이런 식으로 이론적 이성은 아이러니한 이성이다. 즉 이 아이러니한 이성이 말하는 것은 필연이 아닌 우연에 뿌리를 두고 있으며, 이는 "자기 논리적으로도 autologically" 마찬가지이다. 자기비판적 이성은 자신이 아이러니하다는 것을 고려하며, 이를 고려하는 방법 가운데 하나는 아이러니한 소통을 사용하는 것이다. 아이러니한 이성은 "논리적으로" 아이러니할 뿐만 아니라 스타일에서도 아이러니하다. 이런 식으로 루만에게 아이러니는 소크라테스나 플라톤처럼 단순히 교훈적이거나 변증법적인 방법이 아니다. 그것은 이론의 "자기 논리적" 성격의 통합적인 측면이다. 전통적 철학에서 아이러니는 하나의 도구였고, 적용될 수도 있었고 그렇지 않을 수도 있었다. 이론은 아이러니한 이성의 연습이다. 그것은 말하자면 이성의 집시들이 펼치는 수행이다.

모든 철학적 과학의 중심에는 항상 도덕 과학, 즉 윤리학이 있었다. 이론이 아이러니하게도 철학적 뜻을 약화시킨다면, 그것[이론]은 그것에 종사하는 사람들이 일반적으로 가장 진지하게 받아들이는 이 분야를 아이러니하게도 해체하지 않을 수 없다. 따라서 윤리에 대한 아이러니한 태도는 잠재적으로 루만의 이론에서 가장 논란의 여지가 있고 도발적이며 급진적인 측면이다.

루만의 윤리에 대한 재정의는 그의 아이러니를 보여주는 또 다른 예이다.[14] 그는 먼저 도덕을 존중과 멸시의 소통적 구별과 분배로 정의한다. 이어서 그는 윤리를 "도덕의 반성적 이론(Reflexionstheorie der Moral)"으로 정의한다. 루만에 따르면 철학적 윤리가 이

---

14 도덕과 윤리에 대한 루만의 입장에 관해서는 "Paradigm Lost: On the Ethical Reflection of Morality: Speech on the Occasion of the Award of the Hegel Prize, 1989", *Thesis Eleven* 29(1991): 82–94; "The Code of the Moral", *Cardozo Law Review* 14(1992–93): 995–1009; "The Sociology of the Moral and Ethics", *International Sociology* 11(1996): 27–36; "The Morality of Risk and the Risk of Morality", *International Review of Sociology* 3(1987): 87–101을 보라. 또한 나의 책 *Luhmann Explained: From Souls to Systems* (Chicago: Open Court: 2006), 108–114의 부정적 윤리에 관한 부분을 보라.

성이 도덕에 어느 정도 내재되어 있는지를 규명하려 했다면, 루만의 반성적 이론은 다른 접근 방식을 취한다. 즉 루만의 이론은 도덕적 이성을 규명하려는 전통적인 시도가 실패했으며, 철학적 윤리와 달리 이론적 윤리의 기능은 도덕에 대한 경고일 수밖에 없다는 것을 보여준다. 철학적 윤리에서 이론적 윤리로 전환하는 것은 엄숙한 윤리 serious ethics에서 아이러니한 윤리로 전환하는 것이다. 윤리는 더이상 도덕적 이성에 대한 (철학적 과학의 의미에서) 과학적 탐구가 아니라 도덕적 소통의 "해체"이다.[15] 윤리 이론은 도덕의 의미와 무의미를 동시에 보여준다. 철학적 윤리는 도덕의 의미에만 집중했다.

아이러니한 윤리는 또한 자기비판적이다. 여기에서 자기비판적이란 것은 전통적인 도덕적 의미에서 윤리학자가 자신의 도덕적 행동을 비판적으로 검토해야 한다는 뜻이 아니라, 윤리는 그 뜻의 한계와 우연성에 대한 성찰을 포함해야 한다는 것을 뜻한다. 철학적 윤리는 간단히 말해서 좋음과 나쁨, 더 정확하게는 선과 악 사이의 도덕적 구별의 올바른 적용 또는 뜻을 파악하려는 시도이다. 반면에 이론적 윤리는 바로 이러한 시도가 어떻게 니체의 표현대로 "선악을 넘어서"는지 설명한다. 윤리 철학은 자신이 선하다고

---

15 만일 독자들이 사회적 체계이론과 포스트모더니즘 사이에 차이가 있는지 궁금해하기 시작한다면, 루만은 다음과 같이 말한다. "결국 이것이 포스트모던 이론인가? 그럴지도 모르지만 포스트모던 개념의 지지자들은 마침내 그들이 말하는 것이 무엇인지 알게 될 것이다."("Why Does Society Describe Itself as Postmodern?", *Cultural Critique* (Spring, 1995): 171-186; here, 184).

가정하고 자신이 확립한 선함을 옹호할 수밖에 없다. 반면에 윤리 이론은 도덕을 우연적 의미 구성의 한 형식으로 본다. 이 의미 구성에 대한 이론적 성찰은 그 자체로 도덕만큼이나 우연적이다. 이러한 관점에서 보면 도덕이나 도덕 이론은 선하지도 악하지도 않다. 윤리 이론은 사회에 궁극적으로 무엇이 선이고 악인지 말하지도 않고 말할 수도 없으며, 단지 윤리적 의미 구성에 어떤 종류의 무의미가 내포되어 있는지만 말할 수 있다.

루만의 윤리의 경우 그는 도덕적 소통의 위험과 그것의 사회적 병리를 지적한다. 아이러니한 이성을 윤리에 적용하면 "부정적 윤리"를 낳는다. 윤리가 도덕에 대한 경고로 간주되어야 한다는 루만의 선언은 아이러니하게 이해되어야 한다. 즉 도덕이 궁극적으로 나쁘거나 악하다는 윤리적 주장으로 너무 심각하게 받아들여진다면, 오히려 윤리는 스스로 경고해야 하고 더이상 자기비판적이지 않게 된다. 이런 식으로 철학적 윤리에서 이론적 윤리로의 전환에서 가장 중요한 측면은 아마도 엄숙한 도덕을 옹호하는 것에서 (자기) 아이러니한 이성을 발휘하는 것으로의 전환에 있을 것이다. 전통적인 철학적 윤리의 가장 큰 문제점은 자신의 무의미를 진지하게 고려할 능력이 부족하다는 것이다. 이런 식으로 과학뿐만 아니라 윤리도 이제 적어도 이론적으로는 (니체적 의미의 fröhlich[프뢰리히]로서) "즐거운" 것이 될 수 있다.

평정심

비아이러니한 nonironical 윤리는 특히 사회적 맥락과 정치적 맥락에 수사학적인 "충격과 경악" 전략을 적용하는 경향이 있다. 루만이 살았던 당대의 사회 환경, 즉 제2차 세계대전 이후 1960년대부터 1990년대까지의 독일에서 신좌파는 학계와 정치권 모두에서 그러한 소통 도구를 사용했다. 먼저 ― 부모 세대의 나치 배경에 대해, 베트남전쟁과 미국 제국주의에 대해, 타락한 자본주의 체계capitalist Schweinesystem에 대해, 핵무기 경쟁에 대해, 불공정 무역 메커니즘에 대해, 인권침해에 대해, 원자력발전소, 숲의 고사, 기타 환경 재앙 등에 대해 ― 도덕적 분노가 형성되었다. 그런 다음 아름다운 대안, 즉 정치적 및 성적 해방, 공정성과 비영리 지향에 기반한 경제, 정치적 정의와 만인의 평등권, 평화주의와 군축, 풍력과 태양력 발전, 녹색 양심 등이 제시되었다. 독일 좌파에서 루만의 반대자로 가장 유명한 학자이자 "지배 없는 담론(herrschatsfreier Diskurs)"의 주창자인 위르겐 하버마스와 "위험 사회(Risikogesellschaft)"에 대한 성찰을 주장한 울리히 벡이 이러한 기법을 구사한 좋은 예라고 할 수 있다. 루만이 윤리에 관한 저술에서 지적했듯이 도덕적 소통은 추악한 것을 부각시키고, 그것을 적어도 암묵적으로나마 카타르시스를 주는 해결책과 대조함으로써 기능한다. 이런 식으로 비아이러니한 윤리와 비아이러니한 이성은 많은 사회적·심리학적 열기를 만들어낸다. 그것들은 흥분을 불러일으킨다. 사람들은 자신들이 미처 인식하지 못했던 주변의 모든 나쁘고 재앙적인 일에 대해 경각심을 갖게 됨으로써 충격을 받고, 분노하고, 위협을 느낄 뿐만 아니라, 사회가 스스로의 계몽을 완성한다면 곧 다가올 놀라운 해결책에 대해 경외심을 갖고, 매혹되고, 열정을 갖게 될 것이다. 다시 말해 비아이러니한 충격과 경외의 도덕은 두려움과 희망을 동시에 부추김으로써 작동한다. 지옥의 이미지를 묘사하지만 휴식을 위한 **쿠슐레케도** 제공한다.

고통과 기쁨, 위험과 위로가 공존하는 사회에 대한 루만의 태도는 놀랍도록 다르다. 물론 루만의 이론이 오늘날의 세계에서 "설명할 수 없을 정도로 엄청난 규모와 형태로 존재하는" 고통을 외면하는 것은 아니다.[16] 그러나 이론은 이러한 상황에 충격과 경외감으로 반응하려는 충동을 따르기보다는 다음과 같은 대안적 입장을 취한다. 루만이 사회이론에서 그리고 만약 확장이 허용된다면 세계 일반에 대한 "일종의 스토아주의적 태도"[17]를 옹호하기 위해 다소 장난스럽게 사용하는 고대 라틴어 구절인 '**희망도 두려움도 아니다**nec spe nec metu'가 그것이다.

내 생각에 이 문구는 이 장의 서두에서 제기한 부적절한 질문, 즉 루만의 급진주의는 우리를 어디로 이끄는가에 대한 대답이 될 수 있다. 나는 이것이 우리를 역사적, 지리적으로 서로 다르지만 그럼에도 불구하고 유사한 몇몇 철학, 즉 스토아주의, 스피노자주의, 도교의 실천적(존재론적이거나 인식론적이지는 않음) 측면을 결합하는 태도로 이끈다고 생각한다. 역설적이게도 혹은 아이러니하게도 루만의 급진적인 포스트 철학적 이론은 실존적 차원에서 철학사의 가장 전통적인 몇몇 지혜의 가르침과 다시 연결된다.

---

16 Barbarism, 269.
17 World Society, 187.

앞서 설명한 것처럼 루만의 이론은 인류를 "사회학적 공격", 즉 사회적 조종의 한계에 대한 통찰과 마주하게 한다. 우리는 우주의 중심이 아니며, "창조의 왕관"이 아니며, 우리 정신의 주재자도 아니다. 또한 우리는 사회 세계의 자율적 창조자도 아니다. 사회를 개선하기 위해 철학적 통찰과 지혜를 사용하려는 이전의 시도는 크게 실패했다. 이론은 우리의 완전한 무력함이 아니라 철학적·이념적 개입주의의 상대적 무용성을 인정한다. 이론은 운명론적 비관주의와 동일한 것이 아니라, 통제할 수 없는 환경에 노출되어 있는 기본적인 "인간 조건"을 스토아주의적으로 수용하는 것이다. 이론은 이러한 모욕에 분개와 분노, 프로메테우스적 행동주의, 말하자면 신들을 제압하려는 시도로 반응하는 대신에 침착함과 존중을 택한다. 이러한 태도를 양 같은 순종이나 복종으로 오해해서는 안 된다. 그 태도는 (자기) 아이러니한 이성에 대한 통찰로 구성되는데, 그 이성의 힘은 세계를 전혀 다른 것으로 의도적으로 바꾸기보다는 세계 안에서 세계의 의미를 구성한다.

이론의 스토아주의적 측면은 이론가로 하여금 그렇지 않으면[이론의 스토아주의적 측면이 없다면] 거의 참을 수 없는 것을 참아낼 수 있는 잠재력을 개발할 수 있도록 해준다. 이론이 세계를 통제할 수 없고 사회를 젖과 꿀의 땅으로 이끌 수 없다는 통찰은 정신적 마비나 패배주의가 아니라 이완과 완화로 이어진다. 극적으로 말하면 비아이러니한 이성은 굳어지는 반면, 아이러니한 이성은 가벼워진다고 말할 수 있다. 정치적 결정이 사회나 인류의 미래에 대해 본질적으로 아무것도 결정할 수 없다는 것은 비극이 아니다. 그것은 오히려 일종의 압력 낮추기pressure release의 형식이다. 그 어떤 궁극적인 결정들도 가능하지 않다는 것은 결정에 이르는 것을 덜 어렵게 만들지 더 어렵게 만드는 것이 아니다. "스토아주의적 정치"는 근본주의가 되기 어렵다. 문제가 될 가능성이 거의 없다. 우연성의 여지는 은유적으로 말하자면 약간의 숨통을 틔워준다. 또는 아이러니하게도 이론은 우리가 더 철학적으로 사물을 보는 것 — 그리고 **행동하는** 것 — 에 도움이 된다.

우리가 아무것도 할 수 없다는 것은 아니며, 모든 것이 우리가 제대로 하는 것에 달려 있다고 믿을 필요도 없다. 스토아주의적 이론은 사람들이 정치나 사회사업에 참여하지 못하도록 막거나, 혹은 그런 문제에 대해서 무엇이든 하는 것을 막는 것이 아니라, 세계의 운명이 일차적으로 우리에게 달려 있다는 행동주의적 — 그리고 때로는 철학적 — 자만심을 받아들이지 않도록 막는 것을 목표로 할 뿐이다. 정치적으로 말하자면 이론의 스토아주의적 측면은 반이데올로기적 입장과 동일시될 수 있다. 그것은 유토피아적 프로그램과 의제를 불신하며, 그렇기 때문에 과도한 희망이나 무감각한 두려움의 함정을 피하려는 현실주의적이고 실용적인 정치에의 접근 방식과 다소 쉽게 동맹을 맺을 수 있다.

스피노자주의적 이론의 요소는 다양한 수준의 지식을 인정하는 데서 찾을 수 있다. 이론적 지식은 스피노자가 말한 세 번째 종류의 지식, 즉 **영원한 상 아래**sub specie aeternitatis의 지식을 아이러니하게 변형한 것이라고 간주할 수 있다. 이론적 지식은 다른 종류의 지식, 즉 (마을로 가는 길에 대한 지식 같은) 통상의 일상적 지식 및 비이론적인 반성적 지식(예를 들어 자연과학 분야의 지식)과는 다르다. 이러한 다양한 종류의 지식은 서로 일치하지도 않고 양립 불가능한 것도 아니다. 한 종류의 지식에 뛰어난 것이 다른 종류의 지식에서도 매우 잘할 수 있다는 것을 말해주는 것은 아니다. 이론가는 운전이나 자동차 수리에 능숙하지 않을 수 있다. 정비사는 이론을 이해하지 못할 수도 있다. 이는 확실히 축복이다. 한편으로 이는 이론적 지식을 종교적 지식이나 전통적인 철학적 지식과 달리 우연적인 것으로 만든다. 누구나 이론적 지식을 가질 필요는 없다. 그것 없이도 잘살 수 있고, 그것이 드러나지 않는다고 해서 세계가 완전히 사라지는 것도 아니다. 다른 한편으로 이론가는 성인이나 철학적 현인과 달리 자신의 이론적 우수성이 자신을 다른 누구보다 더 뛰어난 사람으로 만들어줄 것이라고 기대할 수 없다. 이론적 지식은 순수하다. 그것은 다른 모든 사람에게 전수해야 할 사명, 즉 암묵적인 의무를 갖고 있지도 않고, 또는 그 지식을 소유한 사람을 흠결 없는 존재로 변화시킬 수 있다는 암시를 담고 있지도 않다. 이런 식으로 이론적 지식은 그것을 가진 사람을 불합리한 요구로부터 면제해주고, 그것을 가지지 못한 사람을 개종시키려는 시도로부터 보호해준다.

이론적 전문성은 보통 사람들 가운데 찾아보기 힘든 드문 특징이며, 다소 난해하다. 그것은 성취하기 어렵고 반드시 사회적 명성을 가져다주는 것도 아니다. 기껏해야 비교적 보수가 좋은 직장에 취직하여 이론에 더 몰두할 시간을 제공할 뿐이다. 하지만 그것은 그 소유자들에게 다양한 정신적 이점을 제공해줄 수 있다.

그들은 배제된 포용이라는 독특한 관점에서 세계를 이해하거나 해석할 수 있다 — 이론적 언어로 말하면 관찰할 수 있다. 그들은 분명히 세계 안에 있고 어떤 식으로든 세계를 넘어설 수 없지만, 그럼에도 불구하고 이론을 연구하지 않는 사람들은 그들의 관찰 지점에 접근할 수 없다는 것을 알게 될 것이다. 그러므로 **이론의 형태 아래에서** sub specie theoriae 자신을 포함한 세계를 볼 수 있는 것은 약간의 심리학적 이점을 가져다준다. 그것은 소통의 연습일 뿐만 아니라 매우 명확하고 뚜렷한 것으로 경험할 수 있는 독특한 정신 작용을 동반할 가능성이 높다. 이러한 이론적인 정신 상태는 불안이나 도취 euphoria를 유발하지 않기 때문에 소유자에게 만족스러울 수 있다. 또한 그것은 비트겐슈타인이 "절대적으로 안전하다고 느끼는" 경험 또는 "신의 손에서 안전하다고 느끼는" 경험이라고 묘사한 것과는 상당히 다르다.[18]

이론가들이 이론적 소통에서 누리고 보여줄 수 있는 비도취적 nonecstatic 평정심을 고려할 때, 이론가들은 그런 평정심으로 사회를 풍요롭게 만들 수 있는 좋은 위치에 있다. 이론은 급진적인 **겔라센하이트** Gelassenheit [무애無碍], 즉 지적이고 소통적인 용이함으로 작동한다. 이것은 도교적 측면이라고 할 수 있다. 따라서 루만은 **쿠슐레케**를 제공할 수 없다 하더라도 최소한 일종의 요가 매트는 제공한다.

---

18   Ludwig Wittgenstein, "Lecture on Ethics", *Philosophical Review* 74, no. 1 (1965): 3–12.

부록
니클라스 루만(1927-1998):
간략한 지적 전기

    니클라스 루만은 1927년 12월 8일 독일 함부르크 남동쪽의 작은 도시인 뤼네부르크에서 태어났다. 그의 아버지는 양조장을 소유하고 있었고 지역 경제계의 일원이었다. 루만은 어린 시절을 "나치 환경"에서 보냈다.[1] 그는 어린 나이에 파시스트 청년 조직인 히틀러-유겐트Hitler-Jugend의 일원이 되었다. 그것은 당시에는 거의 의무적이었다. 그는 이 경험을 행진하고 인사해야 하는 일 때문에 다소 불쾌한 경험이었다고 회상했다. 열다섯 살에 그는 공군 조교로 군사훈련을 받았다. 1944년 말 그는 전선에서 군인으로 징집되었고 곧 미군에 포로로 잡혔다. 그는 아직 18세가 되지 않았기 때문에 포로로 잡힌 직후 석방되었다.

---

[1] 1997년 10월 2일 방송된 라디오 브레멘에서 볼프강 하겐이 루만과 한 인터뷰에서 인용하였다. 녹취록은 www.radiobremen.de/online/luhmann/es_gibt_keine_biographie.pdf에 있다. 번역은 내가 했다. 독일어로 루만은 "나치-환경"이라는 용어를 그의 이론의 "체계-환경"이라는 용어와 유사하게 사용한다. 별도의 언급이 없다면, 부록에 제시된 모든 생애사적 정보는 이 인터뷰에서 루만이 한 진술에서 가져온 것이다.

제2차 세계대전이 끝난 후 루만은 법학을 공부했다. 이러한 결정은 그가 포로 시절에 목격한 제네바협약 위반(그는 구타를 당했고, 18세 이상의 동료 포로들 가운데 일부는 프랑스 광산에서 일하도록 보내졌다)에 영향을 받았다. 그는 프라이부르크대학에서 로마법의 역사를 전공하고 1949년 첫 학위를 취득한 후 고향의 한 변호사 사무실에서 수습으로 일했다. 이 업무에 만족하지 못한 그는 지방 행정부의 법률 부서로 자리를 옮겨 여러 법원의 보조원으로 일했다. 1950년대에는 나치 치하에서 학대를 당한 독일인들의 손해배상 청구를 조정하는 분야에서 주 행정부를 위해 일했다. 루만은 어떤 정당의 당원이 된 적이 없었다. 루만에 따르면 정당에 소속되지 않은 것과 지역 소방관 축제에서 술에 취하는 것을 싫어한 것은 공무원으로서 경력을 쌓는 데 불리하게 작용했다.[2] 또한 그는 데카르트, 후설, 현상학자 알프레드 슈츠, 시인 횔덜린, 기타 작가들에 대한 지적 관심이 행정부 내에서 자신의 승진 가능성을 높여주지 못했다고 생각했다. 1960년에 결혼했으며, 부인 우르술라(1977년 사망)와의 사이에 세 자녀를 두었다.

사무실에서 처리하는 서류 중 하나에 광고된 장학금을 성공적으로 신청한 루만은 1960년부터 1961년까지 하버드대학교에서 사회학을 공부하기 위해 공직을 1년간 휴직했다. 하버드에서 그

---

[2] 지역 주민들과 섞여 공공 축제에서 맥주를 마시는 것이 독일에서는 사회적 미덕으로 여겨진다. 그렇게 하지 않는 사람들은 공무원으로서 지위를 얻는 데 어려움을 겪을 수 있다.

는 탈코트 파슨스의 제자가 되었고, 사회적 체계이론을 접하게 되었다. 독일로 돌아온 직후인 1962년 그는 슈파이어에 있는 행정학 아카데미의 연구 기관에 자리를 잡았다. 1966년 루만은 먼저 박사학위를 취득한 후 **하빌리타치온**Habilitation(독일에서 대학교수 자격을 갖추기 위해 필요한 두 번째 고급 학위)을 취득하고, 당시 독일의 대표적인 사회학자이자 지식인이었던 헬무트 셸스키의 학문적 지도 아래 새로 설립된 빌레펠트대학교에서 교수직을 제안받았다. 1963년부터 1966년까지 루만은 행정학 및 사회학 주제에 관한 7권의 책과 다양한 논문을 저술하거나 공동 저술했다.[3]

루만이 대학교수로 일하던 초기 몇 년 동안 독일을 비롯한 여러 나라에서 학생운동이 일어났다. 루만은 "비난하는 쪽도 아니고, 비난받는 쪽도 아닌" 곳에 서 있는 자신을 발견했다.[4] 1969년 빌레펠트대학교 사회학부 정교수가 되었을 때, 그는 자신이 추진하려는 연구 과제 목록을 작성해야 했다. 루만은 자신의 프로젝트가 "사회이론"이며, 연구 기간은 30년, 연구비는 0마르크라고 밝혔다.[5] 그는 당시 정치 및 사회학 논쟁의 이론적 수준에 만족하지 못했고, 맑스에서 베버, 뒤르켐, 짐멜에 이르는 고전적 사회사상가

---

3   루만의 저술에 대한 포괄적인 목록은 Sylke Schiermeyer and Johannes F. K. Schmidt, "Niklas Luhmann — Schriftenverzeichnis[니클라스 루만 — 저술 목록]", *Soziale Systeme: Zeitschrift für soziologische Theorie*[사회적 체계: 사회학 이론 저널] 4, no. 1(1988): 233-263에 있다.

4   www.radiobremen.de/online/luhmann/es_gibt_keine_biographie.pdf를 보라.

5   GG, 11.

들 가운데 누구도 현대사회를 적절하게 설명하지 못한다는 사실을 발견했다. 그는 그들의 이론을 훗날 그가 새로운 사회적 "슈퍼이론"이라고 부르는 것으로 대체하고자 했다.[6]

1970년대 초 루만은 프랑크푸르트학파, 특히 당시 학파의 대표였던 위르겐 하버마스와 벌인 논쟁을 통해 독일 학계에서 유명해졌다. 이른바 하버마스-루만 또는 프랑크푸르트-빌레펠트 논쟁은 1971년에 공동 출판된 『사회이론인가, 사회공학인가?』[7]에 가장 잘 기록되어 있다. 하버마스와 루만의 사회 이해에 대한 접근 방식은 서로 매우 달랐다. 방법론적으로 말하면 하버마스는 사회의 규범적 재구성에 기여할 수 있는 비판이론을 주장했다. 하버마스는 이 이론이 사회를 보다 평등하고 정의롭고 공정하게 만드는 데 도움이 될 것이라고 기대했다. 루만은 이데올로기적 경향성이 없는 엄격한 비참여적·기술적 방법론을 선택했다. 하버마스에게 사회는 인간의 "생활세계"를 구성하는데, 그 속에서 소통 행위는 상호 이해를 지향해야 한다. 따라서 소통은 인간의 가장 기본적인 사회적 활동이고, 만약 그 소통이 충분히 합리적으로만 수행된다면, 사회적 합의에 이를 수 있고 일부가 다른 일부를 지배하는 것을 최소화할 수 있다. 루만에게 소통은 인간의 상호작용에 기반하지 않는다. 소통은 사회가 작동하는 양식이다. 루만에 따르면 소통 체계가 소통하는 것이지, 개인이 하는 것이 아니다. 예를 들어 경제는

---

6 SS, 4.
7 TG.

다양한 형태의 금융 거래를 통해 작동하는 소통 체계이다. 이러한 거래가 경제 체계의 기능을 구성하는 것이지, 예를 들어 은행 계좌의 소유권을 가진 인간이 경제 체계의 기능을 구성하는 것은 아니다. 하버마스의 규범적-인간주의적 접근과 루만의 기술적-기능적 접근 사이의 근본적인 차이를 고려할 때, 이 논쟁은 대화라기보다는 사회란 무엇이며 사회이론이란 무엇을 의미하는지에 대한 양립할 수 없는 입장 교환에 가까웠다. 루만은 생애 후반부에 지적으로 볼 때 이 논쟁을 통해 얻은 것이 별로 없었다고 말했다.[8] 루만의 관점에서 볼 때 이 논쟁은 자신의 이론적 입장과 하버마스의 정치적 의제 사이에 근본적인 차이가 있었기 때문에 무익한 논쟁이었다.

위에서 언급한 고전적 저자들의 이론이나 프랑크푸르트학파의 이론과 달리 주로 사회의 기능적 측면에 초점을 맞춘 새로운 사회이론을 구축하기 위해 루만은 1950년대와 1960년대에 등장한 사이버네틱 모델과 구성주의 모델에 눈을 돌렸다. 그는 파슨스의 체계론적 사회 분석을 발전시키고 수정하는 데 이 모델을 사용했다. 그레고리 베이트슨, 에른스트 글라저스펠트, 하인츠 폰 푀르스터, 논리학자이자 수학자인 조지 스펜서 브라운 등과 같은 학자들의 영향을 받은 그는 체계를 "단순한 기계trivial machines"로 보는 일차-질서 사이버네틱스로부터 **사회적** 체계이론을 위한 복잡한 기계라는 이차-질서 사이버네틱스로의 전환을 시도했다.[9] 루만은 구

---

[8] P, 71.

별 그리기, 자기 준거와 타자 준거, 인지적 맹점 등과 같은 사이버네틱 개념을 사회이론에 도입했고, 그래서 파슨스에게서 점점 더 멀어졌다. 1970년대와 1980년대에 루만은 칠레의 구성주의 진화생물학자 움베르토 마투라나와 프란시스코 바렐라의 연구에 관심을 갖게 되었고, 이후 이들과 협력하게 되었다. 루만은 사이버네틱 용어 외에도 이들의 생물학적 **자기생산** 개념, 체계-환경 공진화에 대한 견해, 구성적 관찰에 대한 관념을 수용하여, 이것들을 자신의 사회이론 및 소통이론에 통합했다.

1984년 루만의 첫 번째 대작인 『사회적 체계들Soziale Systeme』(영어로는 Social Systems로 번역됨)이 출간되었다. 이 방대한 책은 루만의 사회적 "슈퍼 이론"에 대한 최초의 요약을 포함하고 있다. 이전의 모든 출판물 — 이미 매우 많았다 — 과 비교했을 때, 그는 이 책을 자신의 첫 번째 "진정한 출판물real publication"이라고 불렀고, 이전의 출판물들은 "이론 생산의 제로 시리즈zero-series"에 불과하다고 말했다.[10] 따라서 루만의 사회적 체계이론은 『사회적 체계들』이 출판되고 이차 사이버네틱스와 진화생물학의 구성주의가 포함된 후에야 성숙한 형태에 도달했다고 할 수 있다. 진화생물학의 상당한 영향력을 고려하여 하버마스는 루만의 이론을 종합적으로 분석하면서 거기에 "메타 생물학적"이라는 적절한 이름을 붙였

9   일차-질서 사이버네틱스와 이차-질서 사이버네틱스의 차이에 관해서는 Bruce Clarke, *Posthuman Metamorphosis: Narrative and Systems* (New York: Fordham University Press, 2008), 4-7을 보라.
10 SC, 25.

다.[11] 그리스 형이상학이 물리적 개념을 적용하여 물리 너머의 세계를 설명한 것처럼 루만은 비생물학적 세계, 특히 사회와 소통에 대한 기술적 분석을 위해 생물학적 개념을 적용했다.

사회 전체에 대한 이론의 윤곽을 제시한 『사회적 체계들』이 출간된 후 10년 동안 루만은 사회의 다양한 하위체계의 기능을 구체적으로 묘사한 여러 권의 책을 출간했다. 여기에는 『사회의 경제Die Wirtschaft der Gesellschaft』(1988), 『사회의 과학Die Wissenschaft der Gesellschaft』(1990), 『사회의 법Das Recht der Gesellschaft』(1993, 영어로는 Law as a Social System으로 번역됨), 『사회의 예술Die Kunst der Gesellschaft』(1995, 영어로는 Art as a Social System으로 번역됨), 『대중매체의 현실Die Realität der Massenmedien』(1996, 영어로는 The Reality of the Mass Media로 번역됨)이 포함된다.[12] 정치, 종교, 교육체계에 관한 책들은 사후에 출판되었다.[13] 1997년 루만은 1,164쪽 분량의 『사회의 사회』에서

---

[11] Jürgen Habermas, *The Philosophical Discourse of Modernity: Twelve Lectures* (Cambridge, Mass.: MIT Press, 1987) 속의 루만에 관한 장을 보라.

[12] 마지막 한 권, 즉 *Die Realität der Massenmedien* (Opladen: Westdeutscher Verlag)을 제외한 모든 책은 주어캄프Suhrkamp(Frankfurt/Main)에서 출판되었다. *Das Recht der Gesellschaft(Law as a Social System)*, trans. Klaus A. Ziegart(Oxford: Oxford University Press, 2002); *Die Kunst der Gesellschaft(Art as a Social System)*, trans. Eva Knodt(Stanford: Stanford University Press, 2000); *Die Realität der Massenmedien(The Reality of the Mass Media)*, trans. Kathleen Cross(Stanford: Stanford University Press, 1996).

[13] *Die Religion der Gesellschaft(The Religion of Society)* (Frankfurt/Main: Suhrkamp, 2000); *Die Politik der Gesellschaft(The Politics of Society)* (Frankfurt/Main: Suhrkamp, 2000); *Das Erziehungssystem der Gesellschaft(The Education System of Society)* (Frank-

자신의 일반 사회이론에 대한 새롭고 더욱 확장된 개요를 발표했다.[14]

루만은 사회이론의 두 가지 일반적인 개요와 특정한 사회적 기능체계에 대한 구체적 기술 외에도 사회의 구조적 변화, 다시 말하면 사회의 진화가 어떻게 개념, 가치, 어휘의 발전이라는 의미론적 진화와 동행했는지에 대한 역사적 설명인 "사회구조와 의미론"에 대한 다수의 저작을 발표했다. 루만은 대부분 (종종 장문의) 논문 형태로 개인성, 도덕성의 의미론의 발달과 같은 주제를 그리고 『열정으로서의 사랑Liebe als Passion』(1982, 영어로는 Love as Passion으로 번역됨) 같은 연구서 형태로 사랑의 의미론의 발달과 같은 주제를 논의했다.[15]

네 번째 유형의 출판물은 현재의 정치적 주제들과 관련된 저술로 구성되어 있다. 『생태적 소통Ökologische Kommunikation』(1986, 영어로는 Ecological Communication으로 번역됨)[16]은 (독일 녹색당의 집권에서 드러난 것처럼) 사회와 정치에서 생태적 주제의 소통적 성공에 관한 성

---

furt/Main: Suhrkamp, 2002).
14 주어캄프에서 출판되었다. 영어 번역은 현재 준비중이다.
15 주어캄프에서 출판되었다. 게인즈Jeremy Gaines와 존스Doris L. Jones가 *Love as Passion: The Codification of Intimacy* (Cambridge, UK: Polity Press, 1986)로 번역했다. 의미론에 관한 루만의 수많은 논문은 *Gesellschaftsstruktur und Semantik(Social Structure and Semantics)*이라는 제목으로 주어캄프에서 1980, 1981, 1989, 1995년에 4권의 책으로 출판되었다.
16 존 베드나츠John Bednarz Jr.(Chicago: University of Chicago Press, 1989)가 번역했다.

찰을 담고 있다. 『위험 사회학Soziologie des Risikos』(1991, 영어로는 Risk: A Sociological Theory로 번역됨)[17]은 울리히 벡이 제안한 "위험 사회" 개념의 인기가 높아진 것에 대한 반응으로 보인다. 이 두 연구서(뿐만 아니라 여러 관련 논문)를 계기로 루만은 정치적 좌파와의 초기 논쟁을 이어갔다고 할 수 있다. 좌파의 대중적·학문적 참여는 프랑크푸르트학파의 관심사에서 환경문제로 옮겨갔고, 루만은 소통에 대한 기능주의적 이해를 바탕으로 이러한 이념적 담론을 "해체"하려고 시도했다.

그의 생애 마지막 10년 동안 루만의 저술들은 (프랑스) 포스트모더니즘에 대한 점점 더 높아지는 자각과 인식을 보여주었다. 예를 들어 루만은 초기에 후설로부터 받아들였던 자신의 핵심 개념인 의미Sinn를 언급할 때 들뢰즈를 자주 참조했다. 데리다와 리오타르 같은 학자들도 루만의 후기 출판물에서 지속적으로 언급된다. 1993년 루만은 「이차-질서 관찰로서의 해체」라는 논문을 발표했는데, 그 논문에서 자신의 접근법과 해체주의적 접근법 사이의 유사성을 명시적으로 확실히 했다.[18] 그는 항상 "포스트모더니티"라는 용어가 오해의 소지가 있다고 주장했지만 — 역사적으로 근대성의 시대가 아직 끝나지 않았다고 믿었기 때문이다 — 그럼에도 불구하고 루만은 자신의 이론에 대해 다음과 같이 선언했다. "결국 이것이 포스트모던 이론인가? 그럴지도 모르지만 포스트모

---

17   로즈 바렛Rhodes Barrett(New York: De Gruyter, 1993)이 번역했다.
18   Deconstruction.

던 개념의 지지자들은 마침내 그들이 말하는 것이 무엇인지 알게 될 것이다."¹⁹

『사회적 체계들』의 출간을 계기로 루만은 당대의 가장 영향력 있는 독일 사회학자이자 20세기 후반의 주요 독일 이론가 중 한 명으로 자리를 굳혔다. 약 70권의 책과 500여 편의 논문으로 이루어진 그의 방대한 저작은 사회과학과 인문학의 여러 분야에서 널리 활용되었다. 이탈리아어, 에스파냐어, 영어, 중국어, 일본어 및 기타 언어로 된 번역서들이 출간되었고, 그래서 루만의 이론은 전 지구적 차원에서 접근할 수 있게 되었다(또는 적어도 이용할 수 있게 되었다). 루만은 1988년 슈투트가르트에서 권위 있는 헤겔상을 수상했다. 1993년에는 빌레펠트대학교의 명예교수가 되었다. 점점 악화되는 병세로 인해 그는 1998년 11월 6일 빌레펠트시 인근의 외링하우젠 자택에서 세상을 떠났다. 그는 1969년에 계획한 30년 프로젝트를 제때 완수했다.

사회이론

루만의 사회이론은 정의상 소통이론이다. 왜냐하면 루만은 사회를 소통으로 구성되는 것으로 생각하기 때문이다.[20] 루만에게 "사회"는 현재 작동하는 모든 소통을 의미한다. 더 정확히 말하면

---

19 Postmodern, 179.
20 루만의 이론에 대한 보다 상세한 소개에 대해서는 내 책 *Luhmann Explained: From Souls to Systems* (Chicago: Open Court, 2006)를 보라.

그는 사회를 소통 **체계들**의 복잡한 혼합물amalgamation로 생각한다. 따라서 루만의 소통이론을 이해하기 위해서는 먼저 일반체계이론의 큰 틀을 이해하고, 그 안에서 **사회적** 체계이론의 좁은 틀을 이해해야 한다. 루만의 소통이론은 이렇듯 더 큰 이론적 맥락 속에 자리잡고 있다.

체계이론에는 두 세대가 있으며, 루만은 2세대의 대표 주자 가운데 한 명이다. 2세대라는 개념은 "이차-질서 체계이론", "이차-질서 사이버네틱스", "이차-질서 창발emergence" 이론 등을 구성하는 것으로 다양하게 기술되어왔다.[21] 루만은 『사회적 체계들』 서문에서 전체/부분 구별에 기반한 체계 개념에서 체계/환경 구별에 기반한 체계 개념으로의 전환을 지적하며 그가 "체계이론의 패러다임 변화"라고 부르는 것을 논한다. 따라서 이차-질서 체계이론을 "체계-환경이론" 또는 "생태학적 체계이론"이라고 부를 수 있지만, 이러한 용어들은 널리 사용되지 않았다. 루만은 일차-질서 체계이론과 비교하여 이차-질서 체계이론의 특징을 다음과 같이 요약한다.

체계 분화는 체계와 환경의 차이를 체계 내에서 반복하는 것에 지나지 않는다. 이를 통해 전체 체계는 자신의 하위체계를

---

[21] 이차-질서 체계이론에 관해서는 Clarke, *Posthuman Metamorphosis*, 7을 보라. 이차-질서 사이버네틱스와 이차-질서 창발에 관해서는 N. Katherine Hayles, *How We Became Posthuman*(Chicago: University of Chicago Press, 1999), 6, 243을 보라.

형성하는 데 있어서 스스로를 환경으로 활용하고, 그렇게 함으로써 궁극적으로 통제할 수 없는 환경을 더 엄격하게 걸러내어 하위체계 수준에서 더 큰 비개연성improbability을 만들어낸다. 따라서 분화된 체계는 더이상 단순히 상대적으로 많은 부분과 그 부분들 사이의 관계로 구성되는 것이 아니다. 오히려 분화된 체계는 작동적으로 활용 가능한 수많은 체계/환경 차이로 구성되는데, 각각의 차이는 서로 다른 경계선을 따라 하위체계와 환경의 통일성으로 전체 체계를 재구성한다.[22]

이 인용문은 밀도 있고 고도로 기술적인technical 루만식 글쓰기의 전형이다. 나는 구체적인 비유를 들어 이를 간략하게 "분해" 해보겠다. 이 비유는 루만 자신이 (마투라나와 바렐라를 통해) 많이 차용한 과학인 생물학에서 가져온 것이다. "단순한trivial" 신체 개념은 신체를 개별 부분으로 이루어진 체계적 또는 유기적 전체로 간주한다. 예를 들어 개별 부분들은 폐, 심장, 간 등과 같은 기관들이다. 따라서 신체는 기능하는 전체에 기여하는 부분의 집합으로 간주될 수 있다. 이러한 신체의 부분 또는 기관은 더 큰 전체, 즉 유기체를 형성하는 방식으로 연결되어 통합된 메커니즘으로 기능할 수 있다. 신체에 대한 대안적인 (그리고 더 복잡한) 관점은 신체를 기관이 아닌 체계로 구성된 것으로 간주할 수 있다. 이를테면 면역체계, 심혈관체계, 신경체계 등을 생각해볼 수 있다. 이러

---

[22] SS, 7.

한 체계들은 특정 위치에 있는 것이 아니며, 그 개별 요소로 조합할 수 있는 것도 아니다. 그것들은 신체 전체에 걸쳐 작동하는 기능적 과정이다. 문자 그대로 신체 부위가 아니다. 각 체계는 "작동적으로 폐쇄적"이다. 예를 들어 혈액 순환은 후속 혈액순환에 의해서만 지속될 수 있다. 다른 어떤 신체적 체계도 이 기능을 대신할 수 없다. 그럼에도 불구하고 혈액순환이 계속되려면 주변 환경의 다른 체계, 예를 들어 면역체계가 동시에 작동해야 한다. 혈액순환이 멈추면 면역체계가 기능을 멈추고, 면역체계가 기능을 멈추면 혈액순환도 멈춘다. 인체와 같은 복잡한 체계 안에는 서로에게 환경을 제공하는 수많은 하위체계가 존재한다. 이러한 체계 간의 관계는 매우 복잡하며, (심혈관체계와 면역체계, 신경체계와 심혈관체계, 면역체계와 신경체계 등의 사이에) 다양한 경계선을 만들어낸다. 신체 기능에 대한 이러한 관점의 복잡성이 증가한다는 것은 이러한 각 하위체계가 전체 체계의 기능에 단일 기관보다 더 중요하다는 사실로 드러난다. 신체 기관은 제대로 작동하지 않을 때 교체할 수 있지만, 우리가 면역체계나 신경체계를 어떻게 교체할 수 있겠는가?

즉 일차-질서 체계이론에서는 체계를 입력-출력 기반으로 작동하는 "단순한 기계"로 생각했다. 예를 들어 탄산음료 기계는 여러 개의 기계 부품으로 구성된 전체로 생각할 수 있다. 그렇기에 전체의 기능은 기계적으로 그래서 필연적으로 특정 출력을 생성하는 특정 입력에 의해 외부적으로 조종될 수 있다. 우리가 1달러를 넣고 특정 버튼을 누르면 기계에서 특정 캔을 나오게 할 수 있다. 이와 마찬가지로 자동차나 컴퓨터나 로켓의 조종도 이러한 기계론적 사이버네틱스에 기초하여 "조종 과학"이라는 의미로 설명할 수 있다.

반면 이차-질서 사이버네틱스는 "단순한" 기계가 아니라 "단순하지 않은" 기계 또는 "복잡한 기계"로 간주되는 이차-질서 체계 — 예를 들어 본질적으로 기관이 아니라 체계로 구성된 신체 — 를 다루는 방법에 초점을 맞춘다.[23] 이러한 체계는 훨씬 더 복잡하기 때문에 예측 가능성이 낮고 쉽게 조종할 수 없다. 예를 들어 특정 약물을 경구 복용하거나 CO_2를 공기 중으로 배출할 때 정확하게 예측 가능한 결과는 없다. 그러한 "입력"의 "결과"로 규정될 수 있는 단 하나의 사건도 존재하지 않는다. 약물의 투입은 인체 내의 다양하고 복잡한 하위체계/환경 관계에 다양하고 복잡한 영향을 미치며, CO_2의 대기 중 유입은 지구 기후를 구성하는 다양하고 복잡한 하위체계/환경 관계에 다양하고 복잡한 영향을 미친다.

일차-질서 체계이론과 이차-질서 체계이론의 또 다른 결정적인 차이점은 변화에 대한 각각의 관점과 관련이 있다. 엄밀히 말하면 일차-질서 체계를 적용할 수 있는 변화는 전적으로 외부 요인에 의존한다 — 그 요인들은 **타자 생산적** allopoietic이다, 즉 "외부에서 생성된다". 탄산음료 자판기는 사람들이 무엇을 넣느냐에 따라

---

[23] 단순한 기계와 단순하지 않은 기계 사이의 개념적 구분은 하인츠 폰 푀르스터까지 거슬러 올라간다. Clarke, *Posthuman Metamorphosis*, 141-142를 보라.

가득찬 상태에서 비어 있는 상태로, 또는 비어 있는 상태에서 가득찬 상태로 바뀔 수 있다. 또한 습기에 노출되는 정도에 따라 녹슬지 않은 상태에서 녹슨 상태로 바뀔 수도 있다. 이차-질서 체계는 그러한 "창조론적" 방식의 변화 — 즉 모든 변화가 외부에서 만들어지는 변화 — 가 아니라 **내부에서** within 변화가 생성되는 진화적 방식으로 변화한다. 따라서 이차-질서 체계는 **자기생산적**이거나 "자기 산출적"인 것으로 생각할 수 있다. (인간 종이 분명히 입력인 동시에 출력인) 종의 진화나 (인간 활동이 입력인 동시에 출력으로서 영향을 받는) 기후의 진화는 외부에서 조종될 수 있는 것이 아니라 자기 조종적이다. 하지만 진화나 기후변화 모두 특정 목표를 염두에 두고 발전하는 것이 아니기 때문에 이러한 자기 조종은 조종이라고 부를 수 없다. 그들은 목적론적이지 않다. 일차-질서 사이버네틱스의 조종 이론은 원하는 출력을 얻기 위해 특정 입력에 의해 체계를 조종하는 방법에 관심이 있는 반면, 이차-질서 사이버네틱스는 예를 들어 지구의 기후, 생물학적 유기체, 정신 또는 루만의 경우 **사회**와 같은 자기생산적인 이차-질서 체계와 관련해서는 그 어떤 외적 조종도 불가능하다고 가정한다. 이러한 모든 체계에서 입력은 출력이며, 그 반대의 경우도 마찬가지다. 즉 입력과 출력은 피드백 고리를 통해 서로 연결되어 있다. 자기생산적 체계는 내재적 — 내부가 외부로 향하고 외부가 내부로 향하는 — 체계이다.[24]

---

24   나는 Ranulph Glanville and Francisco Varela, "Your Inside Is Out and Your Outside Is In (Beatles 1968)", in *Applied Systems and Cybernetics*, vol. 2, ed. George E. Lask-

체계이론가로서 루만은 두 가지 기본 실체, 즉 **정신** res cogitans과 **신체** res extensa의 공존을 제안하는 전통적인 데카르트적 이원론자가 아니었다. 차라리 그는 적어도 세 가지 종류의 자기생산적 체계가 있다고 가정하는 "삼원론자"였다 — 아마도 더 많은 체계가 있을 수도 있다.[25] 이러한 체계는 서로 다른 방식으로 작동하기 때문에 구별된다. 신체와 같은 생물학적 체계는 혈액순환, 신경 활동, 소화, 생식, 세포분열과 같은 생명 과정을 통해 작동한다. 정신적 체계는 생각, 느낌, 감정과 같은 정신적 작용을 통해 작동한다. 루만은 자신을 사회학자로 여겼기 때문에 주로 생명 활동도 하지 않고, 정신활동도 하지 않는 세 번째 종류의 체계, 즉 사회적 체계에 초점을 맞췄다. 이러한 체계는 **소통한다** communicate. 이차-질서 체계 생물학자가 신체 내의 다양한 하위체계의 기능과 서로에 대한 영향을 설명하고자 하는 것처럼 루만은 사회의 다양한 소통 체계의 기능과 상호 결합을 설명하고자 했다. 예를 들어 돈과 금융 가치가 순환하는 경제 체계, 권력이 생성되고 영속화되는 정치 체계, 합법적인 것과 그렇지 않은 것의 구별을 기반으로 작동하는 법체계가 있다. 인체가 "창발"을 통해 그 자체 내부에서 온갖 다양한 기능체계를 진화시키고 발전시켜온 것처럼 사회도 소통을 통해 (진화론적으로 가능한 것의 무한한 범위를 고려할 때) 비개연적인 수많

er(Oxford: Pergamon, 1981), 638-641에서 비틀스 노래의 이 인용문을 빌려왔다.
25 제5장을 보라.

은 작동 방식을 진화시키고 발전시켜왔다. 따라서 사회는 기본적으로 사회 진화의 과정을 통해 다소 동시발생적으로coincidentally 또는 우연적으로contingently 출현한 다양한 유형의 소통으로 구성된다. 사회적 "생명"은 (은유적으로 말하면 — 사회는 살아 있지 않고 물적 속성bodies만 살아 있기 때문에) 법적 소통, 정치적 소통, 경제적 소통, 친밀성 소통, 교육적 소통, 과학적 소통, 종교적 소통, 의료적 소통 등의 형태로 이루어진다. 이러한 모든 유형의 소통은 사회 내에서 기능하는 자기생산적 소통 체계로 등장했다. 사회 내에서 이들은 모두 서로에게 환경이다.

또한 사회와 소통 체계는 정신과 신체, 즉 정신적 체계와 생물학적 체계라는 사회 외적 환경 속에서 진화해왔다. 사회라는 환경 속에서 신체와 정신이 없다면, 물 없는 물고기가 존재하지 않는 것처럼 소통도 존재하지 않을 것이다. 그러나 물고기와 물을 혼동해서는 안 되는 것과 마찬가지로 사회나 소통 체계를 "사람"과 혼동해서는 안 된다. 인간이 생각하고 살아간다는 것은 모든 소통 체계가 진화하기 위한 필수적인 환경 조건이다. 아무도 살지 않고 생각하지 않는다면 사회는 존재할 수 없다. 그럼에도 불구하고 인간의 삶과 인간의 생각과 느낌은 소통적 작동이 아니다. 그것들은 사회 밖에서 작동한다. 인간이 아니라 "오직 소통만이 소통할 수 있다."[26] 이것은 아마도 루만의 사회적 체계이론에서 나온 가장 급진적인 소통-이론적 진술일 것이다.

26 Mind를 보라.

소통이론

루만이 스스로 선포한 "급진적 반인간주의" 사회이론은 또한 급진적 반인간주의 소통이론이다.[27] 다시 말하면 이것은 인간의 생각과 인간의 삶 없이는 인간의 소통이 존재할 수 없다는 것을 부정하는 것이 아니라, 이러한 상식적인 가정을 확인해줄 뿐이다. 이것은 루만이 인간들이나 그들의 신체나 정신에 대해 어떤 반감을 가지고 있다는 뜻이 아니라, 단지 인간주의적 개념 — 더 나아가 인류학적 개념 — 이 소통을 이론적으로 설명하고 분석하는 데 부적합하다고 생각한다는 뜻일 뿐이다. 루만은 소통, 생물학적 과정, 정신적 과정이 서로 폐쇄적으로 작동한다고 가정한다. 이들이 존재하기 위해서는 환경 속에서 서로가 필요하지만 — 루만은 이러한 상호 실존적 의존성을 (마투라나와 바렐라의 말을 빌려) "구조적 연동"이라고 부른다 — 이들의 작동은 그 어떤 "연결성"도 가지고 있지 않다. 즉 혈액순환은 혈액순환에 대해 생각한다고 해서 지속될 수 없는 것이다 — 혈액은 실제로 움직여야 하는 것이다. 이와 마찬가지로 우리는 단순히 모든 정답을 염두에 두는 것만으로는 시험에 합격할 수 없다. 우리는 실제로 무언가를 적어야 한다. 필기하는 동안 가졌던 생각이 아니라, 적힌 내용만 강사가 확인할 수 있다. 그리고 성적은 (강사와 학생 모두에게 다행스럽게도) 강사가 답안지를 읽을 때 실제로 생각하거나 느낀 점을 보여주지 않는다. 시험은 소통의 산물이기 때문에 시험을 치른 사람의 뇌 속

---

[27] GG, 35.

에서 진행된 모든 정신적 활동(신체적 과정은 말할 것도 없고)을 표현할 수 없으며 표현하지도 않는다. 성적은 강사의 생각 속에서 진행 중이던 어떤 것도 심리학적으로 의미 있는 방식으로 표현하지 않는다. 그렇지 않으면 80점을 부여하는 모든 강사는 성적을 부여할 때 비슷하거나 동일한 생각을 가지고 있어야 한다.

루만의 이론은 소통에 대한 모든 종류의 정신적 또는 인간주의적 정의를 순전히 기능적인 정의로 대체하는 것을 목표로 한다. 그는 소통을 "표현", "교환" 또는 "행위체"라는 용어로 말하는 것을 철저히 피한다. 발신자도 수신자도 없으며 — 적어도 정신적으로나 신체적으로 — 아무것도 전송되지 않는다. 당신의 계좌에서 내 계좌로 돈을 이체하는 것은 우리 둘에게 "주소가 지정된addressed" 계좌 간의 금융 거래이지만, 이 경우 당신의 정신이나 신체에서 나의 정신이나 신체로 "교환"되거나 "전달"되는 것은 아무것도 없다. 루만에 따르면 **모든** 소통도 마찬가지이다. 가장 친밀한 연인들조차 말 그대로 자신의 관념이나 느낌을 교환할 수 없다. 에바 노트Eva Knodt는 『사회적 체계들』에 실은 그녀의 서문에서 이 불가능성에서 비롯된 "해석학적 절망"을 다음과 같이 매우 인상적으로 기술한다. "19세기 독일 극작가 게오르크 뷔히너는 『당통의 죽음』의 첫 장면에서 해석학적 절망의 원초적 장면으로 쉽게 인식되는 것을 극화한다. 둘 사이의 이해의 끈을 다시 한번 확인하려는 연인의 시도에 대해 주인공은 이마를 향해 조용히 손짓을 한 다음 이렇게 대답한다. '저기, 저기, 이 뒤에 뭐가 있는 거야? 계속해, 우리는 조잡한 감각을 가지고 있어. 서로를 이해하려면? 우리는 서로의 두개골을 열고 뇌 섬유에서 생각을 꺼내야 할 거야.'"[28] 그러나 물론 생각은 (다행히도 덧붙여 말하면) 뇌 섬유에서 발견되지 않는다. 뇌, 정신 그리고 (심지어 친밀한) 소통은 서로 폐쇄적으로 작동한다. 뇌나 소통에는 생각이나 느낌이 존재하지 않는다. 그것들은 정신적 체계의 작동으로 남아 있다. (매우 흥미롭게도 생각과 느낌이 뇌에 있다는 현대의 일반적인 가정은 심장이 정신활동의 기관이라는 고대 그리스와 중국의 가정만큼이나 증거가 부족하다는 결론을 내릴 수 있다.)

루만은 인지적·인간주의적 교환 모델 혹은 표현 모델 대신 **기능적** 소통이론을 제안한다. 이 정의에 소통의 환경(예를 들어 인간)을 포함시키면 소통을 적절하게 정의할 수 없다. 생각이나 관념의 관점에서 소통을 정의하는 것은 뇌 생리학의 관점에서 정신적 과정을 정의하는 것만큼이나 오해의 소지가 있다. 따라서 루만은 소통에 대해 다음과 같은 정의를 제시한다. 소통은 세 가지 순간 또는 "선택", 즉 통지(Mitteilung),[29] 정보(Information) 그리고 이해(Verstehen)의 기능적 종합이다.

물론 언어는 소통의 한 방식이다. 하지만 그 외에도 다양한 수단, 즉 기호, 제스처 그리고 돈이나 (시험) 성적 등과 같은 매체가 있다. 소통이 제대로 작동하기 위해서는 이러한 세 가지 선택이 함께해야 한다. 내가 내 성적을 등록처에 제출할 때, 나는 이 정보에

---

28 SS, xxiv.
29 이 용어는 영어로 "utterance"로 번역되기도 한다.

대한 통지가 이해될 것이라고 기대할 수 있다. 나는 등록처에 가본 적도 없고 그곳에 아는 사람도 없다. 그곳에 있는 사람들이 어떻게 생겼는지, 어떻게 느끼고 생각하는지도 모른다. 그리고 그들도 나를 모른다. 우리는 서로 대화를 나눈 적도 없다 — 심지어 개인 이메일을 주고받은 적도 없다. 그럼에도 불구하고 우리의 소통은 대개 완벽하게 이루어진다. 스프레드시트spreadsheet에 성적을 입력했을 때, 그 숫자가 학기말에 특정 수업의 강사가 통지한 학생의 성적에 대한 정보라는 사실이 등록처 "안"에서 어떻게든 이해될 것이다(그리고 그것을 정확히 어떤 사람이 입력했는지는 전혀 중요하지 않다). 다시 한번 말하면 소통이 일어나기 위해서는 이러한 소통 과정의 환경에서 모든 종류의 정신적·신체적 사건이 일어나야 한다(학생, 강사, 교직원은 살아가고 생각해야 한다). 그러나 기능적인 관점에서 보면 소통은 이러한 특정한 정신적·신체적 작동과는 독립적이지만 탈연동되어 있는 것은 **아니다**. 여기에는 어떠한 교환도 없다. 즉 성적이 문자 그대로 한 사람에게서 다른 사람으로 전달되지 않는 것이다. 그리고 "이해"가 정확할 필요는 없다. 많은 학생이 종종 나를 오해한다는 사실이 내 강의가 이루어지는 것을 방해하는 것은 아니다 — 오히려 그 반대이다. 학생들이 항상 즉각 이해한다면 더이상의 강의가 필요하지 않을 것이다. 완전한 오해로 인해 실패한 시험은 좋은 시험보다 (소통으로서의) 기능이 전혀 떨어지지 않는다. 둘 다 수치화된 성적을 부여할 수 있고, 둘 다 교육체계의 지속에 기여한다.

소통 체계, 즉 사회는 의미(Sinn)를 구성한다. 여기서 "의미"는 가능성의 "지평"(루만은 후설에게서 이 용어를 차용한다)을 가리키는데, 그 지평 속에서 어떤 것이 뜻을 획득한다. 예를 들어 80점이라는 성적을 부여하는 것은 그것이 채점 체계, 성적표 발급 관행, 고용이나 대학원 입학을 위한 선발 기준으로서의 성적표 확인 등의 중요한 지평 내에서 일어나는 한에서만 뜻이 있다. 루만에 따르면 소통 체계(즉 사회적 체계)와 정신적 체계는 "의미 처리 체계(sinnverarbeitende Systeme)"이다. 이 체계들은 의미를 생산하고 이 생산을 바탕으로 작동한다. 이 표현의 문자 그대로의 뜻에서 소통은 **의미를 만드는 것**, 즉 의미를 **구성하는** 것이다.

사회 내의 다양한 소통 체계는 모두 의미를 구성한다. "급진적 구성주의자"[30]인 루만은 사회가 사회에 선행하는 presocial 보편적인 것에 기초하여 기능한다고 믿지 않는다. 루만에 따르면 어떤 것이 경제적 가치를 갖는다는 것, 어떤 것이 예술 작품으로 인식된다는 것, 어떤 행위는 합법적인 것으로 간주되고 어떤 행위는 그렇지 않다는 것, 정치권력 같은 것이 있다는 것, 종교적 제도와 신념이 있다는 것 — 이 모든 것은 다양한 소통 구성의 결과물이다. 예를 들어 『국가』에서의 소크라테스와 달리 루만은 "정의의 관념 idea of justice"이 조사할 만한 가치가 있는 주제라고 생각하지 않는다. 루만의 사회적 구성주의의 한 가지 예를 들자면 루만에게 있어서 정의란 법체계 내에서 생산되는 "우연성 공식(Kontingenzformel)"이다.[31] 이러한 공식에 기반하여 법체계는 끝없이 작동할 수 있다. 법체계

---

30 SS, xxiv.

는 한때 합법도 불법도 아니었던 것, 예를 들어 주택 내 흡연을 어떤 경우에는 합법으로, 어떤 경우에는 불법으로 선언할 수 있다. 이 법들은 향후에 다시 변경될 수 있다. 동시에 이러한 법체계의 작동은 주변 환경의 다른 체계가 나름의 방식으로 "공명resonance"을 일으킬 수 있도록 한다. 예를 들어 대중매체는 스캔들 뉴스를 구성할 수 있는 새로운 기회를 갖게 된다. 영화배우가 영화제에서 인터뷰를 할 때 담배를 피웠다고 보도될 수 있다 — 만약 법이 우연성 공식을 흡연에 창의적으로 적용하지 않았다면 이것은 TV 뉴스가 될 수 없었을 것이다.

생물학적 체계는 특정한 진화적 목표를 가지고 있지 않다. 그 체계들은 출산과 증식에 적합하도록 맞춰져 있다. 이는 때때로 성공하기도 하고 실패하기도 한다. 어떤 종은 살아남고 어떤 종은 살아남지 못한다. 소통 체계는 목적론적으로 발전하지 않는다. 법적 소통과 법체계의 확산이 사회를 더 정의롭게 만들지 않는다. 정치적 소통과 정치체계의 확산이 사회를 점점 더 강력하게 만들지 않는다. 소통 체계가 발전하지 않더라도 그리고 우리가 서로를 점점 더 잘 이해하지 못하더라도 소통 체계는 "연결성"을 창출함으로써 진화한다. 소통 체계는 작동을 지속하기 위한 메커니즘을 개발한다. 한 번의 선거가 다음 선거를 가능하게 하고, 오늘의 뉴스가 내일의 뉴스를 가능하게 하며, 오늘의 새로운 조례가 내일의 새로운 법정 소송을 가능하게 한다.

---

31 LS를 보라.

따라서 궁극적인 뜻은 아니지만 소통은 여전히 의미를 만든다. 발전으로 이어지지 않더라도 소통은 여전히 새로운 기회를 제공한다. 서로를 완전히 이해하지 못하더라도 소통은 우리에게 이해한다는 환상을 제공할 수 있다. "실제로 이해는 오해에 대한 이해 없이는 사실상 항상 오해일 뿐이다."[32]

비판과 반응

루만의 명백한 "급진적 반인간주의"는 예상대로 다양한 비판을 불러일으켰다. 이러한 비판의 대부분은 1970년대의 프랑크푸르트-빌레펠트 논쟁으로 거슬러 올라간다. 루만의 입장과 프랑크푸르트학파의 입장은 공통점이 너무 적어서 서로를 실질적으로 수정해줄 수는 없었지만, 그 논쟁은 서로의 심오한 차이와 양립불가능성을 명확히 공식화하였다. 프랑크푸르트학파는 철학, 즉 이 경우에는 소통이론이 세계를 해석할 뿐만 아니라 세계를 변화시키기 위해 노력해야 한다는 맑스의 유명한 명제를 따르고자 한 것으로 이해할 수 있다.[33] 하버마스와 루만의 이론의 가장 기본적인 차이는 방법론적 차이이다. 하버마스는 사회가 더 합리적으로 소통하게 함으로써 사회를 개선하고자 한 반면에, 루만의 이론은 주로 기술적일 뿐만 아니라 사회 조종 시도의 한계를 보여주려고 했다. 현대사회의 소통 체계가 매우 복잡하다는 점을 고려할 때, 루만은

---

32 RM, 97.
33 열한 번째 「포이어바흐 테제」로 정식화되었다.

사회 조종 시도가 종종 쓸모없다고 생각했다. 킹과 손힐은 정치와 법에 관한 루만의 이론을 연구하면서 프랑크푸르트학파의 저자들이 직접 제기했거나 그들의 공격 노선과 유사한 루만에 대한 비판을 잘 요약했다. 이러한 비판은 쉽게 수정되어 루만의 소통이론에 대한 유사한 비판들을 재현할 수 있다. 따라서 킹과 손힐이 나열한 다양한 비판의 수정된 버전은 다음과 같이 루만을 비난할 것이다.

- 루만은 소통을 사회 진보의 도구로 보는 것을 거부한다.
- 루만은 소통에서 인간 행위체를 설명하지 못한다.
- 루만의 이론적 관념은 보수주의의 새로운 상표 이상의 무엇을 제공하지 못한다.
- 루만은 소통의 타당성, 가치 및 정당성에 대한 보편적인 중재자로서의 합리성을 거부한다.
- 루만은 소통과 관련된 현재의 정치적·사회적 쟁점에 관한 토론에 참여하기를 꺼린다.[34]

이데올로기적 성향이 강한 학계의 이러한 근원적인 비판에도 불구하고 루만의 이론은 인문학과 사회과학의 다양한 분야에 큰 영향을 미쳤다.[35] 그러나 이러한 영향은 지금까지 대부분 유럽과

---

34 Michael King and Chris Thornhill, *Niklas Luhmann's Theory of Politics and Law* (New York: Palgrave Macmillan. 2003), 204을 보라.
35 독일과 유럽에서 루만이 미친 학술적 영향에 대한 개관으로는 Henk de Berg and Johannes Schmidt, eds., *Rezeption und Reflexion: Zur Resonanz der Systemthe-*

라틴아메리카에 국한되어 있었다. 독일, 이탈리아, 영국, 에스파냐 그리고 유럽 이외의 에스파냐어 및 포르투갈어권 국가에서는 그의 이론이 활발하게 수용되었다. 북미에서는 그의 이론에 대한 수용이 다소 제한적이었다. 그 이유에 대해 여러 가지 추측이 있을 수 있다. 나는 그 이유 중 두 가지를 시민사회에 대한 자유주의적 또는 공동체주의적 관점에 기초한 북미의 지배적 담론에 반하는 그의 소통이론의 비인간주의적 토대와 독자에게 친화적이지 않은 루만의 글쓰기 스타일 때문이라고 생각한다. 그의 저작 가운데 상당수가 영어로 번역되었고 앞으로도 더 많은 저작이 번역될 예정이지만, 종종 난해하고 복잡한 글쓰기 스타일은 북미 독자들에게 어필하지 못하고 있다.[36]

북미 학계가 루만의 이론을 연구하는 것을 꺼리지만, 루만이 강조한 소통의 비인간주의적 측면이 이 지역에서 특히 분명하기 때문에 루만의 이론은 점점 더 중요해질 수 있다. 최근 경제, 대중매체, 정치 분야의 발전은 적어도 내가 보기에는 2008년에 발생한 경제위기와 같은 현상을 "탐욕"과 같은 단순한 인간주의적 용어로 설명하는 것을 넘어서는 분석적 설명을 요구하고 있다. 아마도 다음 인용문은 북미 소통 연구에서 루만의 연구가 앞으로 어떻게 받아들여질지를 보여주는 대표적인 예가 될 것이다. "소통 그

---

orie Niklas Luhmanns außerhalb der Soziologie [수용과 성찰: 사회학 외부에서의 니클라스 루만의 체계이론의 공명에 대하여](Suhrkamp: Frankfurt/Main, 2000)를 보라.

36 제2장을 보라.

리고 보다 일반적으로 신호보내기signalling는 독립적 인지independent cognitions의 문제라기보다는 사회구조/과정의 측면이다. 이 모든 추론은 루만이 개척한 것이다."37

---

37 Harrison C. White, *Identity and Control: How Social Formations Emerge*, 2nd ed.(Princeton: Princeton University Press, 2008), 337.

약어

이 책에서 가장 자주 인용된 저작의 약어는 아래에 열거되어 있다. 다른 언급이 없다면 니클라스 루만이 단독 저자이다.

Barbarism "Beyond Barbarism", In Hans-Georg Moeller, *Luhmann Explained: From Souls to Systems,* Chicago: Open Court, 2006, 261-272[「야만을 넘어서」, 김건우 옮김, 『사회와 역사』 127: 299-317, 2020].

Chirurg "Chirurg auf der Parkbank: Des Wahlers Freiheit, eine Illusion", *Frankfurter Allgemeine Zeitung* (June 9, 1994): 35.

Cognition "Cognition as Construction", In Hans-Georg Moeller, *Luhmann Explained: From Souls to Systems,* Chicago: Open Court, 2006, 241-260.

Deconstruction "Deconstruction as Second-Order Observing", *New Literary History* 24(1993): 763-782.

EC *Ecological Communication,* Trans. John Bednarz Jr., Chicago: University of Chicago Press, 1989.

EI	*Einführung in die Systemtheorie,* Heidelberg: Carl-Auer-Systeme, 2002 [『체계이론 입문』, 윤재왕 옮김, 새물결, 2014].
ES	*Essays on Self-Reference,* New York: Columbia University Press, 1990.
Fussball	"Der Fußball", *Frankfurter Allgemeine Zeitung* 152 (July 4, 1990): N3.
Gerechtigkeit	"Gerechtigkeit in den Rechtssystemen der modernen Gesellschaft", *Rechtstheorie* 4 (1973): 131–167.
GG	*Die Gesellschaft der Gesellschaft,* Frankfurt/Main: Suhrkamp, 1997 [『사회의 사회』, 장춘익 옮김, 새물결, 2014].
GI	*Grundrechte als Institution: Ein Beitrag zur politischen Soziologie,* Berlins Duncker and Humblot, 1965.
Globalization	"Globalization or World Society? How to Conceive of Modern Society?", *International Review of Sociology* 7, no. 1 (March 1997): 67–79.
Kapitalismus	"Kapitalismus und Utopie", *Merkur* 48 (1994): 189–198.
KG	*Die Kunst der Gesellschaft,* Frankfurt/Main: Suhrkamp, 1997, Trans. Eva Knodt as *Art as a Social System,* Stanford: Stanford University Press, 2000 [『예술체계이론』, 박여성·이철 옮김, 한길사, 2014].
Limits	"Limits of Steering", *Theory, Culture, and Society* 14, no. 1 (1997): 41–57.

LS	*Law as a Social System*, Trans. Klaus A. Ziegert, Oxford: Oxford University Press, 2005, 468 [『사회의 법』, 윤재왕 옮김, 새물결, 2014].
Meinung	"Meinungsfreiheit, öffentliche Meinung, Demokratie", In *Meinungsfreiheit als Menschenrecht*, ed. Ernst-Joachim Lampe, Baden-Baden: Nomos, 1998, 99-110.
Mind	"How Can the Mind Participate in Communication?", In *Materialities of Communication*, ed. H. U. Gumbrecht and K. L. Pfeiffer, Stanford: Stanford University Press, 1994.
N	*Gibt es in unserer Gesellschaft noch unverzichtbare Normen?*, Heidelberg: C. F. Müller Juristischer Verlag, 1993.
OM	*Observations on Modernity*, Trans. William Whobrey, Stanford: Stanford University Press, 1998 [『근대의 관찰들』, 김건우 옮김, 문학동네, 2021].
P	*Protest*, Frankfurt/Main: Suhrkamp, 1996.
Paradox	"Das Paradox der Menschenrechte und drei Formen seiner Entfaltung", In *Soziologische Aufklärung*, Vol. 6. Opladen: Westdeutscher Verlag, 1995.
Parteien	"Die Unbeliebtheit der politischen Parteien", In *Politik ohne Projekt? Nachdenken über Deutschland*, ed. Siegfried Unseld, Frankfurt/Main: Suhrkamp, 1993, 43-53.
PG	*Die Politik der Gesellschaft*, Frankfurt: Suhrkamp, 2002 [『사회의 정치』, 서영조 옮김, 이론출판, 2018].

Postmodern	"Why Does Society Describe Itself as Postmodern?", *Cultural Critique* 30(1995): 171-186.
PR	Niklas Luhmann and Karl-Eberhard Schorr, *Problems of Reflection in the System of Education,* Trans. Rebecca A. Neuwirth, New York: Waxman, 2000.
R	*Risk: A Sociological Theory,* Trans. Rhodes Barrett, New York: De Gruyter, 1993.
RM	*The Reality of the Mass Media,* Trans. Kathleen Cross, Stanford: Stanford University Press, 2000 [『대중매체의 현실』, 김성재 옮김, 커뮤니케이션북스, 2006].
SA	*Soziologische Aufklärung,* Vol. 6. Opladen: Westdeutscher Verlag, 1995.
SC	*Short Cuts,* Frankfurt/Main: Zweitausendeins, 2000.
Semantik	"Staat und Politik: Zur Semantik der Selbstbeschreibung politischer Systeme", In *Soziologische Aufklärung 4. Beiträge zur funktionalen Differenzierung der Gesellschaft,* Opladen: Westdeutscher Veriag, 1987, 74-103.
SS	*Social Systems,* Trans. John Bednarz Jr. with Dirk Baccker, Stanford: Stanford University Press, 1995 [『사회적 체계들』, 이철·박여성 옮김, 한길사, 2020].
Systemreferenz	"Die Systemreferenz, von Gerechtigkeit: Erwiderung auf die Ausführungen von Ralf Dreier", *Rechtstheorie* 5(1974): 201-203.

TG	Niklas Luhmann and Jürgen Habermas, *Theorie der Gesellschaft oder Sozialtechnologie: Was leistet die Systemforschung?*, Frankfurt/Main: Suhrkamp, 1971 [『사회이론인가, 사회공학인가?: 체계이론은 무엇을 수행하는가?』, 이철 옮김, 이론출판, 2018].
Wahl	"Wie haben wir gewählt? Aber haben wir wirklich gewählt — oder hat das Volk gewürfelt?", *Frankfurter Allgemeine Zeitung* no. 246 (Oct. 22, 1994): 29.
WG	*Die Wissenschaft der Gesellschaft*, Frankfurt/Main: Suhrkamp, 1990 [『사회의 학문』, 이철 옮김, 이론출판, 2019].
World Society	"The World Society as a Social System", *Essays on Self-Reference*, New York: Columbia University Press, 1990, 175–188.
WP	*Die neuzeitlichen Wissenschaften und die Phänomenologie*, Vienna: Picus, 1996.

옮긴이 보론
루만의 사회학으로 가는 길

유승무

1. 여정의 시작에서

1) 왜 루만의 사회학인가?

이 번역서는 루만의 사회학에 내장된 인식론적 급진성을 드러내는 데 초점을 맞추고 있다. 루만의 사회학을 자세하게 소개하기보다는 그의 인식론이 서구의 전통적 인식론과 어떠한 차이(혹은 어떠한 급진성)가 있는지를 논리적으로 설득하는 데 집중하고 있다. 그렇기 때문에 이 번역서에는 루만의 사회학에 대한 구체적인 논의가 없다. 아마도 뮐러가 이 책보다 먼저 출판한 『루만 설명서』(2006)를 통해 루만의 사회이론을 이미 소개했기에 여기서 굳이 되풀이할 필요가 없었을 것으로 추측해볼 수도 있겠다. 그러나 "사회체계를 자기 준거적 체계로 고찰하는 그의 이론적 시도는 사회학을 위기에서 구출할 수 있는 새로운 거대이론으로 세계의 주목을 받았다."(노진철, 1994: 250) 따라서 독자들에게는 루만의 사회학에 이르는 길을 열어줄 친절한 안내자가 꼭 필요하다. 굳이 보론을 덧붙이는 이유이다.

그러면 이런 질문으로 여정을 시작해보자. "왜 굳이 루만의 사회학인가?" 한마디로, 20세기 말 위기에 처한 사회학을 이론적으로 구원한 것이 루만의 사회적 체계이론이기 때문이다. 행위론, 구조주의, 갈등론, 상호작용론이라는 네 가지 범주 내에서 맴돌던 당시 사회이론은 심각한 이론적 위기에 직면했다. 내가 보기에 이러한 한계는 인간과 사회를 각각 분리된 '실체'로 상정한 뒤 그 관계를 설정하려는 사고방식에서 비롯되었다. 이에 나는 『불교사회학』(2010)에서 '실체화'를 극복할 수 있는 불교의 연기론緣起論에 기반한 새로운 사회이론을 모색할 것을 제안하였다. 그것이 루만과의 만남을 이어주는 계기가 되었고,[1] 그후 10여 년의 세월을 루만 공부에 매달린 결과, 그의 이론이 사회학의 위기를 돌파할 수 있는 새로운 해법임을 확신하게 되었다.

이렇게 루만을 만난 이후, 사회학자로서 나는 평생 안고 살았던 근원적인 두려움을 해소할 수 있었다. '사회는 어떻게 만들어지고, 어떻게 움직이는가?'라는 사회학의 가장 기본적인 질문에 명쾌하게 답할 수 없다는 두려움이 눈 녹듯 사라졌다. 그의 이론 속에 그토록 찾아 헤매던 해답이 명확하게 제시되어 있었기 때문이다. 단언컨대 루만과의 만남이야말로 내가 사회학을 공부하며 얻은 가장 큰 수확이다.

그러나 그 만남은 상당한 대가를 요구했다. 40년간의 공부가

---

[1] 내가 루만을 만나게 되는 과정은 유승무(2021)를 참조하라.

송두리째 부정당하는 상실감과, 사회학도로서의 상식이 뒤집히는 충격을 경험해야 했다. 기존의 사회학이 인식론적 오류에 기초한다는 루만의 근본적 비판이 지닌 설득력 때문에 내가 알던 이론을 버리거나 최소한 회의하지 않을 수 없었기 때문이다. 실제로 루만은 베버나 맑스는 물론 파슨스, 하버마스, 부르디외 등 동시대 이론가들까지 예외 없이 비판대에 올린다. 내가 보기에 그의 급진성은 사회이론의 차원에서 맑스를 훌쩍 뛰어넘었다. 이러한 비판은 마치 "네가 한평생 공부한 것은 엉뚱한 것이었다!"라는 청천벽력 같은 선언으로 다가왔다.

하늘이 무너지는 듯한 충격이었지만, 그 폐허 위에서 비로소 새로운 사회학의 지평을 발견할 수 있었다. 그 깨어남의 여정이 10여 년을 넘긴 지금, 루만의 이론은 필자에게 가장 혁신적이고 설득력 있는 사회이론이자, 현대사회를 설명하는 가장 적합한 틀이 되었다. 이 글은 한국의 젊은 사회학도들에게 루만의 사회학으로 가는 길잡이가 되고자 한다. 내가 느낀 루만 사회학의 매력적인 맛을 함께 음미하는 여정에 동참할 수 있기를 기대한다.

2) 루만의 난해함에 맞서는 세 가지 열쇠

루만을 처음 만난 사람들의 반응은 한결같다. "정말 어렵다!" 나 역시 수없이 겪었던 경험이다. 왜 그의 글은 그토록 어렵게 느껴질까? 크게 두 가지 이유 때문이다. 첫째, 루만이 사용하는 개념들은 기존 사회이론의 용어들과 이름만 같을 뿐, 그 의미는 전혀 다르다. 둘째, 그의 이론을 떠받치는 '구성주의'라는 철학은 우리가 익숙하게 여겨온 세계(실재론)와는 정반대의 방식으로 생각하기를 요구한다.

그렇다면 이 지적인 미로를 어떻게 헤쳐 나가야 할까? 여기서는 루만이라는 거대한 산을 오르는 데 도움이 될 세 가지 '등반 전략'을 제안하고자 한다.

첫째, 낡은 지도 대신 '루만의 언어'로 접근한다.

기존 사회학 지식이라는 낡은 지도를 들고서는 루만이라는 새로운 대륙을 탐험할 수 없다. 오히려 과감히 벗어던져야 길을 잃지 않는다. 이 글은 그 첫걸음을 돕기 위해 루만이 직접 학생들을 위해 강의했던 내용을 엮은 『체계이론 입문』(루만, 2014)과 『사회이론 입문』(루만, 2015)을 길잡이 삼아 그의 핵심 개념들을 소개할 것이다. 루만의 눈으로, 루만의 언어로 그의 이론을 이해하는 것이 가장 확실한 방법이기 때문이다.

둘째, 저자의 목소리를 따라가되, '친절한 해설서'를 나침반으로 삼는다.

루만의 글은 메모 상자Zettelkasten[2]를 활용한 독특한 집필 방식 때문에 논리적 순서를 따르지 않고 자유롭게 주제를 넘나든다. 글의 흐름을 좇다 보면 길을 잃기 십상이다. 이 낯선 숲에서 길을 잃지 않으려면 좋은 나침반이 필요하다. 이 글에서는 묄러의 또 하

---

[2] 아렌스는 『제텔카스텐』(2021)에서 루만의 글쓰기 비법과 다산성多産性 prolificacy이 메모 상자에 있음을 매우 자세하게 소개하고 있다.

나의 저서인 『루만 설명서』 및 크네어·낫세이의 『니클라스 루만으로의 초대』, 베르크하우스의 『쉽게 읽는 루만』과 같은 훌륭한 해설서들을 적극적으로 활용하여, 복잡한 텍스트 속에 숨겨진 핵심 의미를 명확하게 전달하는 데 집중할 것이다.

셋째, 모든 것을 다 보려 하지 않고, 가장 중요한 '두 개의 봉우리'에 집중한다.

루만은 30년간 70여 권의 책과 450여 편의 논문을 남겼다. 이 방대한 작업을 짧은 글에서 모두 다루는 것은 불가능하며, 그럴 필요도 없다. 우리는 그의 가장 중요한 두 개의 봉우리, 즉 그의 이론을 집대성한 초기 대표작 『사회적 체계들』과 현대사회를 분석한 마지막 역작 『사회의 사회』에 오르는 데 집중할 것이다. 이 두 저술을 통해 루만 이론의 정수를 맛볼 수 있을 것이다.

2. 스스로 만드는 체계의 발견

1) 사회란 인간이 아닌 '사건'의 체계다

모든 사회학자에게는 '사회란 무엇인가?'라는 질문이 늘 그림자처럼 따라다닌다. 지금까지 우리는 사회를 으레 '둘 이상의 인간으로 구성된 그 무엇'이라고 생각해왔다. 그러나 루만은 이러한 통념을 뿌리부터 뒤집는다. 여기서 그가 취하는 태도는 단순히 정치적으로 '급진적인radical' 것을 넘어, 기존 사회학의 전제를 '뿌리 아래까지[根底的]' 파고들어 전복시킨다는 의미에 가깝다.

루만에 따르면 기존의 사회 이해 방식에는 네 가지 치명적인 '인식론적 장애물'이 깔려 있다. 바로 (1) 사회가 인간들과 그들의 관계로 이루어져 있다는 생각, (2) 사회가 합의를 통해 통합된다는 믿음, (3) 사회를 특정 영토에 갇힌 단위로 보는 관점, (4) 그래서 사회를 외부에서 관찰할 수 있는 대상이라고 여기는 태도다(루만, 2012: 40-42). 루만은 이 모든 가정이 사회를 제대로 이해하는 것을 가로막는다고 비판하고 그 급진적 대안을 모색한다.

이러한 루만의 관점은 종종 '반인간주의anti-humanist' 시각으로 설명되는데, 이는 사회의 중심에 인간을 놓는 사고방식 자체를 거부하기 때문이다(Moeller, 2012: 20). 이런 맥락에서 그는 자신의 마지막 저술이 될 것을 예감한 듯, 『사회의 사회』에서 다음과 같이 명확히 선언한다. "이 연구는 철저하게 반휴머니즘적이며, 철저하게 반지역주의적인, 그리고 철저하게 구성주의적인 사회 개념으로의 이행을 도모한다."(루만, 2012: 53)

그렇다면 단도직입적으로 묻자. 인간과 지역을 넘어선 루만의 '구성주의적 사회'란 무엇인가? 그 해답의 실마리는 '사건event'과 '체계system'라는 두 핵심 개념에 있다. 루만에게 사회를 구성하는 최종 요소는 인간들이나 그들의 행위가 아니라, "특정 시점에 발생했다가 즉각 사라지는, 전혀 지속성을 가질 수 없는 사건들"이다(루만, 2012: 73).

이를 한 문장으로 바꾸면 루만에게 사회란 '사건으로 구성되는 체계'이다. 사회의 출발점은 인간이나 지리적 경계가 아니라 끊임없이 생성되고 소멸하는 사건 그 자체다. 그리고 사회라는 체계는 인간이 아니라 바로 그 사건들(혹은 작동들)로 구성된다(이철, 2022).

2) 체계의 구성과 재생산

사회가 '사건들의 체계'라면, 그 체계는 대체 어떻게 만들어지는 것일까? 세상은 본래 무의미한 사건들이 연속적으로 흘러가는 강과 같다. 루만에 따르면 체계는 이 혼돈의 강물 위에 하나의 선을 긋는 행위, 즉 '구별distinction'에서 시작된다. 이 선이 그어지는 순간, 이전에는 없었던 '안inside'과 '밖outside', 그리고 그 둘을 나누는 '경계'가 동시에 탄생한다. 이것이 바로 체계와 그 외부 환경이 생성되는 첫 순간이다.

체계는 여기서 멈추지 않고, 자신이 그은 선(경계)을 스스로 '관찰'하기 시작한다. 이는 체계가 자신과 환경의 차이를 인식하는 과정이다. 이 관찰을 통해 '체계/환경의 차이'라는 정보가 체계 안으로 다시 들어오게 되는데, 루만은 이 과정을 설명하기 위해 조지 스펜서 브라운의 '재진입re-entry'[3] 개념을 도입한다. 이렇게 재진입된 정보는 체계가 자기 자신을 돌아보는 '자기 준거self-reference'와 환경을 참조하는 '타자 준거other-reference'의 재료가 되어, 체계가 다음 작동을 반복할 수 있는 동력을 제공한다.

요컨대 체계의 구성이란 (1) '구별'을 통해 자신과 환경을 동시

---

[3] 이 개념에 대한 더 자세한 설명은 라우(2020)를 참조하기 바란다.

에 만들어내고, (2) 그 차이를 '관찰'하여, (3) 그 정보를 다시 자신 안으로 '재진입'시킴으로써 스스로의 작동을 계속 이어나가는 역동적인 과정이다. 이 모든 과정이 오직 체계 내부의 작동으로만 이루어지기 때문에 루만은 이를 '작동적 폐쇄operational closure'라고 설명한다.

이러한 체계의 특징은 체계가 어떻게 스스로를 계속해서 재생산하는지를 이해하는 열쇠가 된다. 이처럼 체계가 자신의 구성요소만을 이용해 스스로를 끊임없이 생산해내는 과정을 루만은 생물학자 움베르토 마투라나(2006)의 '자기생산Autopoiesis' 개념을 원용하여 자신의 고유한 자기생산 개념으로 규정한다. 루만의 자기생산 개념에 따르면 비록 체계는 자신의 작동을 이어가기 위해 반드시 환경을 필요로 하지만, 환경이 체계 안으로 들어와 직접 부품이 되는 일은 결코 없다. 예를 들어 사회적 체계(소통)가 재생산되기 위해서는 심리적 체계(의식)라는 환경이 필수적이지만, 의식이 소통 그 자체가 될 수는 없는 것과 같다.

3) 닫힘과 열림의 역설: 구조적 연동

루만에 따르면 모든 체계는 '스스로 작동하는 체계'다. 이러한 자기생산 체계를 루만은 다음 〈그림 1〉과 같이 분류한다.

이렇듯 루만은 체계를 기계, 유기체, 심리적 체계, 사회적 체계의 네 가지로 구분한다. 이들의 공통점은 모두 '자기생산'을 통해 스스로를 만들어가는, 완전히 자율적인 존재라는 점이다. 이는 체

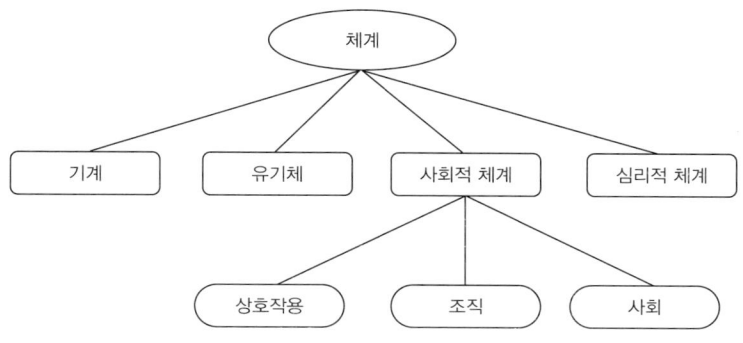

〈그림 1〉 분석 층위에 따른 체계 분류

계가 오직 자신의 내부 논리에 따라 작동하며(작동적 폐쇄), 환경이 체계의 작동에 직접 개입할 수 없음을 의미한다.

바로 여기서 루만의 역설 개념이 시작된다. 체계는 이처럼 철저히 닫힌 존재이지만, 동시에 환경 없이는 단 한 순간도 존재할 수 없는, 전적으로 의존적인 존재이기도 하다. 환경으로부터의 자극(혹은 '교란')이 없다면, 체계는 애초에 작동을 시작할 수조차 없기 때문이다. 이처럼 체계와 환경이 서로에게 없어서는 안 될 조건으로 연결된 상태를 루만은 '구조적 연동tructural coupling'이라고 부른다.

'닫혀 있으면서 동시에 열려 있다'는 이 역설을 어떻게 이해해야 할까? 살아 있는 세포를 떠올리면 쉽다. 세포는 세포막을 통해 외부와 철저히 차단된(닫힌) 자신만의 세계를 유지한다. 그러나 바로 그 견고한 세포막이 있기 때문에 역설적으로 세포는 외부 환경과 영양분을 교환하는 등 훨씬 더 복잡하고 활발한 관계(열림)를 맺을 수 있다. 만약 세포막이 없다면, 세포는 그저 외부 환경과 뒤섞여 사라져버릴 것이다.

　루만은 이 관계를 '직교적orthogonal 관계'[4]라는 독특한 개념으로 설명한다. 닫힘과 열림은 서로 반대 방향으로 움직이는 시소 관계가 아니라, 서로 다른 차원에서 각자 발전할 수 있다는 뜻이다. 루만의 말을 직접 들어보자. "자기 준거적으로 닫힌 체계 개념은 … 환경 개방성과 모순관계에 있지 않다. 오히려 … 폐쇄성은 가능한 환경 접촉을 확장시키는 조건이다."(루만, 2020: 136) 즉 체계는 내부적으로 닫혀 있을수록 역설적으로 외부 환경에 대해 더욱 개방될 수 있다. 심리적 체계(의식)와 사회적 체계(소통)가 서로에게 철저히 닫혀 있으면서도 서로 없이는 존재할 수 없는 관계인 것이 바로 그 증거다(Moeller, 2006: 19 재인용).

　요컨대 모든 체계는 스스로의 힘으로 도는 '자전'을 하면서도 환경이라는 또 다른 행성과 함께 도는 '공전'을 동시에 수행하는 존재다. 이러한 이중적 운동을 동시에 파악할 수 있는 이론적 역량이 바로 체계이론의 강점이다. 루만의 체계이론은 체계의 내적 역학을 파고들었다는 점에서 맑스주의의 통찰(자전)과, 환경 구조의 영향을 강조했다는 점에서 뒤르켐주의의 장점(공전)을 동시에

4　루만은 이 역설을 "완전한 종속성과 완전한 독립성의 동시성"으로 표현하기도 한다. '직교적 관계'와 이 역설에 대한 더 깊은 이해를 위해서는 루만(2014: 360-361)을 참조하라.

품고 있다. 루만 스스로 자신의 이론 뒤에는 아무것도 남지 않았다고 자평한 것은 바로 이러한 통합적 설명 능력에 대한 자신감의 표현이었다.

3. 사회적 체계의 소통, 진화 그리고 분화

1) 사회의 구성요소: 인간이 아닌 소통

루만의 사회적 체계, 즉 사회는 의식(심리적 체계)이나 생명(유기체)과 같은 환경과 함께 돌면서(공전) 그들을 자신의 작동 조건으로 삼는다. 그러나 여기서 루만의 가장 도발적인 주장이 시작된다. 그에 따르면 인간의 신체나 의식은 사회를 구성하는 '요소'가 아니다. 사회는 오직 '소통communication'으로만 구성된다.

> … 인간은 소통할 수 없다. 인간의 뇌조차도 소통할 수 없다. 인간의 의식조차도 소통할 수 없다. 오직 소통만이 소통할 수 있다(Luhmann, 1994: 371).

루만이 말하는 '소통'은 우리가 일상적으로 생각하는 '대화'나 '정보 전달'과는 전혀 다른 개념이다. 그의 소통은 (1) 정보의 선택, (2) 통지(전달)의 선택, (3) 이해의 선택이라는 세 가지 요소가 결합된 사건이다(루만, 2012: 232). 예를 들어 신문기자가 수많은 사실 중 일부를 '정보'로 선택하고, 그중 일부를 기사로 '통지'하며, 독자가 그 기사를 읽고 나름대로 '이해'하는 과정 전체가 하나의 소통인 셈이다(베르크하우스, 2012: 146).

여기서 핵심은 이 세 가지 선택이 모두 개별적으로 일어나며 성공이 보장되지 않는다는 '우연성'이다. A가 어떤 의도로 말하더라도 B가 그것을 어떻게 이해할지는 알 수 없다. 서로가 서로에게 '블랙박스'인 셈이다. 이처럼 '네가 어떻게 나올지 모르니 나도 어떻게 해야 할지 모르는' 막막한 상황을 루만은 '이중 우연성double contingency'이라 부른다.

얼핏 보면 이 상황에서는 어떤 사회질서도 불가능해 보인다. 하지만 루만은 바로 이 불확실성이야말로 사회질서를 만들어내는 원동력이라고 말한다. 이중 우연성이라는 조건 속에서는 나의 모든 행동이, 그것이 얼마나 즉흥적이든 계산된 것이든, 상대방에게는 다음 행동을 결정할 '정보'가 되기 때문이다. A와 B가 서로의 행동을 예측하며 상호작용하는 바로 그 순간, 모든 우연과 오해마저도 관계를 이어가는 생산적인 재료가 된다.

그렇다면 이렇게 폭발적으로 증가하는 불확실성, 즉 복잡성complexity을 어떻게 축소하여 안정적인 관계를 만들어가는가? 루만에 따르면 체계는 외부의 복잡성을 자기 준거적으로 처리함으로써 안정성을 획득한다. 즉 외부 세계의 무한한 가능성을 모두 고려하는 대신, 체계 내부에서 이미 선택된 요소들만을 참조하여 다음 작동을 이어가는 방식으로 스스로의 복잡성을 축소하고 동일성identity을 확보하는 것이다. 그렇다면 소통 체계에서 이러한 자기 준거적 처리는 구체적으로 어떻게 일어나는가? 바로 이 지점에서 체계 내부의 요소들을 연결하고 처리하는 매개체로서 '매체'와 '형식'이라는 개념이 필요해진다.

여기서 매체란 신문이나 방송 같은 매스미디어가 아니라, 요소들이 느슨하게 연결된 가능성의 바다를 의미한다. 예를 들어 공기(매체)가 있기에 다양한 소리(형식)가 만들어질 수 있고, 빛(매체)이 있기에 다채로운 색깔(형식)이 나타날 수 있는 것과 같다. 그리고 매체라는 무한한 가능성 속에서 하나의 특정한 '형식'이 선택되는 순간, 다른 가능성들은 잠시 배제된다. 그러나 하나의 형식이 만들어지면, 그 형식에 연결될 또 다른 형식의 가능성이 열리면서 동시에 복잡성이 확장되는 역설이 발생한다.

그렇기 때문에 매체와 형식의 발달은 사회의 변화와 불가분의 관계를 지닌다. 가장 원초적인 언어(매체)는 얼굴을 마주해야만 소통이 가능했지만, 시공간의 제약을 넘어선 문자와 인쇄술(확산 매체)이 등장하며 사회는 더 복잡한 형태로 진화했다. 더 나아가 현대사회처럼 정치, 경제, 법 등 각각의 기능이 분화되면서, 각 영역의 소통 성공률을 높여주는 특별한 매체들이 등장했다. 루만은 이를 '상징적으로 일반화된 매체'라 부르는데, 권력(정치), 화폐(경제), 진리(과학), 믿음(종교) 등이 바로 그것이다.

결국 루만에게 사회적 체계란 자기생산하는 소통의 흐름 그 자체다. 이 소통은 작동적으로는 닫혀 있지만(폐쇄성), 환경(심리적 체계 등) 없이는 존재할 수 없으며(개방성), 이러한 역설을 통해 사회질서를 끊임없이 만들어나간다. 이는 사회적 행위를 출발점으로 삼는 베버나, 이성적 합의를 중시하는 하버마스와는 근본적으로 다른 시각이다. 그렇다면 이러한 관점으로 사회의 거시적인 변화, 즉 역사는 어떻게 설명할 수 있을까?

2) 사회의 변화 원리: 진화와 분화

루만에게 '진화'와 '분화'는 분리할 수 없는 동전의 양면과 같다. 진화는 분화라는 방식으로 이루어지고, 분화의 역사가 곧 진화의 과정이기 때문이다. 두 개념은 긴밀하게 얽혀 있지만, 여기서는 독자의 이해를 돕기 위해 먼저 진화의 개념을 살펴본 뒤, 그 구체적인 작동 방식으로서의 분화를 논의하겠다.

사회의 진화: 계획 없는 변화의 과정

루만에게 사회란 "진화의 결과이다"(루만, 2012: 487). 그러나 그의 진화론은 '무엇인가로 나아가는 발전'이 아니라, '무엇이 아님'을 통해 이해해야 한다. 첫째, 여기에는 어떤 설계자나 신의 섭리도 없다(창조론의 배제). 사회는 특정 주체가 의도적으로 기획하고 조종하는 대상이 아니다. 둘째, 사회는 원시사회에서 현대사회로 나아가는 정해진 단계를 밟지 않는다(역사 단계론의 배제). 각기 다른 유형의 사회들이 얼마든지 공존할 수 있기 때문이다.

루만에게 진화란 그저 방향성 없는 변화의 과정일 뿐이며, 다윈의 도식을 빌려와 (1) 변이variation, (2) 선택selection, (3) 재안정화restabilization라는 세 단계로 설명한다. 어떤 우연한 변이가 일어

나면, 체계는 그것을 받아들일지 말지 선택하고, 그 선택이 성공적으로 유지되면 다음 세대의 안정적인 구조로 자리 잡는다(재안정화).

여기서 가장 중요한 개념이 바로 '우연성contingency'이다. 루만에 따르면 변이가 선택되는 과정, 그리고 그 선택이 안정화되는 과정 사이의 연결 자체가 체계에 의해 통제되지 않는 '의도하지 않은 결과'다. 즉 진화는 특정 단계에 우연성이 끼어드는 정도가 아니라, 과정의 모든 마디마디가 우연성으로 이루어진 총체적인 사건이다. 진화는 목적지를 향한 계획된 행군이 아니라, 예측 불가능한 우연성이 겹쳐 만들어낸 변화의 흔적일 뿐이다.

사회의 분화: 진화가 새겨지는 방식

그렇다면 예측 불가능한 사회의 진화를 우리는 어떻게 관찰하고 이해할 수 있을까? 루만은 그 해답을 '분화differentiation' 형식의 변화에서 찾는다. 예를 들어 중세가 근대로 이행한 것은 계급투쟁의 필연적 결과가 아니라, 정치·경제·과학 등 각각의 기능체계들이 우연적으로 독립해나간 '기능적 분화'의 결과라는 것이다(루만, 2012: 813).

이 '분화'는 정확히 어떻게 일어나는가? 거대한 회사를 생각하면 이해하기 쉽다. 회사가 성장하며 재무팀이 새로 만들어지는 과정이 바로 '체계 분화'다. 이때 가장 중요한 변화는 회사 내부에 새로운 '경계'가 그어지는 것이다. 재무팀의 관점에서 보면 자신들을 제외한 회사의 나머지 부분(인사팀, 마케팅팀 등)은 이제 자신들의 고유 업무(돈)와는 구별되는 '내부의 환경'이 된다. 이처럼 전체 체계(회사) 안에서 '체계(재무팀)/환경(나머지 부서)'이라는 차이가 새롭게 복제되는 과정이 바로 '독립 분화ausdifferenzierung'의 핵심이다. 그리고 이러한 독립 분화가 심화될수록 재무팀은 점차 외부의 간섭 없이 자신만의 논리(예: 예산, 수익성)로 작동하는 자율성을 갖게 되는데, 이것이 바로 '독립 분화'의 상태다.

이처럼 독립 분화 상태는 전체 체계에 새로운 정체성을 부여한다. 루만은 이 상태를 '통일성Einheit'의 획득이라고 설명한다. '통일성'이란 체계가 내부적으로 아무리 복잡하게 분화되더라도 여전히 '하나의 전체'로서 존재하게 하는 힘이다. 다시 회사의 비유로 돌아가보자. 재무팀, 인사팀 등 수많은 부서로 나뉘는 '분화'가 일어나는 바로 그 순간, 이 모든 부서를 포괄하는 '우리 회사'라는 더 높은 차원의 정체성, 즉 '통일성'이 동시에 생겨난다. 루만의 표현을 빌리면 체계는 이제 외부 세계와의 차이에서 오는 단순한 정체성을 넘어, 자기 내부의 복잡한 차이들을 끌어안는 통일성이라는 두 번째 정체성을 갖게 되는 것이다.

분화의 역사적 유형들과 변화의 동력

이러한 분화는 역사적으로 특정한 형식이 우세하게 나타나는 경향을 보인다. 루만은 인류 역사에서 나타난 네 가지 주요 분화 형식을 제시한다.

• 분절적 분화: 씨족이나 마을처럼 똑같은 모양의 단위들이

나란히 존재하는 평등사회의 형식
- 중심/주변 분화: 도시(중심)와 시골(주변)처럼 불평등한 관계가 형성되는 형식
- 계층적 분화: 귀족과 평민처럼 상하 위계질서가 사회 전체를 구조화하는 형식
- 기능적 분화: 현대사회의 형식으로, 정치·경제·법·과학 등 동등한 위상을 가진 각각의 기능체계들이 자신들만의 논리로 작동하는 형식

그렇다면 한 분화 형식에서 다른 분화 형식으로의 거대한 전환은 왜 일어나는가? 루만은 그 동력을 앞서 논의한 소통 '매체'의 변화에서 찾는다. 언어(매체)만 있던 사회는 분절적 분화에 머물렀지만, 시공간을 넘어선 문자(확산 매체)가 등장하면서 계층적·중심/주변 분화가 가능해졌다. 더 나아가 현대사회에서는 화폐, 권력, 진리(상징적으로 일반화된 매체)와 같은 특수한 매체들이 등장하면서 각각의 영역이 고도로 전문화되는 기능적 분화가 지배하게 되었다.

결국 사회의 진화는 우연적인 과정의 산물이지만, 그 결과는 특정 시대와 사회를 지배하는 분화 형식으로 나타난다. 루만이 '근대사회'라고 명명한 것이 바로 이 '기능적 분화'가 다른 모든 분화 형식을 규제하는 사회이다. 그리고 오늘날 우리가 경험하는 현대사회 역시 이러한 기능체계의 작동과 불가피하게 연동되어 있다는 점에서, 루만의 분석은 여전히 강력한 설명력을 가진다.

지금까지 우리는 루만의 사회이론의 핵심 골격을 살펴보았다. 복잡하고 어려운 여정이었지만 이를 통해 우리는 사회를 바라보는 세 가지 새로운 분석 차원을 손에 넣었다.

- 사실적 차원: 사회가 인간이 아닌 '소통'으로 구성되는 방식과 그 작동 원리
- 시간적 차원: 사회가 '진화와 분화'를 통해 예측 불가능하게 변화하는 과정
- 사회적 차원: '이중 우연성'이라는 막막한 조건 속에서 어떻게 사회적 관계와 질서가 형성되는가

루만에 따르면 이 세 가지 차원을 종합적으로 이해할 때 비로소 우리는 사회적 체계의 입체적인 모습을 파악할 수 있다.

이제 이 정교한 이론의 지도를 손에 넣은 우리는 드디어 가장 중요한 실천적 질문을 던질 때가 되었다. 이 새로운 이론은 우리가 발 딛고 사는 현대사회를 어떻게 설명하는가? 그리고 그 설명은 사회학이라는 학문 자체에 어떤 의미를 던지는가? 이 근본적인 물음에 답하기 위해 다음 절에서는 '루만의 렌즈'를 통해 근대사회의 풍경을 본격적으로 관찰해볼 것이다.

4. 루만의 렌즈로 근대사회를 읽다

1) 근대사회의 체계이론적 관찰

사회학자로서 루만의 핵심 과제는 오늘날의 현대사회를 정밀하게 설명하는 것이었다. 그는 『사회의 경제』, 『사회의 정치』 등 방대한 저술을 통해 현대사회를 구성하는 각 기능체계들의 작동 방식을 분석했다. 이 모든 것을 다룰 수는 없으므로 여기서는 그의 마지막 역작 『사회의 사회』를 중심으로 루만이 근대사회를 어떻게 관찰했는지 살펴보고자 한다.

루만은 근대사회를 한마디로 '전체 사회 내부가 기능적으로 분화된 사회'라고 정의한다. 이는 근대사회가 정치, 경제, 법, 과학 등 각각의 고유한 기능을 수행하는 하위체계들로 분화되어 있으며, 이들 사이에 위계질서가 존재하지 않음을 의미한다. 그렇다면 각 기능체계는 구체적으로 어떻게 자신만의 논리로 작동하는 것일까? 루만은 이 작동 방식을 세 가지 핵심 개념, 즉 매체, 코드Code, 프로그램으로 설명한다.

기능체계의 작동 방식: 매체, 코드, 프로그램

기능체계가 자율적으로 작동하기 위해서는 자신만의 고유한 소통 방식이 필요하다.

- 매체: 각 체계는 자신만의 고유한 소통 '언어'를 갖는다. 이것

이 바로 '상징적으로 일반화된 소통 매체'이다. 이름은 어렵지만 각 체계의 핵심 가치를 생각하면 쉽다. 경제 체계는 화폐로, 정치체계는 권력으로, 과학 체계는 진리로 소통한다.
- 코드: 이 언어는 세상을 단 두 가지로만 구분하는 이진법 '스위치'처럼 작동한다. 경제는 '지불/비지불'로, 법은 '합법/비합법'으로, 과학은 '참/거짓'으로만 세상을 판단한다. 코드는 제3의 가능성을 배제함으로써 각 체계가 자신의 고유한 기능에만 집중하도록 만든다.
- 프로그램: 현실의 복잡한 사건 앞에서 코드를 어떤 방향으로 켤지 결정하는 '운영 규칙'이다. 법체계에서는 법률과 헌법이 '합법/비합법'을 판단하는 프로그램이 되며, 정치체계에서는 정당의 강령이나 이데올로기가 '정부/야당' 코드를 작동시키는 프로그램이 된다.[5]

지금까지 논의한 각 기능체계의 작동 방식을 정리하면 〈표 1〉과 같다.

기능적 분화 사회의 결과: '중심 없는 사회'

이처럼 각 기능체계가 자신만의 매체, 코드, 프로그램으로 굳게 닫혀 작동하는 사회는 어떤 특징을 가질까? 가장 중요한 결과

---

[5] '코드'와 '프로그램'의 관계에 대한 더 자세한 논의는 『사회의 사회』(루만, 2012)를 참조할 수 있다.

〈표1〉 사회의 체계들

체계	매체	코드	프로그램	기능	효과
법	사법권	합법/비합법	법률, 헌법 등	규범적 기대의 우연성 제거	갈등의 규제
정치	권력	정부/야당	정당의 프로그램 이데올로기	집단적 구속력 있는 결정을 가능하게 하기	집단적 구속력 있는 결정의 적용
과학	진리	참/거짓	이론, 방법론	지식의 생산	지식의 공급
경제	화폐	지불/비지불	예산안	결핍의 축소	필요의 충족
종교	믿음	내재성/초월성	성서, 교리	우연성의 제거	영적이고 사회적인 서비스

출처: Moeller(2006: 29)

는 정치체계가 경제 체계의 작동에 직접 개입할 수 없으며, 그 역도 마찬가지라는 점이다. 정치체계는 권력(매체)을 통해 법률(프로그램)을 바꿔 경제에 영향을 줄 수는 있지만, 화폐(경제 매체)의 논리 자체를 바꿀 수는 없다.

바로 이 때문에 기능적으로 분화된 근대사회에는 사회 전체를 조망하고 통제하는 '정상top'이나 '중심center'이 존재하지 않는다. 과거의 왕이나 종교가 차지했던 자리는 이제 비어 있다. 사회는 수많은 자율적인 체계들이 서로를 환경으로 삼아 각자의 논리로 돌아가는 거대한 네트워크일 뿐이다.

루만은 『근대의 관찰들』에서 이러한 구조적 특징이 현대인의 정신세계, 즉 '의미론'에 어떤 영향을 미쳤는지를 분석한다. 그는 사회의 '중심'이 사라진 결과, 세상을 하나로 설명해줄 절대적인 진리나 보편적인 이성 또한 설 자리를 잃었다고 진단한다. 즉 기능적 분화라는 사회구조가 포스트모던이라고 불리는 정신적 상황을 만들어냈다는 것이다. 루만에 따르면 이제 사회 안에는 사회 전체를 대표하여 말할 수 있는 특권적인 위치는 존재하지 않으며, 스스로를 '이성적'이라고 주장하는 목소리는 누구든 즉시 관찰되고 해체될 운명에 처한다(루만, 2021: 30).

이는 사회를 계몽하려 했던 기존 사회학 또한 해체의 운명을 피할 수 없음을 의미한다. 예컨대 루만은 근대사회의 등장을 '합리화' 과정으로 설명한 베버의 이론을 비판하며, 이를 개별 행위자의 합리성이 아닌 각 기능체계의 자율적인 '체계 합리성'이 분화한 결과로 재해석한다.[6] 결국 루만은 이성의 기획을 믿었던 하버마스와 달리 자신의 체계이론이야말로 '중심 없는 사회'를 설명할 수 있는 유일한 대안, 즉 새로운 사회학의 후보임을 암시하는 것이다. 그렇다면 이러한 관점은 사회학이라는 학문 자체에 어떤 구체적인 함의를 가질까?

---

[6] 베버주의 비판과 체계 합리성 개념에 대한 자세한 논의는 『근대의 관찰들』(루만, 2021)의 제2장을 참조할 수 있다.

2) 사회학의 계몽

과학 체계 역시 현대사회의 수많은 기능체계 중 하나이므로 사회학에 대한 루만의 분석은 '자기 자신을 관찰하는' 자기 포함적 성격을 띨 수밖에 없다. 그렇다면 실천적인 질문이 남는다. 루만의 사회학적 체계이론은 사회학이라는 학문 체계 안에서 과연 어떤 쓸모가 있을까?

평생 사회학을 업으로 삼아온 내가 보기에 그 쓸모는 단연코 '사회학의 자기 성찰', 즉 '기존 사회학을 계몽하는 것'에 있다. 아이러니하게도 세상을 계몽하겠다는 포부로 출발한 사회학이야말로 이제 스스로 계몽되어야 할 운명에 처한 것이다. 루만의 후기 역작인 『사회의 과학』이 이 점을 충격적으로 논증하지만, 우리는 그의 퇴임 강연 초고에서 그 핵심을 엿볼 수 있다.

루만은 그의 퇴임 강연에서 기존 사회학이 '실증주의적 태도'와 '비판적 태도'라는 두 가지 방식을 통해 사회에 접근해왔다고 진단한다. 실증주의는 눈에 보이는 현상 너머의 '잠재적인 구조에 대한 관심'을 발전시켰고, 비판이론은 사회가 드러난 모습과 실제 모습 사이의 '불일치 관점에 대한 관심'을 발전시켰다는 것이다.

그러나 루만에 따르면 두 방식 모두 '보이는 것이 전부가 아니며, 그 이면에 진짜 현실이 숨어 있다'는 이원론적 가정에 서 있기 때문에 더 이상 유효한 사회이론을 발전시킬 수 없는 한계에 부딪혔다. 그가 제시하는 새로운 대안은 학문 경계를 넘나드는 연구 성과들, 즉 '자기 준거적 체계의 이론들, 자기생산적 폐쇄, 관찰하는 체계들의 사이버네틱스로서의 이차-질서 사이버네틱스'와 같은 새로운 개념들에서 나온다. 그리고 이러한 새로운 도구들이야말로 사회학이 '자기 자신을 관찰하는 체계들로서 파악하는 데 사용될 수 있을 것'이라고 루만은 역설한다(루만, 2015: 461-462 재구성).

루만의 진단은 날카롭다. 실증주의든 비판이론이든 기존 사회학은 '현실(드러난 것)'과 '진실(숨겨진 것)'이라는 이원론적 대립에 갇혀 있었다. 그러나 루만에게 사회는 숨겨진 진실이 따로 있는 것이 아니라, 작동하고 관찰되는 과정 그 자체다. 따라서 기존의 이원론적 틀로는 사회의 자기생산적이고 복잡한 작동 방식을 결코 설명할 수 없다는 것이다.

나아가 루만은 당시의 새로운 학제 간 연구 성과들(자기생산, 구성주의 등)을 재료로 삼아, 사회가 스스로를 기술하고 관찰하는 과정을 설명하는 새로운 이론을 구성해야 한다고 제안한다. 이것이야말로 기존 사회학의 낡은 전제를 뿌리부터 뒤흔드는 '패러다임 전환', 즉 진정한 의미의 '사회학의 계몽'이 될 것이라고 역설한 것이다.

5. 또 다른 길의 시작에서

19세기에 탄생한 사회학은 서구 계몽주의의 적자로서, 인간의 이성으로 사회를 진단하고 계몽하겠다는 소명을 자처했다. 맑스, 뒤르켐, 베버에서 하버마스에 이르기까지 위대한 사회학자들은 모두 그러한 기획을 수행했다. 그러나 루만의 체계이론에 비추어 볼 때, 사회를 계몽하려 했던 사회학 자신이 바로 계몽주의라는 거인의 어깨에 올라탄 '난쟁이'일 뿐이었으며, 그 시도들은 어쩌면 '난쟁이가 쏘아 올린 작은 공'에 불과했는지도 모른다.

나는 바로 이 지점에서 사회학 자신을 계몽하는 루만의 이론과 만났다. 그것은 오랜 지적 허기 속에 헤매던 내 앞에 나타난 풍성한 지식의 향연과도 같았다. 지난 10여 년은 그 내용을 허겁지겁 소화하고 겨우 허기를 채워나가는 시간이었다. 이 글은 그 과정에서 얻은 작은 결과물이지만, 루만이 주는 도발적이고 매혹적인 느낌을 온전히 담아내기에는 나의 능력이 턱없이 부족했음을 고백한다.

따라서 이 글이 가진 한계를 넘어서는 것은 이제 새로운 관찰자인 독자의 몫이다. 부디 이 글을 징검다리 삼아 루만의 방대한 세계를 직접 탐험하며 청출어람青出於藍의 성취를 이루기를 진심으로 바란다. 그 여정 속에서 독자들은 자연스럽게 두 가지 과제와 마주하게 될 것이다. 하나는 루만의 이론을 도구 삼아 우리가 살아가는 이 현대사회가 스스로를 어떻게 기술하고 작동하는지를 경험적으로 관찰하고 분석하는 과제이며, 다른 하나는 루만의 사회적 체계이론이 가진 한계마저도 비판적으로 검토하며 그것을 넘어서는 새로운 이론을 모색하는 과제이다.

이 두 과제는 서로 다른 길을 가리킨다. 첫 번째 과제가 루만의 작업을 충실히 계승하는 길이라면, 두 번째 과제는 루만을 넘어 새로운 사유의 가능성을 모색하는 길이다. 나는 여기서 루만 자신의 개념인 '이차-질서 관찰'을 징검다리 삼아 두 번째 길의 가능성을 조심스럽게 제안해보고자 한다.

루만의 이차-질서 관찰을 우리 자신에게 적용하면, 그것은 '사회학도여, 관찰하는 당신 자신을 관찰하라'는 준엄한 요구가 된다. 이는 마치 불교 선사들의 '보는 놈을 보라'는 화두와 유사하다(그립-하겔슈탕에, 2016: 165-168). '관찰하는 것'과 '보는 것'은 표현만 다를 뿐 사실상 같은 의미이기 때문이다. 그러나 그 둘의 관찰 방법은 매우 다르다. 루만의 관찰 형식이 '구별 속으로 구별을 재진입시키는 관찰 방법', 즉 '구별'의 사유에 기초한다면, 선사들의 관법觀法은 분별을 통한 실체화를 거부하는 조건 발생론[緣起論], 즉 '연결'의 사유에서 출발하기 때문이다. 그러나 내가 보기에 바로 이러한 유사성과 차이성이 만들어내는 긴장이야말로 루만과 불교가 소통하여 새로운 사유를 창조할 수 있는 가장 생산적인 공간이라고 믿는다.

만약 그렇다면 한국의 사회학도들에게는 루만의 이론에서조차 그림자로 남아 있는 동양 사상에서 사회이론의 새로운 가능성을 발견할 특별한 기회가 열려 있다. 내가 아는 한, 이러한 작업의 선구자가 바로 이 번역서의 저자인 한스-게오르크 묄러다. 그는 루만을 경유하여 노장사상을 탁월하게 재해석했을 뿐 아니라(묄러, 2021), 서구 철학사 전체를 루만의 관점에서 새롭게 조망하는 데 성공했다. 나는 여기서 한 걸음 더 나아가 루만을 경유한 불교사상 읽기야말로 묄러의 노장사상 읽기보다 더 풍부하고 생산적인 통찰을 줄 수 있다고 믿는다. 이 미지의 땅을 함께 탐험할, 눈 밝은 다음 세대 독자들을 기다린다.

참고 문헌

Luhmann, Niklas, 1994, "How can the mind participate in communication?", in *Materialities of communication*, ed. H. U. Gumbrecht and K. L. pfeiffer, Stanford University Press.

Moeller, Hans-Georg, 2006, *Luhmann Explained*, Chicago: Open Court.

Moeller, Hans-Georg, 2012, *The Radical Luhmann*, New York: Columbia University Press.

그립-하겔슈탕에, 헬가, 2016, 『니클라스 루만 인식론적 입문』, 이철 옮김, 이론출판.

노진철, 1994, 「사회체계들」, 『사회학명저 20』, 김진균·임현진·전성우 외 지음. 새길.

라우, 펠릭스, 2020, 『역설의 형식』, 이철·이윤영 옮김, 이론출판.

루만, 니클라스, 2012, 『사회의 사회』, 장춘익 옮김, 새물결.

루만, 니클라스, 2014, 『체계이론 입문』, 윤재왕 옮김, 새물결.

루만, 니클라스, 2015, 『사회이론 입문』, 이철 옮김, 이론출판.

루만, 니클라스, 2020, 『사회적 체계들』, 이철·박여성 옮김, 한길사.

루만, 니클라스, 2021, 『근대의 관찰들』, 김건우 옮김, 문학동네.

마투라나, 움베르또, 2006, 『있음에서 함으로』, 서창현 옮김, 갈무리.

묄러, 한스-게오르크, 2021, 『『도덕경』의 철학』, 김경희 옮김, 이학사.

베르크하우스, 마르코트, 2012, 『쉽게 읽는 루만』, 이철 옮김, 한울.

아렌스, 숀케, 2021, 『제텔카스텐』, 김수진 옮김, 인간희극.

유승무, 2010, 『불교사회학』, 박종철출판사.

유승무, 2021, 「불교와 루만의 만남」, 『내가 만난 루만』, 노진철 외 지음, 한울.

이철, 2022, 「인문사회과학의 시원 개념으로서의 사건」, 『사회사상과 문화』 25(4): 187-217.

크네어, 게오르그·아민 낫세이, 2008, 『니클라스 루만으로의 초대』, 정성훈 옮김, 갈무리.

옮긴이의 말

이 책은 독일계 철학자 한스-게오르크 묄러Hans-Georg Moeller가 쓴 The Radical Luhmann(2012)의 한글판 완역본이다. 묄러는 고도로 정밀한 니클라스 루만Niklas Luhmann의 이론과 풍부한 메타포의 보고寶庫 노장 철학에 공히 정통한 보기 드문 이력의 소유자이다. 그는 루만의 체계이론을 이어받으면서도 거기에 동양의 도가道家적 사유를 가미함으로써 목하 자신만의 독특한 이론 체계를 구축해 나가고 있다. 옮긴이는 동서양이 만나는 묄러의 독창적인 이론적 건축물에 깊이 매료되었고, 그로부터 적지 않은 영감도 선물 받았다. 여기에 옮긴 이 책은 바로 그러한 매력과 영감이 낳은 작은 지적 결산이다.

루만은 20세기 사회이론의 중심에 있으면서도, 여전히 대중적 이해로부터는 멀리 떨어져 있는 외로운(?) 사상가이다. 그의 이론은 종종 '난해하고 불친절하다'는 평을 받아왔지만, 동시에 사회의 복잡성을 설명하는 데 있어 독보적인 통찰을 제공한다. 루만을 흥미롭게 해석하고 있는 묄러의 이 책은 제목이 시사하듯 파격적인 내용을 담고 있다. 묄러는 루만의 사유를 '래디컬radical[급진적]'이라는 키워드로 체계적으로 풀어내고 있다. 그의 관찰의 핵심은 한마디로 루만이 서구의 지적 전통을 근본적으로 뒤집는 비교 불가의 '급진적(혁신적)' 이론가라는 점이다. 바로 이 관찰을 중심으로 묄러는 루만의 이론이 어떻게 기존의 사회이론들과 다른지, 그리고 그 이론이 어떻게 현대사회를 이해하는 데 중요한 도전이 되는지를 치밀하게 탐구한다.

바로 앞에 루만의 이론을 소개하는 「옮긴이 보론」이 실려 있고 본문의 서문과 결론 등에서 책의 내용을 잘 소개하고 있으므로 이 「옮긴이의 말」에서 새삼 책 내용 전체를 정리하거나 요약한다고 나서는 것은 사족이거나 주제넘은 일일 것이다. 그것을 필요로 하지 않을 만큼 묄러의 서술은 평이하고 분명하다는 것이 우리의 판단이다. 그 대신 우리는 이 책의 주요 메시지 및 의미 몇 가지만은 병기해둘 필요성을 느낀다. 그것은 루만(그리고 묄러)에 대한 공부에 완결이란 있을 수 없으며 그 대신 그것은 늘 새롭게 시작하는 진행형일 수밖에 없다는 사실의 확인이기도 하다.

이 책은 루만의 이론의 획기적 '재발견'을 시도한다. 묄러는 이 책에서 루만의 체계이론을 단순히 구조기능주의의 한 형태로 해석하는 기존의 시각에서 벗어나, 루만을 철저히 급진적인 사상가로 자리매김한다. 그는 루만이 스스로가 제시한 '소통communication' 중심의 사회 개념, 관찰과 자기 준거self-reference, 그리고 사회의 자율성과 분화에 대한 통찰을 통해 우리가 기존에 당연시해 온 '실재론적' 사회관을 전복시켰다고 본다. 루만이 제시하는 사회는 본질적으로 규정되어 있는 고정태가 아니라 구성(주의)적으로 성립하는 자기 준거적 체계들의 연속적 사건 내지 작동이라는 것이다.

루만에게 사회는 행위자individual actors의 합이 아니다. 사회는 오직 소통을 통해 존재할 뿐 아니라 소통만이 소통하며 소통이 후속 소통을 사건적으로 촉발시킨다. 즉 사람도, 국가도, 제도도 사회 그 자체가 아니며, 사회는 이들이 주고받는 소통의 맥락 속에서만 의미를 가진다는 것이다. 이 점에서 루만은 인간중심주의적 사회이론에서 철저히 벗어나며, 묄러는 바로 이러한 관점이 루만의 이론의 파격적 '급진성'이라고 강조한다.

많은 논자가 루만의 이론의 정치적 무색무취 내지는 모호함을 비판적으로 지적해왔다. 그러나 묄러는 이 역시 오해라고 본다. 루만은 정치적 입장을 명시하지는 않지만 — 이 책에서 묄러는 루만의 이러한 입장을 '감춰진 급진주의'라고 명명한다 — 그의 이론 자체가 실상 기존의 정치 담론을 해체하고 전복하는 철학적 급진성을 내장하고 있다고 본다. 그는 루만의 이론이 계몽주의적 주체 개념, 근대적 합리성, 도덕적 절대주의에 대한 철저한 비판으로 구성되어 있으며, 이는 정치적으로도 상당한 함의, 특히 파격적이고 전복적인 의미를 가진다고 지적한다.

묄러를 통해 새롭게 환기된 루만의 이론은 독자에게 사고의 틀 자체를 재구성하게 만든다. 이 책 『래디컬 루만』은 루만에 대한 단순한 해설서가 아니다. 묄러는 루만의 난해한 이론을 명확히 전달하면서도, 그것을 다시 새로운 철학적 담론 — 물론 이 철학은 기존 구유럽적 철학의 입장과는 분명히 구별된다 — 의 장으로 확장시킨다. 그는 이 과정을 통해 루만의 이론이 단순한 사회 분석의 도구가 아닌 존재론적·인식론적 전회轉回의 시도임을 설득력 있게 보여준다. 루만의 이론은 묄러의 관찰과 기술을 매개로 사실상 철학, 언어, 정치, 윤리 등 거의 모든 현대적 사유를 해체하고 재조립하려는 포괄적 기획으로 재규정된다. 묄러는 이러한 루만의 사유를 독자 친화적이면서도 날카롭게 전달해주고 있다.

　이 책을 우리말로 옮기는 과정에서 몇 가지 고민스런 문제에 부딪히기도 했다. 먼저 루만의 주요 용어들 중 적지 않은 부분이 아직 우리말로 통일되어 있지 않다는 점이 우리를 곤혹스럽게 했다. 가장 중요하면서도 대표적인 예가 Einheit(통일성), identity(동일성), persons(역인), self-reference(자기 준거), reality(실재), second-order observation(이차-질서 관찰) 등이다. 이들 각각에 대해 여러 가지 다른 의견이나 제언이 있는 것을 잘 알지만, 이 책은 여기에 대해 논의할 공간은 아니라는 판단하에 대부분 현재 가장 많이 통용되는 용법을 따르기로 했다. 몇몇 그렇지 않은 경우 — 즉 우리의 용어를 고집(?)할 경우 — 옮긴이 각주를 통해 간단한 이유를 부기하였다. 직역과 의역의 문제 역시 늘 그렇듯 고민스런 문제였다. 우리는 직역을 원칙으로 하고 대부분 그렇게 번역했으나 우리말 표현상 어색하거나 의미가 잘 통하지 않는 경우 다소의 융통성을 가지고 문장을 의역하기도 했음을 밝혀둔다.

　루만을 다룬 묄러의 책들을 펼쳐놓고 거칠지만 뜨겁게 세미나를 진행했던 수년간의 기억이 어제같이 생생하다. 비록 이 책의 옮긴이로 다 참여하지는 못했지만, 그때의 멤버들은 모두 이 번역본 출간의 숨은 공로자임이 분명하다. 그 선생님들께 감사를 드리며, 아울러 번역 과정의 숱한 온오프 미팅에서 초래되는 불편함을 감수하면서 결과적으로 번역의 완성에 힘을 보태주신 옮긴이의 가족들에게도 고마움의 마음을 전하고 싶다. 그리고 특별히, 투박하기 그지없는 우리의 원고를 매끄럽게 다듬느라 애써주신 임양희 편집장님과 편집부 선생님들께 진심으로 감사를 드린다. 흔쾌히 번역 출간을 허락해주신 이학사에도 우리의 감사한 마음이 전달되면 좋겠다.

아직도 더위가 남아 있는 2025년 초가을
옮긴이 씀

찾아보기

ㄱ

감정 87, 113, 228
거대이론 197
거대이론 체계 36
겔라센하이트 212
경제 체계 11, 58, 83, 167, 169, 200, 217, 228
경제적 안정성 10, 170
계몽주의 15, 46-47, 64, 67, 100, 136-137, 139, 141, 145, 157, 184, 193, 197
계보학 139, 141-143, 159
계층적 분화 8, 140
고유한 성취물 150-153, 157
공산주의 57-58, 64-65, 118, 171, 184
공식적인 권력 서클 176-177
공진화 29, 131, 157, 218
공진화적 생태계 131
과학 체계 74, 86, 99, 158, 200
과학의 체계 98
과학적 소통 86-87, 98, 229
과학적 지식 95-96
과학적 체계 36, 70, 97
관찰 8, 12, 31, 37, 46-47, 53, 56, 79, 89, 117, 127-128, 136, 143, 148-149, 151, 153, 160-162, 174, 192, 212, 218
교육체계 11, 39, 83, 114, 167, 219, 233
구별 그리기 218
「구성으로서의 인식」(루만) 147, 149
구성적 자기 구상 150
구성주의 15, 30, 45, 79, 146-147, 149-152, 154, 161, 164, 198, 217-218
구성주의적 실재론 152, 161
구성주의적 인식론 146-147, 150, 156
『구성된 실재』(바츨라빅) 146
구조적 연동 14, 179, 200, 230
『국가』(플라톤) 55, 103, 118, 157, 234
국제통화기금(IMF) 59-60
군사 체계 169
권력 서클 176
권력관계의 성찰 174

그레이, 존 John Gray 59-60, 137
근대성 8, 221
금융위기 7, 9
급진적 구성주의 15, 30-31, 80, 146-148, 151-153, 234
급진적 내재론 150
급진적 반인간주의(자) 25-26, 48, 53, 230, 236
『급진적 구성주의 담론』(슈미트) 146
기계론적 (조종) 사이버네틱스 109-110, 120, 122, 226
기능이론 14
기능적 분화 8-9, 49, 54, 61, 82, 115, 119, 140, 157, 167-168, 173, 186-188
기능적 소통이론 232
기능체계 9-10, 53, 82, 220, 228
기술 변동 48-49
기우제 춤 61-63
기후변화 169, 185, 227

ㄴ

나치 이데올로기 140
내재성의 미로 153
내재성의 평면 153
내재적인 생태계 136
네그리, 안토니오 Antonio Negri 64-65
노트, 에바 Eva Knodt 231
『논리 철학 논고』(비트겐슈타인) 148, 162-163
뇌 50-53, 106, 108-110, 115, 118-120, 122-125, 230, 232
뇌파 51-52
느낌 50-51, 62, 86, 113, 117-118, 179, 228-229, 231-232
니체, 프리드리히 Friedrich Nietzsche 23, 40, 104-106, 109, 139, 205-206

ㄷ

다양성 56, 66, 166, 170-174
다원주의 115, 123, 142, 161
다원주의 실재론 161
다윈, 찰스 Charles Darwin 13, 60, 67, 130-131, 133-134, 139-140, 193
단순하지 않은 기계 226
단순한 기계 217, 225-226
『당통의 죽음』(뷔히너) 231
대중매체 12, 46, 69-70, 83-84, 98-99, 114, 182-183, 235, 238
대중매체 체계 99, 170, 179
『대중매체의 현실』(루만) 219
데리다, 자크 Jacques Derrida 154, 221
데카르트, 르네 René Descartes 14, 27-28, 100, 104, 108-111, 115, 118-122, 126-127, 214, 228
데카르트적 가설 109
도덕성 116, 220
도덕의 반성적 이론 204
도덕적 소통 205-207
도킨스, 리처드 Richard Dawkins 50
독립선언문 47
독스테이더, 제이슨 Jason Dockstad-

er 17
동일성 16, 56, 154-156, 161, 163-164
동일성과 차이의 구별 154-155
뒤죽박죽 세계 159-161
드루리, 모리스 Maurice Drury 155-156
들뢰즈, 질 Gilles Deleuze 153, 201-202, 221

ㄹ

로커, 알프레드 Alfred Locker 155
롤즈, 존 John Rawls 46, 132, 152
『루만 설명서』(묄러) 32
루만의 급진주의 16, 23, 25, 80, 102, 146, 191, 208
루만의 이론 9, 14, 21-23, 27-29, 31, 33, 49-50, 55, 75-78, 82, 85, 97, 99, 102, 128, 130, 150-151, 158, 161, 191, 198, 203-205, 208-209, 218, 222, 231, 236-238
루만의 체계이론 74, 187
루소, 장자크 Jean-Jacques Rousseau 132, 179
르네상스 193

ㅁ

마투라나, 움베르토 Humberto Maturana 29, 131, 218, 224, 230
맑스, 칼 Karl Marx 21, 38, 40, 78, 104-105, 109, 116-118, 137-138, 141, 193, 196-197, 199, 215, 236

맥루한, 마셜 Marshall McLuhan 48
메타 비판적 67
"메타 생물학적"(접근) 14, 49-50, 52, 134, 145, 218
면역체계 50, 112, 121-122, 224-225
몽크, 레이 Ray Monk 155-156
미국혁명 46, 183
미디어 체계 169
민 178, 181-183
민주주의의 신화적 측면 181
민주주의의 해체 191

ㅂ

바렐라, 프란시스코 Francisco Varela 29, 131, 146, 218, 224, 230
『바보들의 배』(브란트) 160
바이마르공화국 171
바츨라빅, 파울 Paul Watzlawick 146
바흐친, 미하일 Mikhail Bakhtin 69, 72
반인간주의 45-46, 191, 252
반토대주의 27
법체계 11, 114, 167-169, 200, 228, 234-235
베른, 도널드 필립 Donald Phillip Verene 159-161
베이트슨, 그레고리 Gregory Bateson 217
벡, 울리히 Ulrich Beck 207, 221
"변증법적" 존재론들 154
복잡한 기계 217, 226
볼파르트, 귄터 Günther Wohlfart 38, 71
부정적 윤리 204, 206

북미 사회이론 22
북미 원주민 의례 62
분석철학 26, 96
분화이론 166
뷔히너, 게오르크 Georg Büchner 231
브라운, 조지 스펜서 George Spencer Brown 156, 217
브란트, 제바스티안 Sebastian Brant 160
비개연성 91-92, 224
비공식적인 권력 서클 176
비아이러니한 윤리 206-207
비아이러니한 이성 207, 209
비이론적인 반성적 지식 211
비트겐슈타인, 루트비히 Ludwig Wittgenstein 40, 103, 106, 148, 151, 155-156, 162-163, 212
비판이론 67, 216
빌둥 88, 194-195

ㅅ

사유하는 실체 108
사이버네틱 메커니즘 109
사이버네틱스 111, 270
사회 변이들 48
사회 진화 이론 132, 139
사회(적) 진화 140, 142, 188, 229
사회공학 60, 137, 139
사회과학 29, 38, 70, 93, 100, 106, 137-138, 155, 222, 237
사회와 소통 219, 229
『사회의 사회』(루만) 45, 68, 84, 150-151, 219
『사회의 경제』(루만) 219
『사회의 과학』(루만) 82, 84-85, 87, 202, 219
『사회의 법』(루만) 219
『사회의 예술』(루만) 219
사회이론 8, 13-14, 21-22, 25-26, 38, 50, 54, 64, 66, 68, 75, 78, 93-94, 99, 118, 131-137, 139-140, 145, 152, 157-158, 191, 199, 208, 215, 217-218, 220, 222, 230
『사회이론인가, 사회공학인가?』(하버마스와 루만) 216
사회적 가치 30
사회적 구성주의 30, 151-152, 234
사회진화론(자) 50, 130, 140
사회적 실재 30, 92, 151-153, 157-158, 164
사회적 의미 62, 200, 203
사회적 조종 16, 209
사회적 존재론 160
사회적 체계(들) 12, 29, 54-55, 74, 82, 87, 94, 113-115, 117, 122, 124, 126, 128, 141, 149, 157, 169, 173, 195, 200, 228, 234
사회적 체계이론 7, 30-31, 46, 48, 52, 66-67, 77, 84, 126, 148, 166, 190, 192, 205, 215, 217-218, 223, 229
『사회적 체계들』(루만) 39-40, 75, 81, 154-155, 218-219, 222-223, 231
사회제도 93

사회학적 공격 61, 65-66, 209
삶의 의미 200
삼원론 28, 110-111, 116, 120, 228
삼중 이원론 104-105, 107, 110, 128
상대주의 30
상징적 민주주의 189
상징적 통치 179-180
생리학적 과정 51, 109
생명 체계 112-115, 117, 128, 131, 149
생물학적 체계 50, 52, 74, 112-113, 122-123, 144, 228-229, 235
생시몽, 앙리 드Henri de Saint-Simon 59-60
생태 이론 29
생태계 이론 29
『생태적 소통』(루만) 220
생태주의 29
생태학적 계보학 142
생태학적 진화 145
생태학적 진화 이론 29-30, 141, 145
생태학적 체계이론 223
서양 계몽주의 55, 65
선거 174-185, 235
선험적 30, 70, 75, 132-134, 150-151, 203
성찰하지 않는 삶 200
세계 체계 10
셀스키, 헬무트Helmut Schelsky 215
소크라테스Socrates 99, 104, 157, 200-201, 204, 234
『소크라테스의 변명』(플라톤) 200-201

소통 과정 51, 233
소통 체계 52, 83-84, 110, 113, 115, 117, 200, 216-217, 223, 228-229, 233-236
소통 체계로서의 경제 117
소통이론 163, 218, 222-223, 230, 236-238
손힐, 크리스Chris Thornhill 186, 237
송과선 108-109, 110, 115, 119, 122-123, 126
『순수이성비판』(칸트) 75, 150
슈미트, 지그프리트Siegfried J. Schmidt 146
슈퍼 이론 25, 36-38, 99, 191-192, 216, 218
스펜서, 허버트Herbert Spencer 130, 140
스피노자, 바뤼흐Baruch Spinoza 104, 150-151, 208, 210
시각 체계 112-113
시민사회 8, 15, 22, 48, 61, 133, 238
신체적 체계 28, 112, 124, 126, 225
실재 15-16, 26, 28, 30, 72, 81, 99, 147-154, 156-164
실재론 15, 147, 152, 161
실재론적 존재론 148-149, 154, 160
실재적인 것 15, 27, 31, 150, 152
실제 언어 162
실증주의자들 59, 137
심리적 체계 50, 53, 74, 113-115, 117, 128, 200
심리철학 26

심리학적 과정 51
심신 연속체 107
심장, 인간 의식의 으뜸자리 119

ㅇ
아도르노, 테오도르 Theodor W. Adorno 38, 41
아이러니 17, 27, 33, 45, 72, 86, 99-100, 118, 147, 160-161, 192, 199, 201-204, 206, 208, 210
아이러니한 윤리 205
아이러니한 이성 202-204, 206, 209
「야만을 넘어서」(루만) 78
약물 치료의 부작용 124
약한 영혼 108
에스포지토, 엘레나 Elena Esposito 17
『에티카』(스피노자) 150
NGO들 65
여론 178-179
역사적 진보 139, 145
역사주의 138-139, 141, 143, 145
연장된 실체 108
『열정으로서의 사랑』(루만) 220
영적 체계 149
영혼 103, 105-109, 115
영혼의 열정 108
『우상의 황혼』(니체) 105
우연성 10, 14, 27, 89-94, 102, 141-143, 161, 205, 210, 234
우연성의 이론 94-95
『위험 사회학』(루만) 221
윌슨, 에드워드 E. O. Wilson 50

유럽적 민주주의 177
유연성에 의한 안정성 170
유전공학 139
유토피아 7, 16, 31, 61, 63, 66, 210
윤리 26, 46, 66, 86, 103-104, 106-107, 128, 136, 196-194, 204-207
윤리 이론 205-206
윤리 철학 205
윤리학 96, 204-205
의미 143-144, 154, 199-203, 205-206, 209, 221, 233
의미론 31, 46, 54, 58, 63, 102, 107, 124, 127, 192-193, 220
의미론적 진화 220
『의미의 논리』(들뢰즈) 201
의식 이론 118
이론 건축 75
이론적 윤리 205-206
이론적 이성 203
이론적 전문성 211
이론적 지식 210-211
「이차-질서 관찰로서의 해체」(루만) 221
이차-질서 사이버네틱스 110-111, 151, 217-218, 223, 226-227, 270
이차-질서 창발 223
이차-질서 체계 226-228
이차-질서 체계이론 223, 225-226
인간 의식 119
인간의 뇌파 51
인간의 자만심에 대한 공격 13, 60, 65

인간의 정신 113, 200
인간주의 22, 26-27, 47-49, 53-54, 58, 63-64, 114, 130-131, 133, 217, 230-232, 238
인간중심주의 13, 26, 29, 130, 133-134
인과성 126
인과적 연결고리 124, 128
인문학 13, 29, 38, 70, 80-81, 106, 193, 222, 237
인민당 181
인민의 역할 177
인식론 15, 30, 79, 103-104, 106-107, 120, 128, 138, 147, 149-153, 156, 193-194, 208
인지적 개방성 28
인지적 관찰 150, 156
인지적 구성주의 15, 151
인지적 기능 16
인체 225-226, 228
일당 체제 173
일반의지 152, 178-179
일반체계이론 223
일상언어 162-163
일차-질서 사이버네틱스 217-218, 227
일차-질서 체계이론 223, 225-226

ㅈ

자기 기술 25, 48, 54, 63, 67-69, 70, 72-74, 94-95, 97, 99, 119, 158, 178, 184

"자기 논리적인" 구성주의적 인식론 153-154
자기 본위 52
자기 산출적 50, 75, 115, 131, 227
자기 이해 71, 89, 136
자기 인지 72
자기 재생산적 50, 75, 115
자기 조종(적) 15, 54-55, 57-58, 227
자기 포함 78-80, 92, 131
자기비판적 이성 202-203
자기생산 이론 151
자기생산적 소통 체계 229
자기생산적 체계 50, 74-75, 113-115, 227-228
자본주의경제 58, 61, 63, 144, 171
자연 체계 115
자연과학 38, 70, 80, 137, 193, 211
자연선택 140
자유시장 정치 59
작동적 폐쇄 28, 54, 59, 111, 115
작동적으로 폐쇄적인 체계 28, 111
적자생존 140
전쟁 56, 166, 168-169
전쟁 체계 169
전제적 민주주의국가 184-185
전체주의적 민주주의 184
전통적 실체 이원론 14
정당 65, 171-172, 175, 180-182, 184, 214
정부 규제 166
정부와 야당 166, 171-174, 177
정신과 뇌 119

정신과학 80-82
정신-신체 문제 102, 106-107, 110, 120
정신-신체 이원론 14, 28, 103-104, 107, 115-116, 122, 127
정신약리학적 약 123
정신의 보편성 85
정신적 체계 28, 113, 122, 124, 126, 149, 229, 232, 234
『정신현상학』(헤겔) 73, 77-79, 84-85, 88-89, 92, 97, 160
정제된 언어 163
정치교육 182-183, 185
정치권력 166, 168, 174, 176-177, 234
정치이론 7, 64-66, 177, 199
정치적 유토피아 61
정치적 의사 결정 166, 177
정치체계 16, 54-58, 61, 63, 65, 165-174, 176-177, 179-181, 187-189, 228, 235
조종 이론 227
존재론 15, 30-31, 88, 103-104, 106-107, 111, 116, 118, 120-121, 128, 138, 147-151, 154-157, 160-162, 164, 208
존재론적 분화 115
졸로, 다닐로 Danilo Zolo 46
종교 체계 219
중국의 전통 102
중복성 170-174
지구온난화 169

지배 없는 담론 12, 207
지식 사회 193-194
진 Sinn 199-202, 221, 233
진보 137-141, 143, 145
진화 9, 11, 58, 92-93, 113-114, 130-136, 138-145, 157-159, 186-188, 198, 220, 227-229, 235
진화 이론 29, 133, 136
진화론적 생태학 29
진화생물학 131, 134, 151, 218
질병 106
집단적으로 구속력 있는 결정 166-167, 169-170, 172-173

ㅊ

차이 16, 27, 39, 55-57, 65-66, 71, 74, 85, 87, 99, 112, 115-117, 132-133, 147, 154-157, 161-164, 171, 177, 199, 205, 217-218, 223-224, 236
"차이-이론적" 다중 합리성 157
차이-이론적 체계 합리성 157
차이화 154, 156
참된 지식 197
창발 228
창조론 29-30, 131-133, 143, 145, 227
철학 체계 38, 85
철학적 과학 72-73, 84, 87, 196-197, 204-205
철학적 윤리 204-206
『철학적 탐구』(비트겐슈타인) 156, 163

체계 삼원론 111
체계 철학 27
체계 합리성 157, 268
체계 합리성의 분리 157
체계/환경 관계 124-125, 128
체계/환경 구별 120, 122, 223
체계/환경 구성체 110
체계/환경 차이 112
체계의 개방성 28
체계이론 7, 15, 27, 29, 39, 50, 116, 120-123, 129, 195, 200, 223, 228
『체계이론 입문』(루만) 35, 75
체계-환경 관계 15, 28, 126, 131, 144
체계-환경 다양성 118
체계-환경이론 29, 223
체르빅, 에드빈 Edwin Czerwick 165, 176, 187
초월적 30, 95, 132-134, 150-151, 153, 203
총선/총선거 171, 174, 181
충격과 경외의 도덕 208

ㅋ
카니발화 72, 99
칸트, 임마누엘 Immanuel Kant 36, 38-39, 55, 68, 70-72, 74-75, 104, 132, 134, 137, 149, 151-153, 157, 159-161, 164, 193, 196-197
코페르니쿠스, 니콜라우스 Nicolaus Copernicus 13, 60, 67
콩트, 오귀스트 Auguste Comte 59- 60, 68, 137
쿠슐레케 190-191, 208, 212
쿤, 토머스 Thomas Kuhn 110, 195
클라크, 브루스 Bruce Clarke 17
클람, 장 Jean Clam 155
킹, 마이클 Michael King 9, 17, 186

ㅌ
타자 생산적 114, 226
토대주의 27
통일성 55-56, 79, 112, 178-181, 224
투표 174-175, 179, 182-183
티크, 루트비히 Ludwig Tieck 160

ㅍ
파슨스, 탈코트 Talcott Parsons 32, 68, 215, 217-218
폐쇄체계 28
포스트 다윈주의 29, 130-131, 140, 145
포스트 다윈주의의 생태학적 진화이론 141
포스트 인간주의 이론 21
포스트모더니즘 64, 96, 205, 221
포스트모더니티 221
포이어바흐, 루트비히 Ludwig Feuerbach 104
폰 글라저스펠트, 에른스트 Ernst von Glaserfeld 146, 217
폰 푀르스터, 하인츠 Heinz von Foerster 146, 217, 226
푸코, 미셸 Michel Foucault 21, 100,

139
프랑스혁명 183
프랑크푸르트-빌레펠트 논쟁 216, 236
프로이트, 지그문트 Sigmund Freud 13, 60, 67, 106, 109, 139
플라톤 Plato 26, 55, 68, 83, 103-107, 110, 115, 118-120, 128, 154, 200-201, 204
피드백 고리 78, 85, 89, 92, 94-95, 227
필연성 14, 27, 71-72, 74, 87-90, 92-95
필연성의 철학 94

ㅎ

하버마스, 위르겐 Jürgen Habermas 12-13, 15, 21, 38, 40-41, 49-50, 55-56, 62, 68, 78, 93, 132, 134-135, 145, 152-153, 157, 160-161, 163-164, 186, 207, 216-218, 236
하버마스-루만 논쟁 216
하위체계 10, 112, 131, 135, 144, 158, 167, 219, 223-225, 228
하위체계/환경 관계 226
하이데거, 마르틴 Martin Heidegger 26
하트, 마이클 Michael Hardt 64-65
『학문으로서 출현 가능한 미래의 모든 형이상학을 위한 프롤레고메나』(칸트) 38, 159
합리성 15, 55-56, 133, 152, 157-158, 187

해러웨이, 도나 Donna J. Haraway 49
해체 22, 31, 54, 72, 128, 135, 137, 204-205, 221
행위체 15, 26, 108-109, 113, 133-134, 231
헤겔, 게오르크 Georg W. F. Hegel 13-14, 25, 27, 36-39, 69-85, 87-90, 92-95, 97-98, 100, 104, 116, 137, 139, 149, 151, 155, 159-161, 193-197
헤일즈, 캐서린 Katherine N. Hayles 49
헬만, 카이-우베 Kai-Uwe Hellmann 24
『현대성의 철학적 담론』(하버마스) 49
형이상학 49, 132, 148, 151, 159, 219
홉스, 토머스 Thomas Hobbes 21, 93, 132
화이트헤드, 앨프리드 노스 Alfred North Whitehead 17, 104
확실성 27, 100
환경 개방성 28
후설, 에드문트 Edmund Husserl 68, 143, 201-202, 214, 221, 234
흄, 데이비드 David Hume 126

ABC

G8 정상회의 62-63, 65